Fanny Müller
Auf Dauer seh ich keine Zukunft

Fanny Müller ist die Grande Dame der Satire in Deutschland. Ihr Markenzeichen sind »Miniaturen von hintergründigem Witz« (*Brigitte*).
Zahlreiche Buchveröffentlichungen u.a.: »Für Katastrophen ist man nie zu alt« und »Geschichten von Frau K.«. Zusammen mit Susanne Fischer: »Stadt Land Mord. Kriminelle Briefe nachgelassener Frauen«. Zuletzt erschienen ist das Hörbuch: »Tanzen und Toben ohne Weiber«, Berlin 2006.

Edition
TIAMAT
Deutsche Erstveröffentlichung
Herausgeber:
Klaus Bittermann
1. Auflage: Berlin 2008

www.edition-tiamat.de
Druck: Fuldaer Verlagsanstalt
Buchumschlag unter Verwendung eines Bildes von
Nikolaus Heidelbach
ISBN: 3-89320-118-1

Fanny Müller

Auf Dauer seh ich keine Zukunft

Tagebuch einer Frau aus gewöhnlichem Hause

Mit einer Preisrede von Willi Winkler

Critica Diabolis 153

Edition TIAMAT

Inhalt

2004

Oktober 2004

1.10.04 Was haltet Ihr denn davon, wenn im Radio ein Schlager mit »Harte Eier, weiches Brötchen« anfängt? Würdet Ihr auch gleich denken, dass da ein Mann gerade schonungslos mit dem eigenen Geschlecht abrechnet?

Ich war am Abendbrotmachen (»Abends macht meine Mutter am Brot«, schrieb ein Junge aus meiner Klasse, als wir acht waren) und so was von geschockt! War aber bloß so ein Scheiß von Truckstop, die sagen, dass man sich den Tag nicht verderben lassen solle, wenn beim Frühstück schon die Eier siehe oben. (für *Titanic*)

2.10.04 Abends Sport, bei ner Krankenschwester, nebenan in der katholischen Turnhalle. Ave Maria.

Nachtrag vom 3.05.2004

Letzte Woche hat mich ne Frau von der *Frankfurter Allgemeinen Sonntagszeitung* angerufen, ob ich nicht zu der Frage: »Wie hat *Brigitte* Sie in Ihrem Leben begleitet« ein *Statement* (!) abgeben möchte. *Brigitte* wird nämlich 50 Jahre. Die Zeitschrift. Ich sagte, dass mich ein paar Männer in meinem Leben begleitet hätten, aber keine Brigitte, jedenfalls nicht, dass ich wüsste. Das wurde dann nicht abgedruckt.

4.10.04 Heute Nacht war wieder der Bär los im Hause. Jede Menge Sicherheitskräfte trampelten die Treppe rauf und runter. Ich im Nachthemd auf der Türschwelle. Der männliche Teil des Heteropacks (O-Ton Nachbarin Gesa) hatte diesmal scheint's außerhalb des

Hauses was ausgefressen und wurde von den Grünen die Treppe hochgejagt und an den Haaren wieder runter gezogen. Zwischendurch hatte er mal eine Glatze, die wäre ihm jetzt zupass gekommen. Ich hörte die Ordnungsmacht folgende Sätze ausstoßen: »Fünftausend! Das kostet fünftausend, Bürschchen!« sowie: »Freundchen! Wir werden noch einen lustigen Abend haben!« Haben sie dann wohl auch gehabt, denn er sah heute Morgen gar nicht gut aus.

Danach ging dann die Telefoniererei im Hause los: »Sachma, weißt DU, was der diesmal wieder...?« Um ein Uhr nachts hatte ich immer noch einen Blutdruck!!

Als Andrea aus der Parterrewohnung den Krach hörte, guckte sie erst mal im Garten nach, ob sie eventuell das Kind aus dem Fenster geschmissen hatten. Übrigens weiß ihre Oma noch nicht, dass demnächst ein zweites Enkelkind kommt. Andreas älterer Sohn (drei Jahre) glaubt, es sei von ihm. Man nannte ihn Ödipus.

11.10.04 Bei Dr. v. B., EKG-Besprechung. Alles gut, alles toll. Ja – und jetzt? Wusste ich doch schon vorher, dass da nix bei raus kommt. Er wollte mich zum Kardiologen schicken wegen Herz-Echo oder so, aber ich habe abgelehnt. Die Herren Kardiologen können mich mal: »Tja, Frau Müller, Sie sind eine schwer kranke Frau und dieses Herzklopfen – da müssen Sie eben mit leben!« Will ich aber nicht. Das soll weggehen, verdammte Scheiße!

Dr. v. B. hat jetzt einen amerikanischen Austauschschüler zu Hause. Einer, der für Bush ist und kein Wort Deutsch spricht. Er ist siebzehn, und der Doktor meinte, vielleicht wird er ja noch. Aber wer ändert sich schon wirklich nach der Pubertät?

Arafat tot. Was für ein entsetzliches Hin und Her, welch makabre Komödie – oder Tragödie? –, bis er dann endlich abgeschaltet wurde (nehme ich an). Jetzt lieben ihn wieder alle.

12.10.04 War beim Frisör. Ist ein ziemlich teurer Frisör, aber kein Schwuler, der einen vollsülzt und gleich beim Vornamen nennt, wie neulich bei Petra H. (meine frühere Untermieterin) in Berlin. Sie sitzt da, lässt sich das Haar schneiden, da sagt der Typ, den sie vor einer halben Stunde zum ersten Mal gesehen hat: »Du – Petra! Bitte! Tu mir einen Gefallen, ja? Nimm Haar-Gel, ja?« Hat sie natürlich nicht gemacht.

Und wer kommt rein, als ich gerade am Zahlen bin? Der Name fiel mir selbstverständlich nicht ein, ich wusste nur, der ist aus'm Fernsehen, vögelt eine NDR-Moderatorin nach der anderen, manchmal heiratet er die sogar, und hat ein Buch geschrieben, das so ähnlich heißt wie: »Der Letzte macht das Licht aus« oder »Der Dicke ist immer der Dünne«. Später fiel's mir dann wieder ein: Ulrich Wickert.

13.10.04 Heute bin ich so alt wie meine Mutter, als sie starb.

Eben die älteste Nichte am Telefon. Hat einen neuen Dreh, um Strafmandaten zu entgehen. Sie fährt einen ehemaligen Polizei-VW-Bus; wenn sie angehalten wird, wird (meistens) ihr Führerschein beanstandet, den sie mal bei 60 Grad mit gewaschen hat und auf dem *nichts* mehr zu erkennen ist. Dann fragt sie gleich den Polizisten, ob er nicht auch mal so ein Modell gefahren hat und wie man eigentlich die Standheizung einschaltet. (Die Nichte weiß es natürlich.) Darauf folgt in epischer Breite ein Vortrag, anschließend hat sie noch *nie* ein Knöllchen bekommen.

Sie hat soeben das Treatment für einen Film bei der Filmförderung eingereicht und muss jetzt Fernsehsender suchen, die den Film auch senden wollen. Ein Arschdirektor oder wie die auch immer heißen, fragte: »Über wen? Pablo Neruda? Den kennt doch keiner!« Die Nichte: »Doch, den kennen viele und seine Gedichte sind ins Deutsche über...« Er: »Also, *ich* kenne den nicht!« Damit war das Telefongespräch beendet. Was dieser Dummbatz nicht kennt, existiert einfach nicht.

Mail von Matthias gekriegt: »Klingelt es gestern an meiner Tür. Steht ein kleiner Mann in einer Uniform davor. Uniform so zwischen HEW und S-Bahn-Kontrolle. Ist aber vom Roten Kreuz und ob ich das kenne. ›Ja, schon‹, sag ich, ›jedenfalls was man aus den Nachrichten erfährt.‹ Mit Gulaschkanonen in Sarajevo dazwischenballern und so was. Er meint, dass er nur zwei Minuten zum Sprechen braucht, aber lieber nicht draußen stehen bleiben möchte ›wegen Datenschutz‹. Ich bitte ihn herein, warne ihn aber, dass es zur Zeit alles andere als einladend bei mir aussieht. ›Habe schon schlimmere Wohnungen gesehen, so mit Papier auf dem Fußboden und so‹, macht er mir Mut. ›Zwei Minuten?‹, sage ich, ›legen Sie los.‹ Wer hätte das gedacht: Das Rote Kreuz hat kein Geld. Denen fehlen genau fünf Euro jeden Monat und zwar von mir. ›Wenn Sie sich in Ihrer Wohnung das Bein brechen, helfen wir Ihnen, da sind wir da, egal ob Sie nun spenden oder nicht‹, entkräftet er sein Anliegen. ›Und da hoffen wir eben, dass auch uns mal jemand hilft.‹ Ich will spontan vorschlagen, es mal beim Roten Kreuz zu versuchen, die helfen wie ich weiß jedem, egal ob... – aber da fällt mein Blick auf meinen Wecker. ›Die zwei Minuten sind um‹, sage ich ihm und dass ich aus Prinzip in meiner Wohnung nix unterschreibe, was mir jemand unter die Nase hält und dass die Sache für mich damit erledigt ist. Aber es wäre interessant gewesen zu hören, wie es möglich ist, eine weltweit operierende Organisation aufzubauen, Uniformen und LKWs anzuschaffen, jahrelang teure Auslandsaufenthalte anzuzetteln und dann plötzlich festzustellen, dass das Geld kostet.«

Des Weiteren schrieb Matthias mir, dass er »einer heißen Sache auf der Spur« sei: Vorgestern habe nämlich wieder mal eine Network-Party stattgefunden. Und er glaubt, im

Alkohol sei etwas drin, das ihm überhaupt nicht bekommt...

14.10.04 Heute *Bild* beim Bäcker mitgehen lassen. Oben rechts auf S. 19 in Farbe: »So verführt die vorbestrafte Witwe den Hohenzollern-Prinzen«, fett: »Das gesellige Schaumbad«. (Die Frau heißt wohl Gsell.) Unten links, auch in Farbe: »Scheidungs-Drama machte fürsorgende Ehefrau zur Killerin«, fett: »Schöne Mutter, wie konntest du deine Tochter ertränken?«

Was müssen die vorbestraften Killer bei *Bild* gefeixt haben.

15.10.04 Gestern in den Rundfunk-Nachrichten: Schröder-Reise zu Gaddafi, weil der jetzt dem Terrorismus abgeschworen hat und keine Massenvernichtungsmittel mehr horten will. Wer's glaubt... Deshalb wird nun auch das Waffenembargo der EU aufgehoben. War Gaddafi nicht früher »das Böse« an sich? Gleich nach Hitler? Und nach Saddam? Hitler wurde ja wohl nicht durch die Amis gesponsert oder doch? Schröder wurde von »25 Politikern begleitet«. Haha. Natürlich nicht: Von »25 Managern«. Wollen die da Kinderarbeit einkaufen? Oder nur ihre alten Sachen verkloppen? Um welche Leute es sich handelt, wurde nicht gesagt. Wahrscheinlich Waffenhändler.

Ich habe übrigens erfahren, dass nach zeitgenössischen Schätzungen im August 1914 eineinhalb Millionen Kriegsgedichte geschrieben worden sind. Das macht pro Tag 50.000. Echt wahr.

Sieg Heil, wie man jetzt ja wieder sagt...

Fotos mit Frank wegen schlechten Wetters abgesagt.

Muss dann wohl den Haushalt machen. Gestern Wirsingkohl auf dem Bio-Markt eingekauft. Lammfleisch?

Nachmittags doch noch Fotos mit Frank, weil zwischendurch Sonne. Musste zwischen Kartoffeln schälen und Kohlschneiden noch schnell Schminke auflegen.

Kann ich eigentlich gar nicht, fand mein Gesicht viel zu bunt, aber Frank meinte, das sähe man nachher auf den Fotos nicht.

Espresso beim italienischen Eiscafe und bei Emilia am Schulterblatt. Günter Zint schnürte vorbei, was der wohl gedacht hat? »Na, die jungen Kollegen können ja doch nichts.« Kalt war's, und ich natürlich ohne Mütze. Dieses Grinsen kann ich auch nicht immerzu durchhalten (Frank: »Und jetzt wieder schelmisch gucken.«)

Am späten Nachmittag Anruf von Herrn R. vom Zweitausendeins-Verlag, der sehr freundlich, aber offenbar ein bisschen genervt war, weil ich nachgefragt hatte, wieso man mich nicht informiert, wenn eine Tüte mit meinem Konterfei unter die Leute gebracht wird. Info: Die Autoren sind dem Verlag normalerweise dankbar, wenn so was gemacht wird. Puuuh – Ich habe nun wirklich keine Lust, als »schwierige« Autorin zu gelten. Allerdings glaube ich nicht, dass sie Gernhardt damals *nicht* gefragt haben, als sie sein Foto auf eine Plastiktüte gedruckt haben, zusammen mit einem (sehr witzigen) Gedicht (Paris ojaja!).

Habe heute wegen Frank/wegen der Fotos so viele Tassen Kaffee zu mir genommen, dass ich heute Abend wieder Schlaftabletten nehmen muss.

Und eigentlich habe ich zu gar nichts Lust, weil ich seit vier Wochen Rückenschmerzen habe. Im Grunde ist es mir schon zuviel, wenn ich einen Fetzen Papier vom Fußboden aufheben muss.

Trotzdem Waschmaschine, 60 Grad. Die helle Winterjacke musste auch mal wieder. 1/2 Zopiclon.

16.10.04 Gestern Abend Anruf Petra L., die über mir wohnt. Schluchzt und weint, ich solle sofort ihren Schlüssel von Mira im 3. Stock holen und bei ihr aufschließen. Ich drücke auf den Türöffner, weil ich denke, die hat ihre Schlüssel vergessen, aber sie steht gar nicht vor der Haustür, sondern kniet in ihrer Küche vor der Heizungstherme, die gerade ausgelaufen ist. Das kriege ich allerdings erst später mit. Mira ist nicht da, ich klopfe an Petras Tür, gleichzeitig kommt eine der Polenschlampen (O-Ton Gesa) von oben runtergestochen – der Hauswirt holt seine Au-pairs immer aus Polen und bringt sie bei uns im Haus unter – und ich kann Petras Rufe nicht verstehen. Ihr ehemaliger Nachbar Mick läuft ein und alles ist wieder okay. Petra hatte versucht, die Luft aus der Heizung zu lassen und dabei war alles Wasser ausgelaufen. Sie hatte natürlich Angst, dass die ganze Schose bei mir in der Küche runterkommt, aber glücklicherweise hatte sie trockene schmutzige Handtücher in der Waschmaschine, die gleich neben der Therme steht, und ihr Handy lag auch daneben. Bei mir scheint alles in Ordnung zu sein.

Hinterher war sie wie aufgedreht, hat Wein ausgegeben und von ihrem Laden erzählt, wo oben eine andere Budike ist, da verhökern sie nur noch indisches Billigzeug und polnische Hehlerware.

17.10.04 Herpes. Eine Stunde in Pflanzen und Pflaumen spazieren gegangen. Unterwegs vom Bus aus ein Plakat gesehen: »Wärme geben.« War eine richtig alte Frau drauf, wird dann wohl nicht von den Gaswerken sein, sondern von der Diakonie. Erinnerte mich an E., obwohl die besser in Schuss ist. Ist jetzt über 90, kann schlecht hören und sehen, ist geistig aber sehr rege. Sie hat mir im Sommer erzählt, dass sie letztes Jahr in ihrer Altenwohnung vergewaltigt worden sei, von einem jungen Mann. Er hätte sich hinterher entschuldigt, auch geweint, und E. dachte die ganze Zeit: Das glaubt mir ja doch keiner. Glaubte auch keiner. Bei der Polizei musste ihr Sohn erst Rabatz machen, bevor die noch mal schleppend auf Spurensuche ging. Vorher waren die Polizisten ganz aufgeräumt vorbeigekommen: »Na, hier soll was gestohlen worden sein?«, und E. ganz tapfer: »Gestohlen wurde nichts. Nur meine Ehre.« Die haben vermutlich gedacht, die Alte spinnt oder, falls es doch stimmen sollte: Das macht der ja wohl nichts mehr aus. E. glaubt, dass es einer der Pfleger war, weil er ihr hinterher mit professionellem Griff ins Bett geholfen, ihre Brille gesucht, das Hörgerät aufgehoben und die Pflanze auf dem Balkon – über den er gekommen war – wieder richtig hingestellt hat. Auch ein Grund, warum ich nie in ein Heim kommen möchte. Wie viele alte Frauen es wohl gibt, die sich zu Tode schämen, weil ihnen genau das Gleiche passiert ist? Und keiner hört jemals davon?

Heute zum dritten Mal Wirsing gegessen. Nun reicht es aber. Eine Portion Mira nach oben gegeben. 1/2 Zopiclon. Habe mich beim Halbieren in den Finger geschnitten. Der liebe Gott merkt aber auch alles.

19.10.04 Ojeojeoje. Da denkt man, man kann mit den guten Freundinnen ALLES bereden, und dann machen sie sich noch Gedanken darüber, ob man sie für unmoralisch und / oder verwerflich oder was hält, bloß weil sie mal mit nem anderen... und quälen sich herum und wollen mich nicht aufregen wegen meines Herzens, aber über so was rege ich mich nun wirklich nicht auf. Hab ja auch so einiges hinter mir. Mein Gatte beispielsweise dachte, er sei der erste gewesen (er war der vierte), und mit diesem Gedanken hat er sich dann auch zu seinen Vätern versammelt. Männer müssen gar nicht alles wissen. Sie sind dann so belastet. Kramen bei jeder Gelegenheit die alten Sachen wieder raus, und das möchte man ja vermeiden. Und was *die* so treiben – weiß man's? Auf ihren Tagungen, Geschäftsreisen, Fortbildungen und sonstigen außerirdischen Veranstaltungen. Möchte man auch gar nicht wissen, wenn man so alt ist wie ich.

Andrea I am Telefon – ihr ehemaliger Trauzeuge hat angerufen: Fanny Müller im Rundfunk. Ich Radio angeschaltet. Liest eine völlig fremde Frau aus »Frau K.« Da fiel mir ein, dass mir mal eine Schauspielerin geschrieben hat, ob sie aus »Frau K.«, vorlesen darf, auf Veranstaltungen und so. Habe zugestimmt, unter der Bedingung, dass sie mir vorher Bescheid sagt. Hat sie aber nicht und das Freie Radio auch nicht. Morgen da mal anrufen. Andrea I und Alice meinten, dass sie wohl ganz gut gelesen, aber »Frau K.« nicht richtig getroffen hat. Bei mir ist sie eher Sympathieträgerin und bei der Frau eher ne Zicke. Mag alles sein; die beiden sind parteiisch und ich auch.

20.10.04 Abends im Bett VHS-Programm West durchgeblättert. Ach du liebe Zeit! »Kreativ, spielerisch, sinnlich, ganzheitlich«. Kein Wort, das nicht bis aufs letzte abgelabert ist.

Zum Beispiel Flachglas: »Mit Glas kann man wunderschöne Gegenstände formen, man muss nur wissen, wie es geht.« – *Ätsch, wir wissen es, DU aber nicht!*

Oder: »Spielerische (oh Gott, schon wieder!) Übungen usw. unterstützen die Entwicklung eigener Ausdrucksformen (wieso Ausdruck und vor allem: wieso Formen?)« Ein weiteres Angebot (Figürliches Zeichnen) zielt auch wieder auf das Spielerische ab. Die Leute wollen nicht spielen! Schließlich bezahlen sie ja für die Kurse.

Gestalten mit Papiermaché: »Eine faszinierende und sinnliche Erfahrung (wo die Leute überall sinnliche Erfahrungen machen...).«

Ich habe der Leiterin gemailt: Macht doch mal was mit »Gaanz schwierig«, »Nix für jeden« oder »Da muss man seinen Grips schon ganz schön anstrengen«. Würde mich nicht wundern, wenn die Leute Euch die Bude einrennen.

21.10.04 Vor wenigen Abenden Urs Widmer gehört im Radio. Sagt, dass die Schweizer andere Völker um deren Tragödien beneiden. »Der Geliebte der Mutter« gekauft, erinnert mich dumpf an »Brief einer Unbekannten« von Stefan Zweig, aber »Der Geliebte...« ist literarisch besseres Kaliber. »B.e.U.« ist mir heute sehr fern (habe es als junges Ding gelesen), k.u.k-Monarchie usw.

Die Art, wie er das erzählt, interessiert heute kein Schwein mehr: K.u.k-Offizier zieht sich an, um einem Duell auszuweichen, und kriegt einen Brief. Kann sich kaum an die Frau erinnern, die ihm von ihrem Totenbett schreibt, dass er ihr ein Kind gemacht und sie ihn immer geliebt hat und so. Kind ist auch tot. Letzten Endes geht er dann doch zu dem Duell und man weiß schon, dass er sich totschießen lassen wird. Alles sehr unwahrscheinlich.

Pepys (auch Montaigne!), der ein paar hundert Jahre früher gelebt hat, ist mir in seinen Tagebüchern viel näher, vielleicht, weil er aus seinem Alltag erzählt. Dazu M., der auch immer alles gelesen hat:

»Sehr amüsant muss es damals gewesen sein im englischen Flottenamt. Den ganzen Tag stur auf die Verdauung achten und ab und zu mal die Haushälterin nageln... ja, so 'ne Weltmacht hatte schon schöne Posten parat.«

»B.e.U.« gab es damals als Film, bzw. im Fernsehen, wir sahen ihn in der Gaststätte in meinem Heimatdorf. Im Nebenraum. Ich musste schrecklich heulen (14 Jahre alt?) und hasste die Bauern, die immerzu rein kamen und was holten oder abgaben... der Nebenraum diente gleichzeitig als Poststelle. Ladenöffnungszeiten gab es auf dem Lande nicht; durch die Hintertür konnte man selbst nach 22 Uhr einkaufen gehen. Zu Stefan Zweig fällt mir noch was ein: Als die Schwester von Georg S. ihrem Vater zu Weihnachten (ca. 1958) »Die Welt von gestern« schenkte, sah er das Buch kurz an, murmelte »Jude«, öffnete den Ofen und warf es hinein. Die Familie kam aus dem Sudetenland.

Georg ging dann später in die NPD. Er war schon damals ziemlich rechtslastig, aber das hatte ich nicht gemerkt. Wenn ich schon volljährig gewesen wäre, hätte ich die CDU gewählt.

22.10.04 Vor einigen Tagen rief ich bei einer Firma an – Name tut nichts zur Sache –, aber die Verantwortliche war nicht da. Während der Wartezeit hörte ich eine Musik, die mir sehr gefiel. Als sich die Frau von der Zentrale wieder meldete, fragte ich sie, was denn das für eine Musik gewesen sei. »Moment«, sagte sie munter, »das haben wir gleich, ich guck mal eben nach!« Nachdem ich ihrem Nachblättern eine Weile gelauscht hatte, war sie wieder am Apparat: »Also das war aus dem Köchelverzeichnis Nr. Sowieso. Von Allegro.« Ich schluckte ein wenig, sagte dann aber beherrscht: »Vielen Dank!« – »Da nich für«, sagte sie fröhlich und legte auf.

Es soll ja auch von Andante sehr gute Musik geben.

(für *Titanic*)

23.10.04 Es heißt jetzt nicht mehr »sich einbringen«, sondern »sich vernetzen«. War vor 14 Tagen auf einer Wohnungsgenossenschaftsversammlung, wo jede Menge Physiotherapeuten, Psychologen, Kindergärtnerinnen (das heißt jetzt anders, aber wie?) – alle irgendwie miteinander befreundet oder was, die werden sich noch wundern, wie das ausgeht – ein Konzept ausarbeiten sollten, um von der Stadt ein Haus genehmigt zu bekommen. Wollten sich alle mit Schulen, Initiativen und was weiß ich »vernetzen«.

Ich will bloß eine Wohnung mit Badewanne haben.

Nachtrag zum 21.10.04

Andrea II in der Pastelaria Transmontana getroffen. Ist seit Jahren arbeitslos als Web-Designerin, was das auch immer ist, nachdem sie (wie viele andere) bei AOL rausgeschmissen wurde.

(Damals schrieb sie mir: »Meine Kündigung habe ich unterschrieben und warte auf das Ende hier. Unter anderem spendiert die Firma Leuten wie mir eine ›Outplacement‹-Betreuung inklusive Persönlichkeitsentwicklungstraining. Falls Du also demnächst dynamischere Mails von mir empfängst, weißt Du, was passiert ist.«)

Ein ehemaliger Kollege von ihr bietet jetzt im Rahmen gut bezahlter Workshops Waldspaziergänge an, wo die

Leute Elfen und Gnome beobachten können. Außerdem werden dabei noch Bäume umarmt.

Hatte gerade den Katalog von Wrage dabei, den mir Antje geschickt hat. Das war doch mal'n ganz anständiger Buchladen. Vor dreißig Jahren. Jetzt nur noch Esoterik-Scheiße, aber so was von schlimm; musste ihn abends aus meinem Schlafzimmer tragen, weil ich es nicht aushalten konnte mit so einem Dreck im selben Zimmer. »Einweihung in die türkise Flamme von Atlantis«, »Sanfte Wege zur Lichtnahrung«, »Magisches Entrümpeln« undsoweiter undsofort. Und dann die Anzeigen. Nur ein Beispiel: »Neukodierung und Verankerung der 12 DNS-Stränge; auch als Fernbehandlung möglich.« Wer hat das noch gesagt? »Esoterik ist die Religion der Leute mit Mittlerer Reife.« Hört sich witzig an, stimmt aber nicht. Heute sind's auch Hochschulabsolventen. Irgendwas muss trotzdem dran sein, wenn auch nur kleine Fitzeligkeiten, z.B. Homöopathie und Akupunktur, was lange von Schulmedizinern abgelehnt wurde. Oder die alten Hexen auf dem Lande, die Kopfgrind und Beulen »besprachen«, und dann waren sie hinterher weg. Allerdings nicht für immer. Aber die ganzen übrigen Sachen wie Sinn des Lebens suchen sind natürlich Quatsch. Sinn des Lebens ist das Leben selbst. So oder so ist dieser Wrage-Katalog ein furchtbares Ärgernis.

Wenn man's auch nicht glaubt: Es gibt noch was Dümmeres. In der U-Bahn ausgelegte Heftlein gefunden mit einer Widerlegung der Evolutionstheorie. Derart hirnrissig, dass es eigentlich nur von den Zeugen Jehovas kommen kann. Ist aber von chick.gospel.de herausgegeben. Pseudonym?

23.10.04 Ich selbst hab ja keine Mission, aber manchmal hat eine mich. Nämlich »Die Mission« am letzten Freitag. Kavalier de Jahn kam mit, und das war auch besser so, dass man dort in Herrenbegleitung erschien. Sonst hätte ich einige der Anwesenden durchaus mit nach Hause nehmen können... Ich habe nur aus »Frau K.« vorgelesen und nach der dritten oder vierten Geschichte fingen sie an zu klatschen (die, die *nicht* schliefen und die, die *nicht* dabei schnarchten) und taten es dann auch jedes Mal nach dem Ende eines Textes; später kriegte ich noch Hand- und Wangenküsse. Na ja. Wir haben dann noch was gegessen (ich) und getrunken (der Kavalier) im Frank und Frei und dann war dieser schöne Tag unwiderruflich zu Ende.

Es handelt sich bei dieser Mission nicht um ein Altenheim, sondern um eine Einrichtung für Obdachlose, wo sie um 18 Uhr was zu essen kriegen und sich zur Strafe um 20 Uhr Kultur anhören müssen. Als ich dort das erste Mal lesen sollte, riefen mich die Betreiber vorher an und erklärten, das sei eine Einrichtung, die Schlingensief initiiert habe. Auf meine Frage »Wer ist Schlingensief?« lachten sie herzlich. Sie dachten, ich hätte einen Scherz gemacht.

24.10.04 Nachrichten. Berlusconi soll gesagt haben, dass die Designierung des rückschrittlichen – hat bestimmt nicht B. gesagt – Buttiglione (Botelloni?), der was gegen Homosexuelle und Frauen hat, als EU-Justiz- und Innenkommissar nicht so schlimm sei, da diese Kommission ohnehin nicht für den Schutz von *Minderheiten* zuständig sein werde... Minderheiten... das sind die kleinen Katastrophen am Rande. Über die großen schreibe ich lieber nichts. Demnächst Präsidentenwahl in Amerika. Was da als links und rechts gilt! Selbst Clinton war ja eher mit Kohl zu vergleichen.

Im Irak weiterhin Anschläge, in Israel desgleichen. Man nimmt es nur noch zur Kenntnis.

In der Bartelsstrasse gibt es ein Reisebüro von Herrn Öger oder Öztürk oder so ähnlich, das heißt »Schein-Reisen«.

Hoffentlich ist das nicht so was wie Schein-Ehen. Oder... apropos: Als ich während meiner Referendarszeit einmal eine 4. Klasse unterrichtete, teilten mir die Kinder mit, dass sie bei der vorigen Referendarin Aufklärungsunterricht gehabt hatten. Meldete sich ein Mädchen: »Da haben wir Schweineschwangerschaften gelernt.« Die ganze Schose war anhand von Meerschweinchen aufgerollt worden, wie ich später eruierte.

Dazu Matthew: »Das klingt ja nach ziemlichem Scheinkram. Allein schon eruieren – das tun doch nur besoffene Männer am Straßenrand!«

Matthew hat übrigens den schwarzen Sushi-Gürtel, wie er mir mitteilte.

25.10.04 Von Mira Kohlrouladen gekriegt, der Kohl wurde vorher sauer eingelegt. Jugoslawisches Rezept, schmeckt hervorragend. Nur hinterher Dünnpfiff.

26.10.04 Torsten beim Milchkaffeetrinken getroffen. Irgendjemand hat ihm einen halben Zentner Quitten geschenkt. Er weiß noch nicht, was er damit machen soll, außer Wein. Igitt, Gelee wär mir lieber. Aber immer, wenn er ins Internet geht und »Quitte« eingibt, kommt Jacques Brel heraus (»Ne me quitte pas«). Ehrlich wahr!

27.10.04 Bericht von meinem Urlaub in Mecklenburg-Vorpommern an die *taz* geschickt:

Sagt Mutter, s'ist Uwe

Nachdem ich meine Wohnung Renovier-Dieter übergeben hatte, fuhr ich nach Mecklenburg-Vorpommern, wo meine Freundin Jean eine Datsche hat, die auch gerade renoviert wurde.

Eigentlich dachte ich, ich würde dort mit ihr allein sein, aber da sie nie nein sagen kann, waren noch diverse andere Leute da, mit denen wir uns das halbe Haus teilen mussten. Ein Ehepaar, das Hasi hieß (alle beide) und drei Wochen blieb, samt Tochter Michelle (6), und Jeans Enkel Sascha (8), an dem Michelle immerzu herumhing, was ihm sehr unangenehm war. Als die beiden einmal abends zusammen ins Bett gesteckt wurden, damit man ihnen gemeinsam eine Geschichte vorlesen konnte, hörte ich Michelle zu Sascha sagen: »Ick hab schon meinen Schlüpfer ausjezogen, is dir peinlich wa?«

Dann gab es noch einen Architekten, der drei Monate blieb und das Wohnzimmer mit Hirnholzpflaster verlegte, das einzige Hirnholzpflaster in Mecklenburg-Vorpommern, da könne man hinterher Eintritt nehmen (»Lasst die Kinder mal nach vorne!«), und Jeans Töchter samt Freund, also die eine hatte einen, von der anderen weiß ich es nicht. Dann war noch der Kater Chrisso da, den ich in Berlin einmal beinahe aus dem 5. Stock geschmissen hatte. Der war bescheuert wie eh und je und schiss regelmäßig ins Blumenbeet, wenn wir direkt daneben am Kaffeetisch saßen.

Nebenan war eine Pferdekoppel, auf der ein einsames Pferd manchmal herum sprang und schnaubte, und manchmal stand es still am Zaun und fraß unsere Himbeerbüsche ab. Der Architekt meinte, dass das Pferd wohl schizophren sei oder verschiedene Persönlichkeiten in sich vereinige, daraufhin tauften wir es Monika&Bernd. Wir warfen immer die Schnecken über den Zaun, weil wir hofften, das Pferd würde sie tot trampeln. Sie persönlich umzubringen, dazu waren wir zu feinfühlig.

Der Mörder von Mecklenburg-Vorpommern kam auch gerne mal vorbeigetrottet. Das war der Nachbar Uwe. Der wurde von uns deshalb so genannt, weil er vor zwei Jahren nachts besoffen den ebenfalls besoffenen Besitzer von Jeans halber Datsche mit dem Auto totgefahren hatte. Danach bekam Jean endlich die Möglichkeit, das ganze Ding zu kaufen. »Sagt Mutter, s'ist Uwe«, sagten wir, wenn er in Sicht kam. »Sagt Mutter, s'ist Uwe« stammt aus einer Ballade, welche die jungen Leute natürlich nicht kannten, aber Jean und ich konnten sie furchtbar schnell aufsagen.

Nachts spukte die Leiche des Vorbesitzers auf dem Dachboden herum, jedenfalls nahmen wir das an, weil die Neonröhre in der Küche immerzu an- und ausging. Der Architekt meinte, es würde sich um eine Fehlschaltung handeln. Der Architekt hatte logische Erklärungen für alles; das passte uns gar nicht, und seine Gesprächsbeiträge arteten immer zu Vorträgen aus. Man konnte ihn nur ab und zu brutal unterbrechen und sagen: »Ach, so eine langweilige Geschichte kenne ich auch: als ich mal auf einem Linguisten-Kongress war...«

Er schlief auf einer Matratze, die nachts komische Geräusche von sich gab, und eines Tages beklagte er sich, weil die Matratze immer noch in Plastik verschweißt war. Er glaubte, dass es sich um eine Inkontinenzmatratze handelte, aber Jean hatte nur vergessen, die Verpackung abzunehmen.

Apropos vergessen: Als der Architekt mit der Renovierung fertig war, fuhr ich nach Hause. Da war aber noch nichts gemacht, weil ich vergessen hatte, Dieter den Wohnungsschlüssel zu geben.

Jean habe ich 1962 im Zug zwischen Westerland und Hamburg kennen gelernt. Es war der 24. Dezember und wir waren die einzigen Passagiere. Wir sangen uns alle Schlager vor, die wir kannten. Soweit ich mich erinnere, handelte es sich vorzugsweise um die Everly Brothers (»Crying in the rain«) und um Johnny Ray. Ein oder zwei Jahre später bin ich dann zum ersten Mal geflogen und zwar nach Berlin, wo sie wohnte. Es gab damals sehr billige Flugtickets, die ich mir leisten konnte. Sie war inzwischen verheiratet, weil sie »musste«, nichtsdestoweniger gingen wir aber in Kneipen wie Eden Saloon. Geld hatten wir so gut wie keins; ich erinnere mich, dass ich das billigste Essen überhaupt kochte: Schweine-Nieren, die den ganzen Tag in der Badewanne eingeweicht wurden, damit sie nicht so nach Urin rochen. Schmeckten aber nicht schlecht mit Nudeln. Ab und zu leisteten wir uns ein herrliches Getränk: Martini rot.

Später wurde sie Lehrerin, wie ich auch.

30.10.04 Heute im Kino gewesen. »Die kalte See«, isländischer Film. Nicht schlecht gemacht, aber keine nachhaltige Wirkung, ziemlich konventionell. Leider wenig Landschaft, denn die hätte ich gerne gesehen. War die einzige Person im Kino! Dagegen neulich »Der letzte Tango in Paris«, Jungejunge! Mein lieber Schalli! Der ist mir noch ziemlich nachgegangen, obwohl ich sonst nicht den geringsten Wert auf Fick-Filme lege (war auch keiner). Die Bilder, die Einsamkeit.

November 2004

1.11.04 Mal wieder unterwegs im ICE. Da saßen vier Chinesen, die sich so grauenvoll aufführten (brüll-schrei-biersauf), dass man zu gar nix kam. Getoppt (so sagt man heute) wurden sie von zwei unentwegt sabbelnden Vertretern der Wasserwerke-Fulda-Ost oder so ähnlich.

4.11.04 Dieses Jahr sind mir Sachen passiert!

Ich gehe um 17 Uhr ins Kino, weil da meist nicht so viele Leute sind, aber das Kino ist voll und neben mir sitzt ein Mann, der anfängt, meinen Oberschenkel zu stupsen. »Das ist einfach nicht wahr!« sage ich mir, weil so was mir noch nicht mal passiert ist, als ich jung war. Aber dann stehe ich doch auf und sage dem Kinofritzen Bescheid. Die Nichten fielen vor Lachen vom Sofa und meinten, ich sei wohl wieder aufreizend angezogen gewesen.

Am Abend ruft Schill bei mir an. Ja, *der* Schill. Er informiert mich, dass er Innensenator gewesen sei, woran ich mich noch erinnern konnte. Ich dürfe jetzt nachts wieder auf die Straße gehen. Unerhört! Bei der Kälte! Was will ich denn auf der Straße, wo man ja nicht mal mehr ins Kino gehen kann! Normal liege ich nämlich nachts im Bett und lese Sachen, von denen *der* noch nie was gehört hat. (Nämlich »Nichts gibt so sehr das Gefühl der Unendlichkeit als wie die Dummheit«, Horvath.)

Und 45.000 weniger Verbrechen oder was habe es während seiner Amtszeit gegeben, aber alles werde totgeschwiegen! Von den Medien! Und seine Wahlplakate würden von den Roten einfach kaputtgemacht! Oder von den Kommunisten, das hab ich nicht so genau verstanden.

Nachmittags hatte er schon bei Torsten angerufen, der »Moin, hier ist Ronald Schill« hörte und gleich mit »Halt's Maul Wichser« konterte und den Hörer aufknallte. Er hatte nicht gemerkt, dass ein Tonband vorgeschaltet war. Am Sonnabend morgen rief er dann bei Andrea an, die ich vorgewarnt hatte, und die fast ihr Frühstück verschluckte. Der muss einfach *jeden* angerufen haben.

Kommentar der Nichten: »Nimm doch mal ein gutes Buch zur Hand und belästige nicht andauernd Politiker am Telefon!«

9.11.04 Schlacht um Falludscha. Die Regierung der Vereinigten Staaten (oder wer da immer das Sagen hat) sollte auch öfter ins Kino gehen. »Schlacht um Algier« beispielsweise. Da hatten die Franzosen alle Terroristen – die hießen damals noch anders – umgebracht und 10 Jahre später waren sie alle wieder da. Ist doch völlig logisch, dass die Jungs der al-Qaida und anderen Organisationen zuströmen werden wie nichts Gutes. Aber vielleicht, nein, ganz bestimmt, *mögen* es die Waffenhändler, ja, sie finden es *super*, wenn allüberall Krieg ist. Und sie selber schön gemütlich auf den Sporaden sitzen (Gibt's die wirklich? Neulich schrieb mir Jess, er sei im Urlaub und nur sporadisch erreichbar, also...)

Im Radio sprechen sie inzwischen tatsächlich von »Rebellen« und »Aufständischen«; scheinen doch ein paar mehr Leute zu sein, als sie angenommen haben.

10.11.04 Heute wäre Mama 86 geworden. Am 10.11.1918 geboren, am letzten Tag des Ersten Weltkriegs, als Kaiser Wilhelm nach Holland ging. Oder war das schon der 9.?

Anruf auf AB von einer Frau vom Deutschlandradio, ob ich Lust hätte, nach Berlin zu kommen und in der Sendung »Hörensagen« zu sprechen. Ich habe ihr gemailt, dass nicht. Schlaganfall, Wortfindungsstörungen usw. Ich kann einfach nicht mehr richtig reden, nicht mehr schlagfertig sein, das dauert alles endlos lange, bis mir was einfällt. Und dann die ewigen Fragen, besonders von Rundfunkjournalisten, warum es so wenig Satirikerinnen in Deutschland gibt! Gibt es woanders mehr? Ich bin immer versucht zu sagen »Weiß ich auch nicht«, aber eigentlich ist es mir schon klar: Frauen leben ihre Satire in der alltäglichen Kommunikation, während Männer die Satire nach außen produzieren. Im Übrigen ist es ein fest gefügter Haufen von Männern in der Komik-Szene, die schnell jemanden weg beißen. Ich bin da nur rein gekommen, weil ich wenig Ehrgeiz habe und mal wieder eine Alibifrau fällig war. Erinnere mich an Malerinnen (Komponistinnen, Philosophinnen usw.); habe gerade was von Griselda Pollock über den Impressionismus gelesen: Männer suchten ihre Sujets in der Öffentlichkeit – Bar, Oper, Puff –, während Frauen ihre Kinder, Freundinnen, sich selbst malten – auf dem Balkon, in Fauteuils, im Garten, in jedem Fall im Innenraum.

Ich selbst schreibe ja auch hauptsächlich über private Dinge; über Nachbarinnen, Nichten, Begegnungen im Bus etc. Frauen sind in der Öffentlichkeit immer noch nicht angekommen, auch ich nicht. Werden sie in dieser Gesellschaft auch nicht schaffen.

Und ich bin *keine* Satirikerin, ich erzähle Geschichten.

Und wenn man was mit ironischem Unterton schreibt, dann ist das ja wohl noch keine Satire. »Frau K.« z.B. war nie als Satire gemeint, und ist auch keine.

11.11.04 Letzte Woche kam mich die zweitälteste Nichte besuchen, in bester Laune, denn sie hatte sich gerade ein Paar Stiefel gekauft. Sie zog sie gleich an, um sie mir zu zeigen. Ich starrte auf ihre Beine und sagte etwas schwach: »Oh! Sehr schön. Ich meine, super!« Sie gingen bis zum Knie und waren unwahrscheinlich spitz an den Füßen. »Die heißen ›Fick mich‹«, sagte sie fröhlich. »Gott ja, ich finde, die sehen auch aus, als ob sie eine... eine...« »Neenee«, sagte sie, »das sind die anderen.« Sie wühlte in ihrer Tasche, zog einen Prospekt heraus und zeigte auf Stiefel, die bis zum halben Oberschenkel gingen. »Das sind die ›Fick mich sofort!‹«

Irgendwie ist man inzwischen doch zu alt für die neuen Modetrends geworden. (für *Titanic*)

12.11.04 War kurz in Kiel zu ner Lesung, mit Nichten und Anhang. Wegen des Großneffen habe ich mir etwas Gedanken gemacht, hab dann aber doch ohne Abstriche vorgelesen (Viagra, Orgasmus, Penis usw.). Er hinterher im Auto: »Och, Orgasmus haben wir schon in der 2. Klasse gehabt...«

Wer sagt's denn! Dass die allerdings schon in der Grundschule einen Orgasmus gehabt haben sollen, gibt mir dann doch zu denken.

Die letzten 12 Tage nichts aufgeschrieben, weil Lesungen in Berlin, Chemnitz und Hamburg (unterwegs von Berlin im Zug, Nebel, grau in grau, Herbstbäume gegen den Himmel; hat etwas angenehm Trostloses, wenn man im warmen Interregio sitzt), und anschließend eine Schleimbeutelentzündung im rechten Arm. Das tat weh! Schlimme Tabletten vom Doktor bekommen, aber dann kam der Homöopath vorbei und gab mir zwei Kügelchen, die innerhalb von Stunden alles wieder ins Lot brachten.

Er war glücklich, ich war glücklich. Scheint doch was dran zu sein. Jeder sollte mal versuchen, sich mit der linken Hand die Zähne zu putzen.

Das mit dem Herzklopfen hat er aber noch nicht gepackt. Habe 21 verschiedene Tropfen in meinem Schrank, die alle nichts genützt haben.

Bin seit heute morgen verkabelt, das heißt, es wird ein 24-Stunden-EKG gemacht, was aber auch nichts bringen wird, weil Herzklopfen sich in diesem Apparat nicht niederschlägt. Glaube ich wenigstens.

14.11.04 Nachmittags mit Petra L. zusammen von Mira wg. Geburtstag in türkisches Restaurant eingeladen. Für meine Verhältnisse furchtbar gefressen und anschließend im Cafe Stenzel noch Kaffee und Sachertorte. Fing glücklicherweise schon um 15 Uhr an, weil Mira morgen Frühdienst hat (Geburtstag ist auch erst morgen). Frauke, Petra und ich werden ihr mehrere Massagen im Ärztehaus nebenan schenken.

Gestern hatte Oskar Werner Geburtstag, ist jetzt schon 22 Jahre tot. Was haben wir für den geschwärmt! Frauke und ich wollten ihm schreiben, als wir 16 waren. Als wir dann erfuhren, dass er verheiratet ist, haben wir davon Abstand genommen. Verheiratet? Heute geht man doch davon aus, dass er das die längste Zeit gewesen ist.

15.11.04 Mira hat mir heute ein paar Tortenstücke gegeben. Die Torte hat sie von dem Orthopäden nebenan bekommen, bei dem sie putzt. Obendrauf ist ein Porträt des Ehepaars, in Zucker. Hab schon mal Geschmackvolleres gesehen. Abends wurde mir dann sehr schlecht, ob von der Torte oder vom Orthopäden, weiß ich nicht. Der wohnt in einem Ärztehaus, wo ich mal bei Dr. K. war, dem Urologen, wegen einer Blasenentzündung.

Als ich zu ihm ins Sprechzimmer kam, musste ich ihm gleich erzählen, was ich vorher alles so hatte. Daraufhin klopfte er auf sein Bäuchlein, kniff sich in die Seite und ins Kreuz und sagte: »Das ist ja schrecklich. Jetzt tut mir auch gleich alles weh. Ich hab ja immer was. Aber ich geh auch nie zum Arzt.« Wohin er aber wohl geht, und zwar mit dem verrückten Internisten N. aus dem gleichen Haus, das ist das »Brazil« auf dem Kiez. Da war ihm am Vorabend sein Jackett geklaut worden mit den Auto-, Praxis- und Giftschrankschlüsseln. Er hoffte aber, dass jemand nur aus Versehen das Jackett angezogen hat. »Ist mir auch schon passiert, dass ich plötzlich 'nen fremden Mantel anhatte. Sie wissen ja, wenn man was getrunken hat...« Ich wusste es nicht. Die Ärzte in diesem Ärztehaus haben alle eine Meise. Der Frauenarzt Dr. Shamra (kommt irgendwo aus dem Nahen oder Mittleren Osten oder Indien her) wird natürlich nur Dr. Schamhaar genannt, soll aber ganz nett sein, ich kenne ihn bloß vom Sehen. Dr. M., praktischer Arzt, der schon vor der Mauer rübergemacht hatte, besitzt bereits ein Segelboot, sonst aber nichts; jedenfalls keine medizinischen Kenntnisse. Ich hatte ihn mal geholt, als meine Untermieterin Petra im Bad umgefallen war und Bauchweh hatte. Er horchte nicht ab und nichts und sagte, es könne schon mal sein, dass man umfalle, wenn man einen harten Stuhlgang hat. Das wurde ein Running Gag zwischen Petra und mir (»Ach, dein Zahn piekst so? Wird wohl am harten Stuhlgang liegen...«). In Wirklichkeit hatte sie eine Nierenbeckenentzündung.

Ja, wir alten Leute haben immer was zu klagen und zu leiden. Scheiß-Evolution! Sowie man das gebärfähige Alter überschritten hat (mit dem Zeugen ist es irgendwie anders – gemein!), ist man ihr wurscht.

»Charmin« ist eine Toilettenpapiermarke und es gibt jetzt eine Sonderedition mit Weihnachtsduft. Wonach soll das denn riechen? Plätzchen? Kerzen? Gänsebraten? Ohrfeigen?

16.11.04 Heute *Bild*: »Wowereit nicht mehr schwul?« So geht es zu im Leben: Heute schwul, morgen hetero, übermorgen mach ich der Königstochter ein Kind (Rumpelstilzchen).

17.11.04 Bei *Bild* müssen sie grad den Weihnachtsgrog wegsaufen wie nichts: Heute ein Titel mit Trittin. »Jürgen Trittin: Ab in die Wüste!« Daneben eine Fotomontage mit ebendemselben + Bart + Turban. Worum es ging, habe ich nicht gelesen. Flaschenpfand? Scheint ja immer noch das dringendste Anliegen der Grünen zu sein.

18.11.04 Ganz schön groggy heute, und morgen geht es nach Aachen. Zum Glück das letzte Auswärtsspiel bis Weihnachten. Müde, leichte Neuralgie in Armen und Beinen, bin zu gar nichts in der Lage, habe das Essen mit den Nichten abgesagt, müssen sie eben alleine los. Hinterher wollen sie noch in ein Konzert – dass ich so was nicht mehr machen muss! – und morgen holt Aggi mich ab, um mich zum Zug zu bringen. Habe Gott sei Dank den Metropolitan genommen, da hat man seine Ruhe zwischen Hamburg und dem Ruhrgebiet.

Hermann hat mir aus Berlin geschrieben, er war in einer Suite im Hilton, wo schwul-lesbische Lyrik vorgetragen wurde, *energies in love* oder so ähnlich, das erste Wort war jedenfalls auch englisch und fing mit e an, hab's vergessen. Er sagte mir, dass der Blick aus dem 8. Stock auf Berlin gut gewesen sei, aber der Rest pure Kacke. Befindlichkeitslyrik (»Ich lege meine Hand auf Dein Knie und kann nicht mehr atmen«). Det Janze aber mit zwo Dijäis und Dias und verschiednen Plattentellern (ich weiß, dass das heute anders heißt, hab aber wieder vergessen, wie) und dann die Jil-Sander-Lesben, wenn man weiß, was ich meine. Dafür eine Lürik, wie wenn sie im Zelt geschrieben wurde. Aus dem Bauch heraus. Allerdings – was normalerweise aus dem Bauch herauskommt, möchte man ja nicht gerade zwischen zwei Buchdeckeln haben, nöch?

Heute kriege ich eine Mail von Malcolm. In einer englischen Zeitung schreiben sie was von einem Hamburger (= Mann, in diesem Fall), der fünf Jahre tot vor seinem Fernseher gesessen hat. Malcolms Kommentar: »The quality of German Television is to die for.«

Es ist schon eigenartig: ich habe überlegt, was mir am meisten fehlen wird, wenn ich tot bin. Ist ja blöd, weil einem dann nichts mehr fehlt – aber ich bin auf Musik gekommen. Eigentlich dachte ich, es wäre das gute Essen, aber es ist die Musik. Obwohl ich sehr selten Radio oder CDs höre und auch kein großes Musikverständnis habe (schade, hätte mich früher darum kümmern müssen...) Da, wo den Dichtern die Worte fehlen, setzt die Musik ein.

22.11.04 Georg hat vorgestern einen Unfall gehabt. Fährt nachts mit dem Fahrrad bei Schneetreiben gegen einen Laternenpfahl, fällt um und wird ohnmächtig. War natürlich besoffen. Alice, die hinter ihm fuhr, hat gleich die Polizei und einen Krankenwagen gerufen. Dafür sind Handys ja wirklich gut. Jetzt hat er eine Gehirnerschütterung. Und krankenversichert ist er seit einem Jahr nicht mehr. Das wird so einiges kosten, Transport, Behandlung: etwa 400 Euro.

Im AK Altona lernte Alice in der Ambulanz Hamid kennen, der in Deutschland geboren ist. Er war mit seiner Freundin in einer Disco, wo dem Türsteher angeblich seine Frisur nicht gefiel, aber in Wirklichkeit wollte der bloß keine Kanaken reinlassen, und dann gab es eben eine Prügelei. Nächste Woche wird er mit ein paar Freunden dort noch mal vorbeischauen... Kann man dann wohl in der *Morgenpost* nachlesen.

23.11.04 Heute hat eine Frau vom NDR angerufen, sie wollen einen kleinen Film drehen über das

Buch bzw. mit mir. Home-Story habe ich abgelehnt, aber kurz mal im Cafe Stenzel würde gehen. Gestern Abend Ohrenschmerzen, kam erst einige Zeit später dahinter, dass es eine Neuralgie ist. Tramadolor (Drama-Dolor!) eingenommen, ist ein Opioid, musste heute morgen dreimal brechen, kein Wunder nach so einem Zeug. Ziemlich schlapp, lege mich gleich wieder ins Bett.

24.11.04 Gestern bis halb zwei geschlafen, dann von acht Uhr abends bis heute Morgen um sieben Uhr durchgeschlafen. Zu Zweitausendeins, kurz mit Ulla geredet; bisschen eingekauft, nachmittags zu Münster, Physiotherapeut. Der Mann ist wirklich gut. Witzig, aber nicht übertrieben, eher leise in seiner Art und immer guter Laune, aber nicht so was Aufgesetztes, wie die Hab-ich-heute-aber-wieder-gute-Laune-Moderatoren im Radio. Konzept fürs Polittbüro noch mal kurz überarbeitet, Abendessen gemacht (das Übliche: Gemüsepfanne mit Salat), dann rief Herta an, es geht ihr nicht gut, sie ist 87, Herrgott noch mal, da geht's den meisten schlecht. Sie tat mir aber sehr leid, denn sterben will sie ja doch nicht, wer will das schon? Das wollten ja noch nicht mal die alten Christen, obwohl es im Himmelreich so toll sein sollte. Irgendwie haben sie der ganzen Sache wohl doch misstraut und es lieber hier auf Erden noch ein wenig ausgehalten.

Meine Wohnung sieht aus wie Sau.

28.11.04 Lesung am 26.11. im Polittbüro war sehr gut, etwa 80 Leute, die an den richtigen Stellen gelacht haben. War am Nachmittag tierisch nervös, weil ich – wie immer – glaubte, es würde kein Schwein kommen.

Heute Morgen bei Mira gefrühstückt. Sie hat gestern im Fernsehen eine Diskussion gesehen. Da wurde u.a. gesagt, dass in der Türkei die Frauen *kein* Kopftuch tragen, sondern nur hier, in der Diaspora. Sie war schrecklich empört und sagte, dass die Türken sich hier mal anpassen sollten. Sie ist aus Bosnien – auch Moslem, hat aber mit Religion nichts am Hut. Versuchte ihr zu erklären, dass Menschen im Ausland sich gerne auf die »alten Werte« besinnen und es Männern sehr gut gefällt, wenn ihre Frauen sich zu Hause verschanzen, während sie selbst sich frei bewegen können. Bei Deutschen ist es nicht anders: ich möchte nicht wissen, wie ein deutscher Mann sich aufführt, wenn er beispielsweise in Sizilien ist und sich in der Kneipe mit anderen Männern trifft. Da wird er auch nicht darauf bestehen, dass seine Frau mitkommt. Mal ganz abgesehen davon, dass sie eventuell dazu gar keine Lust hat.

Immer noch der 28.11.04 (1. Advent)

Gestern eine Sendung im NDR über den Dirigenten Wilhelm Furtwängler zu seinem 50. Todestag, Nazi-Vergangenheit usw. Hab nicht alles verstanden. Es ist wohl so, dass er den Primat der Politik unter der Herrschaft der Nazis nicht anerkennen wollte – aus Gründen, die ich jetzt nicht erörtern will –, sondern den Primat der Musik (des Künstlertums), doch dann ließ er die Musik anders spielen als bisher, um die Menschen aufzurütteln. Beispielsweise langsamer, schneller usw., um ihr einen anderen Charakter zu geben. Damit hat er aber praktisch den Primat der Politik anerkannt. So ganz richtig habe ich das nicht feststellen können – trotz einiger Einspielungen, z.B. Beethovens Fünfter Symphonie – und viele andere damals sicher auch nicht, denn es gehörte zum Bildungsbürgertum, dass man ein Konzert besuchte, ohne wirklich was von Musik zu verstehen. Dazu gehöre ich ja auch.

Was Menschen sich selbst alles vormachen können. Muss aber wirklich ein sehr guter Dirigent gewesen sein, auch wenn Adorno in seinem jugendlichen Überschwang über ihn gesagt hat, dass er bestimmt ein großartiger Dirigent wäre, wenn er dirigieren könnte. Die Auszüge aus einem offiziellen Briefwechsel mit Hitler & Konsorten sind allerdings äußerst bedenklich; schrammen haarscharf an der Nazisprache vorbei.

In einer meiner Kolumnen habe ich mal Goethe zitiert mit den Worten: Als ich 19 war, war die Welt 19. Stimmt aber nicht, denn gestern habe ich in »Am Abend vorgelesen« – Gespräche mit Goethe von Eckermann – festgestellt, dass es heißt: »Als ich 18 war, war Deutschland 18«.

29.11.04 *Bild:* »Ja, Joschka, das ist die Richtige!« Hat offenbar wieder ne neue Schnecke gefunden. Einige andere »Richtige« werden ihr vermutlich noch folgen.

30.11.04 Nachrichten. Schröder hat Putin einen »lupenreinen Demokraten« genannt. Sonst noch was? Irgendeine Vorsitzende von den Grünen sagt nicht etwa »Quatsch!« dazu, sondern was von »das müsste er in seinem eigenen Land beweisen«. Die haben ja schon längst diese vorsichtige diplomatische Sprache drauf. Zum Kotzen.

Heute Fernsehaufnahmen für den klitzekleinen Beitrag heute Abend. Was werden sie fragen? Mal wieder die Schote »Warum gibt es so wenig Satirikerinnen in Deutschland« oder: »Woher nehmen Sie Ihre Ideen?« Das interessiert doch kein Schwein. Wenn man meine Bücher liest, dann weiß man schon, wo ich meine Themen aufgable.

Dezember 2004

4.12.04 Riesenschlagzeile in *Bild*: »Killerviren vom Mars«. Erinnert mich an meine Zeit in Chile 1977, wo die Leute ja auch echt andere Sorgen hatten, und was war ständig im Fernsehen, aber wirklich jeden Tag? Ufos. Und Interviews mit Menschen, die eins gesichtet hatten. Gut, in einem Land mit fünf Klimazonen, von der Antarktis bis zur Wüste Atacama, gibt es schon mal merkwürdige Lichter am Himmel, aber daran waren die Leute schließlich gewöhnt.

Vorgestern Lesung bei Zweitausendeins, und eine halbe Stunde vorher zeigten sie endlich den TV-Beitrag. Und eine Stunde vorher ein Interview in 90,3. War aber trotzdem voll. 90,3 war sehr gut, Fernsehen so lala. Heike B., die gestern bei mir war, erzählte, dass die Kameraleute durch die Bank frustriert seien, weil sie früher ganze Filme und Serien etc. gedreht haben und heute nur noch mal hier ne halbe Stunde und da ein paar Aufnahmen. Die betreffende Redakteurin (Männern geht es nicht anders) muss dann drei viertel ihrer Zeit bzw. ihrer Kraft aufwenden, um den Kameramann in gute Laune zu versetzen. Dann sind sie aber immer noch am Meckern: »Das sendet ihr ja doch nicht, wieso soll ich da *noch* ne Aufnahme machen?« Und so kam es dann auch: Ich wurde nur von vorne gefilmt, kein Schwenk, nicht mal über die Schulter wurde das Buch gezeigt. Wunderte mich schon, dass das ganze Drehen nur 40 Minuten dauerte. Und später in der Sendung mussten sie tatsächlich noch alte Filme vom Schanzenviertel im Sommer zeigen, weil die Aufnahmen offensichtlich nicht reichten. Letzten Endes ist es mir aber egal.

90,3 war recht komisch. Ich hatte Herrn B. am Telefon erklärt, wie er zu mir kommt, und ihn gefragt, ob er die Frauenkneipe kenne, die ja nur ein paar Meter entfernt ist. »Klar, da bin ich Stammgast!« Nachmittags war ich dann auf dem Sofa fest eingeschlafen und wachte erst auf, als er klingelte. Ich war ziemlich verpennt und erinnerte mich an keine einzige lustige Geschichte mehr. Machte aber nichts, weil er dann hinterher sehr schön gesprochen hat und ich nur als Einsprengsel diente. Gut so!

4.12.04 Heute auf Lisas Geburtstag im Polittbüro. Vorher spielte Bernd Begemann, den ich natürlich überhaupt nicht kannte, und in der Pause ging ich ins

Foyer, weil mir die Musik einfach zu laut war. In irgendeinem Club soll ein Plakat an der Wand hängen: »Es ist nicht laut. Ihr seid zu alt.«

Er sang mehrere Lieder etwa des Inhalts, dass alle Frauen ihn immerzu verlassen und keine ihn richtig versteht... Die weiblichen Fans im Publikum waren begeistert. *Sie* würden ihn auf jeden Fall verstehen... Gar nicht so schlecht überlegt, Junge. Auf die Art kannst du sie alle kriegen. Mit der Nummer Lonesome Cowboy. Bin ja früher selber auf so'n Scheiß reingefallen. Da Männer nie Bücher lesen, in denen man ihnen solche Tipps gibt, muss es genetisch bedingt sein. Oder es kommt von John Wayne.

5.12.04 Nachmittags auf einer Air-Beust-Veranstaltung in der Kirche nebenan mit Hark Bohm. War natürlich eine Verballhornung von Airbus+v. Beust, jajaja. Ganz informativ, aber es wurde auch sehr deutlich, dass H.B. ein alter Sozialdemokrat ist, selbst wenn er aus der SPD ausgetreten ist. Die Milliarde Steuergelder, die Hamburg berappen soll, hätte man doch besser für die Entwicklung des Mittelstands ausgeben sollen usw. Der Senat gegen die Nordelbische Kirche, die Einmischung von Schröder, die Berichterstattung der Hamburger Presse, vor allem der Springerblätter, das alles ist allerdings wirklich skandalös. Neulich sah ich in der *Bild* eine Frau aus Neuenfelde, riesengroß abgebildet, die sie zum Abschuss frei gegeben hatten. Sie profitiere davon, wenn sie ihr Land nicht verkaufe, weil sie dann ihre Windkrafträder um ein Drittel verlängern und dadurch eine Menge Geld kriegen würde. Ist ja wohl ihr gutes Recht, wenn man davon ausgeht, dass hier sowieso ein Reibach gemacht wird (Air-Bus kriegt keinen?). Wahrscheinlich ist aber sowieso alles gelogen. Dagegen stünden dann 4000 Arbeitsplätze, die weg fallen. Es sind aber höchstens 500 (die mit der o.a. Milliarde subventioniert werden) und auch die sind ungewiss. Tatsächlich, so Bohm, gehe es darum, dass Hamburg – wer das auch immer ist, also *ich* bin es nicht – eines der größten Flugzeugunternehmen in der Stadt haben möchte. So einfach sei das.

Was da eventuell noch an Bestechung läuft, weiß heute noch keiner. Auch das wird sich eines Tages herausstellen, wie immer zu spät.

6.12.04 Heute Nachmittag auf Adrian (4 Jahre alt) aufgepasst, weil Andrea I dringend in die Uni musste und Frank einen großen Auftrag in Blankenese hatte. War nicht so anstrengend, wie ich dachte. Er führte mir einen Stop-Tanz vor, wie er ihn nannte, und zwar auf dem Couchtisch.

Eben hat Yvonne Kuschel aus Leipzig angerufen, sie kommt nach Hamburg und wir treffen uns Mittwoch zum Essen im Karoviertel, mit Ole Könnecke und einer Frau von irgendeinem Agentenbüro.

7.12.04 Die letzten Einkäufe für Weihnachten erledigt, war schon um halb neun in der Stadt, aber Karstadt macht erst um 9:30 Uhr auf, kein Wunder, dass die pleite gehen... Kaffee auf der Straße getrunken – Wetter war einigermaßen. Mit etwa 50jähriger Frau aus Wuppertal ins Gespräch gekommen, die für 3 Wochen eine Stelle in Lauenburg angenommen hatte – sie ist seit 3 Monaten arbeitslos –, aber dann wurde nichts draus, und jetzt wartete sie auf einen Fahrer der Mitfahrzentrale. Sie bestätigte mir auch, dass sie sich in diesen drei Monaten von ihren Freunden zurückgezogen hat: »...man weiß ja nichts mehr zu reden, wie's auf der Arbeit war und so.«

Mittags rief Katrin Gremliza an, ob ich in Brandenburg (?) an einer Talk-Runde teilnehmen würde, da hat einer bei ihr angerufen. Würde ich nicht. Ob Rundfunk oder Fernsehen, habe ich gar nicht gefragt.

8.12.04 Nachrichten. Schröder in China: Staatsbetriebe seien nicht wettbewerbsfähig, er fordert die Chinesen zur Privatisierung auf. Opel entlässt 10.000 Arbeiter in Deutschland, »damit man wieder in die schwarzen Zahlen kommt«. Na prima! Dann werden die Leute wieder jede Menge Zugeständnisse machen, um den Arbeitsplatz zu retten. Man sieht ja, wie das bei VW geklappt hat.

Wie lange brauchen die eigentlich noch, um einen Generalstreik auszurufen? Das werde *ich* bestimmt nicht mehr erleben. Zur Pisa-Studie hat sich gleich der Industrie- und Handelskammertag gemeldet, was haben *die* sich überhaupt zu melden; die sind jedenfalls dagegen, dass die Hauptschule abgeschafft wird, wie Bulmahn gefordert hat (eine ziemlich alte Forderung!), die sind bestimmt nie zur Hauptschule gegangen. Oder vielleicht doch? (Psychopath: »Ich habe auch immer Schläge gekriegt und es hat mir nicht geschadet.«) Es käme auf die individuelle Förderung des einzelnen Kindes an. Und was meinen die damit? Diese Dings, die Hitlerschulen, wie hießen die noch gleich? Die CDU fordert bundesweit gleiche Tests für alle Kinder. Hauptsache »gleich«, das klingt so schön demokratisch. Und was soll dabei herauskommen? Alles Idiotenkram! Wenn einer blöd ist, kommt beim Test raus, dass er blöd ist.

Gestern Abend eine Sendung über Truffaut gehört, anschließend wieder Joethen. Der glaubte wohl tatsächlich, dass er mit seiner Farbentheorie, zumindest posthum, ganz groß herauskommen würde. Es ist schon eigenartig: Viele Künstler denken, dass sie ausgerechnet mit etwas berühmt werden, das ihren Fähigkeiten nicht entspricht. Außer Leonardo. Obwohl, der hat ja auch bloß ganz wenige Bilder gemalt und sehr viele technische Entwürfe gezeichnet. Aber man denke nur an Marilyn Monroe, die wirklich komisch war, das allerdings immer abgestritten hat.

10.12.04 Gestern den ganzen Tag geackert, so auf meine Art, immer schön mit Pausen dazwischen.

Weihnachtsgeschenke eingepackt, alles für VG Wort zusammengesammelt, auf dem Bio-Markt gewesen, was am Stand vergessen, noch mal zurückgetrabt, Kaffee getrunken, Post beantwortet... auch die Küche habe ich erst heute gefeudelt. Wollte ich eigentlich gestern schon, aber dann rief Andrea I an, sie hatte reichlich zu futtern, weil Frank von der Arbeit – irgendwelche Essenssachen fotografieren – viel Gemüse mitgebracht hatte. Ich ging dann zu ihr essen. Sie tobte, weil sie den ganzen Morgen das Zeug putzen und dann als Antipasti zubereiten musste, statt für die Uni zu lernen. Gestern meine Geschichte über Frau Mielke in der *taz*:

Fred und Fred

Nachdem ich am letzten Dienstag einen Spaziergang durch den Park gemacht hatte und am Ausgang von einer jungen Frau angehauen wurde, die mir ohne irgendwelche Einleitungen mitteilte, dass sie wegen Fred nun nicht mehr in die Psychiatrie gehen würde und ich ihr beigepflichtet hatte, dass das ja nun wirklich nicht die Lösung sei, ging ich anschließend um kurz vor halb sechs zu Frau M., die ganz bei mir in der Nähe ein Lokal hat. Sie ist 83 und Besitzerin der Kneipe, die sie von 14 bis 19 Uhr jeden Dienstag und Donnerstag geöffnet hat; sie verliert sonst die Konzession. Außerdem macht es ihr Spaß. Ich schreibe jetzt extra nicht, wie die Kneipe heißt und wo sie ist, weil sonst alle Webmeister oder wie die alle heißen, sie zu ihrer neuen Kultkneipe machen wollen, weil da alles »authentisch« ist und 100 Prozent wie in den 50er Jahren eingerichtet. Das würde uns gerade noch fehlen!

Ich frage sie, wie ihr »Frau K.« gefallen hat; ich hatte ihr das Buch geschenkt, weil ihre Kneipe auch drin vorkommt. Sie lässt sich etwas Zeit mit ihrem Kommentar und sagt dann gedehnt: »Da ham Sie sich aber viel Mühe gegeben...« Auha. Da habe ich aber schon andere Rezensionen gekriegt. Sie langt ins oberste Fach und holt eine sehr verstaubte Flasche hervor, um mir einen auszugeben. Eigentlich gibt es nur Bier in Flaschen, Korn und »Brause«, die immer noch 90 Pfennige kostet. Sie wischt die Flasche mit einem Küchentuch sauber. »Passen Sie ma auf, das mögen Sie!« Ich werfe einen Blick auf die Marke und zucke zusammen. Es ist Schlehenfeuer und ich trinke es mit Todesverachtung aus. Eigenartig, ich dachte, so was gibt es nur noch auf Rezept.

Wir kommen auf die Gäste vom vorigen Mal zu sprechen. Fred zum Beispiel, ein Glatzkopf mit einer langen Unterlippe, der ziemlich besoffen war, den Kopf auf die Theke gebettet hatte und nur noch lallen oder die letzten Worte der anderen Gäste wiederholen konnte. Nur ab und zu hob er den Kopf vom Tresen und sabbelte irgend was über »...da geh ich nich mehr hin, nä, zu den Fischladen da, ich geh ja nur noch zu hmhmhm Dings in Ebbndorf, der hat volle... äh voll guude Maddjes, ähm, nä, oh Mann dorr, was binnich hacke...« »Und siem Bier sinn auchn Schniddsel«, hatte er einigermaßen dunkel hinzugesetzt, bevor er seinen Schädel wieder auf den Tresen fallen ließ.

»Der hat ja viel Geld, fährt auchn Sportwagen«, sagt Frau M., er habe bei der Post gearbeitet und seine Mutter auch. »Ich hab ja früher auch aufm Postscheckamt...« So schließen sich die Kreise. »Fred sein Freund ist ja vor kurzen gestorben«, setzt Frau M. ihre Erzählung fort, »jetzt sucht er wieder. Der war ja auchn büschen annersrum.« Wer? Frau M.: »Sein Freund.« Ein bisschen? Ist das nicht so wie ein kleines bisschen schwanger? Und Fred ist dann ja wohl auch vom anderen Ufer, nehme ich an. In Wirklichkeit habe ich das gleich gesehen. Frau M. erzählt weiter:« Is ja auch zu und zu schade, wenn er mitten Sportwagen immer alleine rum fährt. Ich hab zu ihn gesagt: Vorsicht! Die meinen das nich alle ehrlich! Und er hat gesagt, neulich hat ihn schon einer inn Schritt gefasst.«

Ist das nicht eigentlich die Art und Weise, wie in diesen

Kreisen Bekanntschaft geschlossen wird ? Oder wie oder was?

11.12.04 Gestern Adrian im Kinderkrankenhaus besucht. Er nennt übrigens seine Großeltern »Opa Astra« und »Oma Fünfunddreißig« (weil sie 35prozentigen Korn trinkt).

Aushang im Spielzimmer:

»Achtung!

Damit noch viele Kinder Freude an den Spielen haben, bitten wir darum sie wieder vollständig in diesen Schrank zu stellen!

Station CA sagt danke«.

12.12.04 (3. Advent) Gestern endlos lange mit drei Tanten telefoniert, Ruth, Lisel und Herta, d.h. Herta ist nicht meine Tante, sie war die Freundin meiner Mutter. Und redete die ganze Zeit von Pisa IV, obwohl sie Hartz IV meinte. Sie will mir eines ihrer Bücher vererben und fragte, ob ich das von und über Hilary Clinton haben möchte. Ich habe einigermaßen taktvoll abgelehnt. Ist schon merkwürdig, wie sehr sie zwischen ganz rechts und ganz links schwankt. Obwohl man das bei vielen Leuten beobachten kann, die politisch ungebildet sind und im Grunde nur ab und zu eine leise Ahnung davon haben, auf welche Weise ihnen mitgespielt wird. Ihre Tochter werde behandelt »wie eine Asylantin«, obwohl sie ihr Leben lang gearbeitet habe, jetzt arbeitslos sei, aber allen »sozialen Fällen« gleichgestellt werde.

Über die Regierung macht sie sich keine Illusionen mehr, ob CDU oder SPD, ist ganz gleich. Allerdings bin ich mir nicht sicher, ob sie nur »die da oben« meint, nämlich Politiker, die ja sowieso alle machen, was sie wollen und bis zum Schreien ungerecht sind. Wer wirklich dahinter steht, möchte sie nicht wissen. Sie ist wohl erst auf den Trichter gekommen, seit ihre Tochter arbeitslos ist.

Die Schweinepriester, die aber nun wirklich dahinter stecken, das sind Leute, die keine »Skandale« machen wie irgendwelche unmaßgeblichen Pop-Sternchen oder Gewerkschaftsführer – die sind anonym, die kennt kein Mensch. Also hält man sich an die Personen, die man kennt, weil sie in der Zeitung stehen.

Heute wieder um 6 Uhr aufgestanden, genau wie gestern. Mehr als 5-7 Stunden kann ich nicht mehr schlafen. Mal sehen, ob ich es heute schaffe, Plätzchen zu backen. Eine Tasse Milch habe ich mir gestern schon von Markus geholt, eine ganze Flasche würde ich nicht aufbrauchen können.

Es ist jetzt 7 Uhr morgens, es herrscht eine unglaubliche Ruhe draußen und auch hier im Hause. Jetzt pennen sie alle, die Arschlöcher, nachdem sie die ganze Nacht die Treppen rauf- und runtergeklappert sind.

Heute Bett neu beziehen? Die Waschmaschine ist auch wieder voll mit Socken. Normalerweise würde ich jetzt laufen gehen, aber es ist mir zu dunkel, da fällt man zu leicht. Und dann womöglich noch in Hundescheiße.

13.12.04 Also ham se Juschtschenko mit Dioxin vergiftet. Das ist ja ganz neu. Man ist doch mehr an plötzliche Autounfälle oder rätselhafte Flugzeugabstürze gewöhnt... Vor Jahren gab es so eine Geschichte auch mal in der Schweiz, und ich erinnere mich, dass ich damals an eine Basler Freundin schrieb: »Dioxin! Früher haben sie uns so was aufs Butterbrot geschmiert. Und es hat uns auch nicht geschadet! Das bisschen Krebs...«

Inzwischen wollen sie bei Opel tatsächlich 10.000 Arbeiter entlassen, die dann in Beschäftigungsanstalten, äh, beschäftigt werden sollen. Das zahlt dann wieder der Staat, d.h. die Steuerzahler. Höret es denn nimmer auf?

Eben mit Nichte 2 telefoniert. Sie hielt mir einen Vortrag, ich dürfe nicht so negativ sein. Bloß weil ich gesagt hatte, dass es »Glück« nicht gibt. Ein relatives Glücklichsein ist hier und da möglich, aber rundum immer glücklich sein: geht nicht. Eine gewisse Zufriedenheit, das ja. Sie sagte, sie kenne da allerdings ein Ehepaar, die beiden wohnen oben auf einem Berg, die Eltern von Dings, und die seien recht glücklich. Ich meinte darauf, sie wisse nicht, welche Katastrophen die hinter sich, welche Abstriche sie gemacht hätten in ihrem Leben... Na ja, das Kind ist ja auch erst 32, da muss es noch viel lernen. Ich glaube nicht, dass ich, bevor ich 50 wurde, so richtig eine Ahnung vom Leben hatte. Vielleicht bekommt man das erst, wenn einem das Ende vor Augen steht. Und eigentlich bin ich auch ganz zufrieden mit meinem Leben. Als ich vor über 40 Jahren auf Sylt lebte, hat mir eine Frau (Gast im Hotel) geweissagt, dass ich noch mal sehrsehr glücklich werde. Auf das sehrsehr warte ich noch.

Gestern Abend Elfriede Jelinek im Radio gehört. Schrieb es gleich an Peter O. Chotjewitz:

Lieber Peter, habe gerade im Radio die Sendung mit und von Elfriede Jelinek gehört, u.a. betonte sie, was sie Dir zu verdanken hätte, auch wenn Du das immer abstreitest...

Fällt mir ein: Im Kulturradio Berlin-Brandenburg habe ich im Oktober meinen alten Scherz noch mal gebracht, dass ich es nämlich gut finde, dass eine Frau aus einem Entwicklungsland den Nobelpreis bekommen hat. Ich sah direkt, wie dem die Flappe runterfiel – ach Gott, ne Ökotante –, und er fragte ganz ergeben:

Ach, Sie meinen diese Frau aus Afrika...

Ich: Nee, ich meine Elfriede Jelinek. – Pause.

Dann er: Und wieso soll Österreich ein Entwicklungsland sein?

Tja, so isses. Da interviewen sie eine Frau, die ihrer Meinung nach ne Satirikerin ist und wundern sich über solche Antworten. (Dabei bin ich gar keine.)

Morgen in einer Woche bin ich im Polittbüro. Ehrensache! Und bringe wahrscheinlich noch Gerd Henschel mit, falls seine 2 1/2 Kinder nicht gerade wieder Masern oder so haben (das ½ kommt erst im März). Bis denne!

Antwort:

Liebe Fanny,

wenn's erst im März kommt, sind Masern besonders gefährlich, aber vielleicht waren es auch die Röteln. Meine 4 1/2 Kinder sind aus der Gefahr raus, aber wann ist man schon mal aus der Gefahr. Ich etwa über 70 muss immer noch täglich mit meinem Ableben rechnen, das ist sicher. Richtig, Du bist keine Satirikerin, ich hasse Satiriker. Du bist eine ernste Dichterin. Ich war letzte Woche übrigens auch in Berlin-Brandenburg, aber nicht im Radio und gemerkt hat's außer ein paar Freunden und Verwandten nur einer. Der Typ, der meinen Fotoapparat geklaut hat. Zur Strafe muss er sich jetzt meine Fotos anschaun. Es war nämlich ein digitaler. Was die Elfriede betrifft, so war ich sehr dafür, ihr den Nobelpreis zu gönnen. Sie ist eine von uns. Stell dir vor, die hätten den Walser genommen. Ich war auch deshalb dafür, weil ich besagte Äußerung von ihr kenne. Sie stammt aus dem Jahr 1984 und stand damals in der *Zeit*. Danach stand sie kürzlich in *Literaturen*. So kommen wir mal alle in die Literaturgeschichte. Auch Du. »Fanny Müller?« – »Das ist doch die, die sich manchmal mit dem Chotjewitz gemailt hat.« – »Und wer ist Chotjewitz?« – »Das ist doch der, den die Jelinek mal ...« – »Und wer ist Jelinek?« – »Das ist doch die, wo die Müller mal behauptet hat, sie stamme aus einem Entwicklungsland.« – »So? War die aus Österreich? Hat die auch geschrieben?«

Na, dann, bis denn. Dein Verehrer, Pitjewitz

14.12.04 Heute wäre Sigrid Palm aus meiner Klasse 64 geworden. Ist mit 18 an Leukämie gestorben. Erinnere mich gut an ihre Beerdigung. Die ganze Klasse war da und kicherte hysterisch, weil der Pastor Randbemerkungen aus einem Buch vorlas, das sie kurz vor ihrem Tod noch gelesen hatte. Die Bemerkungen waren aber von Frigga M. (auch aus unserer Klasse), die ihr das Buch geliehen hatte.

Mail von Bittermann, dass die Kulturbehörde Hamburg »Frau K.« verlangt hat, um zu prüfen, ob ich preiswürdig sei für den Hubert-Fichte-Preis. Alice im Internet nachgucken lassen: Bisherige Preisträger waren u.a. Geno Hartlaub, Rühmkorf, Heissenbüttel. Sieht nicht so aus, als ob ich eine Chance hätte. Außerdem ist Frank Schulz nominiert worden, dem gönne ich den Preis. Und überhaupt – was wollen die mit mir? Ich bringe die Leute zum Lachen und das ist immer verdächtig.

Wahrscheinlich kommt das alles von diesem Artikel in der *Welt* und dem Fernsinn. Da werden sie plötzlich aufmerksam. Die können mich mal.

15.12.04 Mit der 2. Nichte Weihnachtseinkäufe gemacht. Sie hat geschlagene zwei Stunden BHs anprobiert, dann aber doch keinen genommen. So vergeht hier der ganze Tag.

An die *taz* geschickt:

Ich nehme mal als sicher an, dass im nächsten Jahr der erste und zweite Weihnachtstag abgeschafft werden, weil der Staat kein Geld mehr hat. Kleine Anfrage: Wo ham die das eigentlich? Verbuddelt? Schwamm drüber.

Web-Designer und Arsch-Direktoren müssen sowieso durcharbeiten, aber für Arbeiter und Angestellte liegt Weihnachten in diesem Jahr ganz schlecht. Ist aber wiederum gut, weil man sich dann rechtzeitig an die Weihnachtsreform gewöhnen kann. Kürzlich traf ich übrigens bei uns im Viertel eine Frau, die zu ihrem Mann sagte: »Wirf die olle Plastiktüte weg« (eigentlich sagte sie »werf«), »wir ham noch kein Kriech. Jedenfalls jetz noch nich.« Da kann man ja geteilter Meinung sein. Was wollte ich sagen? Ach ja, Fernsinn. Und zwar nur am 24.12., weil es hinterher noch gruseliger wird.

Es gibt prima Weihnachtsprogramme auf allen Kanälen, falls Sie Ihre Kinder schon mal auf die Zukunft eingrooven wollen.

Fangen wir mit einer Zombie-Show an. Das Wunder dieser Nacht im WDR um 20:15: »Patrick Lindner zeigt, wie er sein Weihnachtsfest in Tirol feiert.« Mit von der Partie sind Vicky Leandros, Lena Valaitis, Toni Sailer ... sterben diese Leute eigentlich überhaupt nicht aus? Gleichzeitig aber kommt – schwere Entscheidung! – Fröhliche Weihnachten im RBB um 20:15: »Das Volksmusik-Duo Kathrin und Peter besucht den Weihnachtsmarkt im Krongut Bornstedt in Potsdam.« Glücklicherweise gipps dann Weihnachten in Mitteldeutschland erst um 22:15 im MDR: »Janine Strahl und Peter Bause fahren mit der Prießnitzbahn. Auf ihrer Reise treffen sie Sänger wie Karel Gott und Ivan Rebroff.« Oh Gott! Oh Rebroff!

Entweder-oder – Sie müssen jetzt entscheiden, ob Ihre Kinder Psychopathen sind oder eher einen an der Waffel haben. Entweder um 0:30 im MDR: »Stille Nacht, heilige Nacht«, Psycho-Thriller, oder Gospel-Weihnacht bei RTL um 0:05. »M. Lanz führt durch die Geschichte der spirituellen Musik.«

Ihre pubertierenden Töchter dürfte »Elizabeth«, Historiendrama um 23:15 im ZDF interessieren, das hat nämlich einen Oscar für's Make-up gekriegt, während ich annehme, dass »American Gigolo«, Kabel I um 23:05 eher Ihrem hoffnungsvollen männlichen Nachwuchs zusagen wird. Wer wirklich arbeiten will, der kriegt auch eine Arbeit. Das ist bekannt.

Und nun für die ganze Familie.

Herzbewegend: »Die Todeskralle schlägt wieder zu«, RTL II um 23:45. Und wer unbedingt wissen möchte, was es mit diesem Serum auf sich hat, »mit dessen Hilfe man die Erlebnisse anderer – auch toter – Menschen nacherlebt«, guckt um 22:10 im RTL nach.

Auch sehr ergreifend: »Die Geister, die ich rief«, Pro Sieben um 20:15: »Ein machtbesessener Boss eines TV-Senders lässt zu Weihnachten eine Show entwickeln, die vor Blut, Action und Gewalt nur so strotzt.« Na und?

»Der Rasenmäher-Mann«, Vox um 22:00. »Dr. Angelo erhöht mit virtuellen Computerrealitäten die Intelligenz von Affen. Ein debiler Gärtner mutiert zum seelenlosen Killer.« Fällt mir ein: was war eigentlich Bush von Beruf, bevor er...?

Endlich dann um 23:50 in Sat 1,... aber das können Sie gefälligst selber nachlesen!

Und jetzt pass auf: Alle Programme weggucken! Sonst ist Weihnachten ungültig und muss wiederholt werden!

Frohes Fest allerseits wünscht

Fanny Müller

16.12.04 Schon wieder um halb sechs aufgestanden. Doch senile Bettflucht?

17.12.04 Um viertel vor sechs aufgestanden. Wird ja immer später. Diverse Mails beantwortet, Päckchen gepackt ohne Klebeband, schön mit Packpapier und richtigem Band, wie sich das gehört. Die Post macht natürlich erst um 9 Uhr auf. Dafür nehmen sie aber 8 Taler für ein winziges Päckchen in die Schweiz. Wo bleiben die bloß mit dem ganzen Geld? Wo sie doch überall Poststellen schließen? Dann Plätzchen gebacken. Weiß gar nicht warum. Vielleicht weil Mama diese Sorte früher immer buk. In den letzten Jahren habe ich das immer an einem Adventssonntag gemacht, heute ist Freitag. Irgendwie war es nicht das Richtige. Heute Abend bei Torsten und Hedda zum Entenessen eingeladen. Es kommen aber noch zwei andere, also 5 Personen. Und eine Ente. Ich esse ja nicht mehr so viel, aber es sind drei Männer dabei.

18.12.04 Gestern Abend ruft mich Lea an, ihr Pappa lässt mir ausrichten, dass ich erst um 19 Uhr kommen soll statt um 18 Uhr. Ich tanze um 19 Uhr an, da ist die Ente erst seit einer Viertelstunde im Ofen, bei 150 Grad. Torsten stellt ihn auf 200 Grad ein, nachdem er mit einem Profi-Koch telefoniert hat. Hätte ich ihm auch sagen können... Wir essen um kurz vor 22 Uhr. Mit Rosenkohl und Kartoffeln. Beim Warten natürlich jede Menge Rotwein weg getrunken... mit einer Paracetamol zu Bett. Heute Tantengeschenke für den Großneffen einkaufen, nämlich Milky Way und eine schundige Kinderzeitschrift mit Seiten zum Ausmalen, Rätseln, Gewinnspielen und als Zugabe aufblasbare Wasserbälle oder so. Seine Eltern verkneifen sich so was, aber dann darf ich die schlimmen Sachen kaufen, denn dafür können sie ja nichts. Vorher geben sie mir aber die genauen Infos – p.c. ist das nicht! Um acht aufgestanden.

19.12.04 Lese was von einem singenden Kondom. Vor ein paar Jahren habe ich schon mal davon gehört, da konnte es allerdings nur »Love me do« von den Beatles, was ja eigentlich auch reicht, denn 10 Mal kann man ein Kondom sowieso nicht benutzen. Das Love-me-do-Kondom spielte die Musik beim Überziehen. Warum das alles, war mir schon damals nicht klar. Meines Wissens verkraftet es kein einziger Mann, wenn die Frau in diesem Moment vor Lachen zusammenbricht. Ein Verkaufshit ist das, glaube ich, auch nicht gerade geworden.

20.12.04 Es ist zu viel los, komme kaum zum Schreiben. Gestern Abend Pitjewitz im Polittbüro getroffen, noch mal das Stück von Lisa und Gunter gesehen, wird bei mehrmaligem Zuschauen immer besser, bin danach aber nicht mit den anderen essen gegangen. Heute Kindergeburtstag bei Andrea I. Adrian wurde fünf. Riesengetobe, sieben Kinder von ungefähr fünf und drei Neunjährige; der Lärm noch verstärkt durch die Handwerker, die erst um vier Uhr anfingen und zwar über der Wohnung, neben der Wohnung und im Keller. Vermutlich Schwarzarbeiter, die erst nach ihrer regulären Arbeit mit dem Presslufthammer am Schulterblatt einlaufen. Es kam dann noch ein Zauberer – ein Freund der Familie –, der die Kinder wirklich verzaubern konnte. Heute Abend noch mal ins Polittbüro, wo Pitjewitz liest.

Nachmittags mit Herta telefoniert. Die bringt mich echt zum Kochen. Als ich sagte, es würde mich nicht wundern, wenn sie im nächsten Jahr den 2. Weihnachtstag, den Ostermontag und Pfingstmontag abschafften, sagte sie »Objektiv gesehen, ist das auch richtig«. Wie bitte? – Weil wir nämlich alle keine Christen mehr seien. »Dann können sie Weihnachten ja auch gleich ganz abschaffen«, sagte ich. »Nein, das geht nicht wegen der Geschäfte.« Da gab ich dann auf. Es geht wohl nicht mehr in ihren Kopf hinein, dass man nicht *ein* Argument bringen darf und gleichzeitig ein entgegengesetztes, wenn es um ein- und dieselbe Sache geht.

28.12.04 Viel zu viel. Weihnachten. Große Flut in Südostasien. Bis heute etwa 50.000 Tote. Aber da es keine Terroristen waren, sondern eine Kontinentalverschiebung oder was auch immer, wird in wenigen Monaten nicht mehr die Rede davon sein. Wäre sogar möglich, dass es die Schuld von Menschen in den so genannten entwickelten Ländern ist, da einige annehmen, dass zunächst ein Beben in der Antarktis, das sich dann fortgepflanzt hat, die Ursache war. Vielleicht hat das was mit der veränderten Ozonschicht zu tun, die wiederum den Nord- und Südpol erwärmt hat und dementsprechend Beben auslöst... man wird es erst in einigen Jahren oder Jahrzehnten herausfinden. Nebenbei gemerkt, wurde in keiner Nachrichtensendung was über Hilfe der USA für die Katastrophenopfer gesagt. Kann aber auch ein Versehen sein.

An Weihnachten hat mich besonders beeindruckt, dass Frank seinem Sohn, meinem Großneffen, ein *Handheld* geschenkt hat. Ich musste mir den Namen erst mal buchstabieren bzw. übersetzen lassen. So was sei äußerst praktisch, sagte mir Frank, der auch so'n Ding hat. Wenn er im Zug sitze und noch mal was überprüfen müsse (er ist Lehrer), dann sei so ein Handteil ganz prima. Neulich z.B. habe er mit Freunden zusammen gesessen und plötzlich kam die Frage auf, wie lange denn das preußische Reich bestanden habe. Frank: Moment mal! Flugs sein Sowieso angemacht und in Sekundenschnelle alles über das Königreich Preußen herausgefunden. Ja und? Diskutiert man jetzt nicht mehr? Kann nicht jeder seine mehr oder weniger guten Kenntnisse beisteuern, kleine Abschweifungen machen, ein bisschen lachen und irgendwann kriegt man's auch raus? – Wassen Scheiß!

Heiligabend eine *Bild* geklauft, bei Stenzel, weil mich der Titel inspirierte.

Folgende Kolumne an die *taz* geschickt:

Nachdem ich mich von der heutigen – am 28.12. – *Bild*-Schlagzeile losgerissen hatte – »Zerreißt unsere Erde?« – und zu meiner aufgehobenen *Bild* vom 24.12. zurückgekehrt war: »Das Jesus-Geheimnis, Vatikan-Forscher bestätigen: ›Ja, (fast) alles ist wahr!‹«, und mir die untere Seite angeguckt hatte: »Halleluja, heute wird selbst Natalie fromm«, welche das übliche Nackedei zeigte, begann ich das Blatt auf gute Nachrichten durchzusehen, denn es wurde gleich versprochen, »Heute nur gute Nachrichten!«

»Tolle Abfindung für Laurenz Meyer«. Zumindest eine gute Nachricht für Laurenz Meyer. »NASA will Bäume auf dem Mars pflanzen«. Eine gute Idee, wenn man dann später auf dem Mars alle hier ausgestorbenen Bäume besichtigen kann. Was noch? »Laser gegen Mundgeruch, Jugend immer schlauer, Immer mehr Millionäre, Burda kauft Milchstraße« – was?? Sind wir schon so weit? Es ist aber nur die Hamburger Verlagsgruppe Milchstraße gemeint, sicher eine gute Nachricht für Burda und *Bild*. »Handy-Klingelton lässt Brüste wachsen«, dies wiederum eine schlechte Nachricht für Schönheits-Operateure. Wer zu spät davon gehört hat, ist Jasmin aus Berlin: »Danke Sebastian! Mein Schatz hat mir zu Weihnachten einen neuen Busen geschenkt.« Das hätte sie auch billiger haben können. »Hartz IV, wir kriegen sogar mehr Stütze.« Wer? Die Armleuchter von *Bild*? »Schöner neuer Job für Seehofer«, was Seehofer freuen wird. »Rekord-Nachwuchs bei Kegelrobben vor Amrum«, aber leider immer noch nicht bei den DEUTSCHEN.

Was *Bild* eigentlich nicht bringen wollte, aber dann doch tat: »Rentner erdrosselt Ehefrau«, *das* sind doch in Wirklichkeit die Nachrichten, die einen so richtig aufmöbeln.

Und dann der große Bibelquiz. Eine Auswahl: Warum feiern wir eigentlich Weihnachten? a) Jesus wurde geboren; b) Jesus ist auferstanden; c) Das Fest ist eine Idee des Weihnachtsmanns. Und noch eins, weil's so schön ist: Wo wurde Jesus geboren? a) im Krankenhaus; b) auf einem Berg; c) im Stall.

Ich kann einfach nicht aufhören, also noch eine dritte Frage: Was war ihr (Hl. drei Könige) Geschenk an Jesus: a) Gold, Myrrhe und Weihrauch; b) Eine Tafel mit den 10 Geboten; c) Ein Sack mit Weihnachtsgeschenken.

Als Krönung dann Franz Josef Wagner. Wozu man sagen muss, dass ein Foto (!) von Jesus als Halbwüchsigem abgedruckt war: »Lieber Jesus, *Bild* druckt heute ein Teenager-Foto von Dir... Du hast ein Gesicht von heute... (nämlich arsch..., arischmäßig blond und blauäugig) Eminem würde auf Deinem T-Shirt stehen, Du hättest ein Handy und einen Game-boy... Über Internet-Handy könntest Du, junger Jesus, Deinen Gottvater anmailen: Daddy, lass mich noch ein bisschen bleiben. Es ist noch viel zu tun... Ich wünschte mir wirklich, dass der Teenager Jesus bei McDonalds sitzt. Fröhliche Weihnachten. Herzlichst Ihr FJW.«

Und zum Abschluss noch den Weihnachtswitz:

Der Weihnachtsmann, als er das nackte Mädchen auf dem Sofa findet: »Tu ich es, komme ich nicht wieder in den Himmel. Tu ich es nicht, komme ich nicht wieder durch den Kamin.«

Darüber lache ich dann im nächsten Dezember. Aber nur vielleicht.

Eminem? Ist das nicht dieser Rapper, der zur Gewalt gegen Frauen aufruft? So etwa: Ich hau dir in die Fresse und fick dich in den Arsch?

Woher kommt eigentlich dieser Hass gegen Frauen?

2005

Januar 2005

2.1.05 Seit Silvester schwere Erkältung, bin bis heute Morgen im Bett geblieben, habe »Leonardo« von Chotjewitz gelesen, ein wirklich wunderbares Buch.

In Südostasien spricht man inzwischen von mehr als 150.000 Toten und allüberall wird zu Spenden aufgerufen. Darüber wird man wahrscheinlich Afrika vergessen, wo ja Hunderttausende von Kindern und Erwachsenen tagtäglich verhungern. Da sieht man aber keine aufsehenerregenden Tsunamis und kann sich nicht sagen: Da hätte ich auch gerade sein können, in Phuket, in Sri Lanka, und meinen Urlaub genießen...

»Warum tut die Natur uns das an?« – *Bild*-Schlagzeile. Gute Frage. »Uns« hier tut die Natur es nicht an, aber die *Bild* tut sie uns jeden Tag an.

3.1.05 16 Uhr und draußen ist es fast dunkel. Gleich nach unten und die Jalousien von Simone & Marco wieder runterlassen, die sind im Urlaub und täuschen volle Besetzung in der Wohnung vor, wegen der Einbrecher. Also ziehe ich jeden Tag die Jalousien rauf und runter. Hab Torsten nach Zitronenpfeffer gefragt, ob er so was hat. Er: Hab ich nicht, ist aber bestimmt gesund, mit all dem Obst darin. Ich besorge das jetzt, aber wir müssen noch die Übergabemodalitäten vereinbaren – wie gesagt: keine Polizei!!

4.1.05 Hier ein Bericht aus meiner Jugendzeit, als ich Lehrling in einem Hotel auf Sylt war:

Der ältere Herr in Knickerbockern und karierter Mütze kam durch die Tür unseres kleinen Empfangsraums gestolpert und warf einen Fahrradlenker auf den Tresen: »Der Führer wie ihn keiner kennt!« rief er munter aus. Also wieder einer unserer verrückten Gäste, die aber offiziell »exzentrisch« genannt wurden. Diesmal handelte es sich um einen sowohl berühmten als auch betuchten Professor, der zwar per Fahrrad nach Sylt gestrampelt war, am nächsten Tag aber einen nigelnagelneuen Porsche kaufte, den er bar bezahlt hatte, wie er mir vertraulich mitteilte. Das Geld hatte er im Lenker versteckt. Nach den ersten drei Monaten meiner Lehrzeit auf Sylt war ich schon so abgebrüht, dass ich nicht mehr mit der Wimper zuckte.

Zu Beginn der 60er Jahre war »unser« Hotel die erste Adresse am Platze und mir scheint im Rückblick, dass es auch die erste Adresse für komplett Durchgeknallte war. Jedenfalls für diejenigen, die nicht bereits in einer exklusiven Anstalt untergebracht waren oder eine Privathütte in Kampen oder Keitum besaßen.

Natürlich findet man genauso viel Leute mit einer Meise auch auf Zeltplätzen, aber nicht auf so hohem Niveau. Herr B.-S. beispielsweise telefonierte jeden Tag eine Stunde lang mit seinem Psychiater in Zürich, weil er (Herr B.-S., nicht der Psychiater) seinen Führerschein zum dritten Mal nicht geschafft hatte. Wie ich seinen Ausführungen entnahm, war er endgültig daran gescheitert, dass er einen Lastwagen rechts überholt hatte. Und zwar auf einem Bürgersteig.

Jeden Sommer kam ein belgisches Unternehmer-Ehepaar und erhielt die besten Zimmer und die besten Restaurantplätze. Die Kellner hatten von uns allen die größte, wenn auch extrem fokussierte Menschenkenntnis. Betrat ein unbekannter Gast das Lokal, so murmelten sie einander in Sekundenschnelle zu: »Nass!« Nass heißt »Kein Trinkgeld«. Und sie hatten immer recht. Am »Tip« haperte es dann auch bei den Belgiern nicht, aber es war sehr anstrengend sie zu bedienen. SIE pendelte jedes Gericht aus, was dauerte und oft recht eigenartige Menu-Arrangements zur Folge hatte, während ER ein Bierthermometer mit sich führte, mit dem die Temperatur jeden Bieres – falls das Pendel eines erlaubt hatte – gemessen wurde. Die Kellner gingen davon aus, dass SIE IHN auch ausgependelt habe; zumindest aber seinen Kontostand.

Das eigenartige Verhalten der Gäste färbte auch auf das Personal ab. Dass einer der Küchenchefs mit Pfannen warf, wenn er ein wenig in Stress geriet – es handelte sich dazumalen um gusseiserne Pfannen –, war normal, so was hat unter Küchenchefs Tradition. Man musste sich nur rechtzeitig bücken. Der nächste aber warf frische Eier in den Ventilator, wenn ihm danach war, und ihm war oft danach. Was den Besitzer, »Patron« genannt, dazu brachte, immer wieder die Eierrechnungen überprüfen zu lassen. Ein weiterer Küchenchef pflegte jedes weibliche Wesen unter 30, das irgendwie in die Küche geraten war – meistens wir Lehrlinge –, zu sich zu winken: »Bist du verheiratet? Verlobt? Hast du'n Kind? Nein? Ich hab ne Flasche Whisky auf meinem Zimmer. Kannst nachher mal vorbeikommen.« – »Ja, Chef«, sagten wir höflich, gingen aber nicht hin. Das hatte keinerlei Folgen für uns und daran sieht man mal, wie verrückt *der* war...

(für die *taz*)

Eben Anruf von Jean, die sich einem Raucherentwöhnungsprogramm unterzieht, mit Klinik und allem Drum und Dran. Mit Spritzen und besonderen Medikamenten. Hoffentlich nicht als Versuchskaninchen. Kriegt 350 Euro dafür bezahlt.

Sie ist und war Kettenraucherin, mal sehen, ob sie es durchhält bis zum nächsten Sommer, wenn wir uns vielleicht wieder in Meckpomm sehen. Lust hätte ich schon. Von der Ostsee, die überdies 20 km entfernt ist, droht wenigstens keine Mörderwelle. Wolln doch ma gucken, ob sich die Touristen in diesem Jahr nicht auf unser schönes deutsches Vaterland besinnen werden... muss ja nicht gerade Meckpomm sein.

Multikulti

Neulich auf dem Isemarkt in Hamburg, wo sie schon wieder irgendwas Multikulturelles feiern – was es hier andauernd zu feiern gibt, weiß ich auch nicht – und jede Menge Afrikaner im Baströckchen und mit Trommeln durch die Menge wirbeln. Sagt der persische Teppichhändler kopfschüttelnd zum türkischen Gemüsehöker: »Sach ma, wo sind wir hier eigentlich?!« (für *Titanic*)

5.1.05 Heute drei Schweigeminuten für die Opfer in Asien. Bei Schleyer war es noch eine. Wie lange man wohl schweigen wird, wenn die ganze Welt in die Grütze geht? Wahrscheinlich eine Ewigkeit...

Colin Powell gibt bekannt, dass die Hilfe der USA nicht allein dazu dient, den Menschen eine Zukunft zu geben, sondern auch, um dem Terrorismus Einhalt zu gebieten – die würden in einem wieder aufgebauten Gebiet ja nicht so gut einsickern können... Ich glaube, selbst wenn sie den Eskimos irgendwelche Gelder geben, würden sie noch behaupten, dass dies ein Kampf gegen den Terrorismus sei.

6.1.05 Bericht über eine der vermutlich unzähligen Andachten für die Tsunami-Opfer in der *MoPo*. Die Hauptschlagzeile lautete: »Hamburg, Hauptstadt der Herzen«, und dann auf Seite 7: »Eklat bei Michel-Andacht – Pastor verglich Tsunami-Opfer mit abgetriebenen Kindern.« Äußerst merkwürdig, dass von den Leuten, die die Kirche vorzeitig verließen, nur wenige zu Wort kamen, nämlich ausgerechnet drei Mitglieder der *Gala*-Redaktion (mit vollem Namen): »Hier wurde die Chance verpasst, ein Gemeinschaftsgefühl aufzubauen. Stattdessen waren wir alle entzweit.« In der *Gala* wird man darüber wohl nichts lesen.

Immer noch schwer erkältet. Habe eine Hühnersuppe gekocht mit viel Ingwer. Und was habe ich gemacht? Zu viel Salz rein getan. Ich muss ja schon ziemlich benebelt gewesen sein. Erinnerte mich an Oma, die einen Butterkuchen mit Salz statt Zucker bestreut hatte. Das war damals gleich nach dem Krieg eine Katastrophe. Obwohl sie dann später immer wieder behauptete, es müsse »ein kleiner Krieg kommen«, wenn wir zu laut, zu frech oder zu gefräßig waren. Nach zwei Weltkriegen war sie immer noch nicht geheilt und glaubte weiterhin, dass es auch »kleinere Kriege« geben könnte. Gibt es heute ja tatsächlich. Aber kleiner nur, weil sie weit entfernt stattfinden.

13.1.05 Seit gestern oder vorgestern geht es mir wieder besser, nachdem ich alle Tage im Bett verbracht habe. Nur noch Husten und Auswurf. Bei Auswurf muss ich immer an Maulwurf denken. Zum einen klingt es ähnlich und was tut der Maulwurf schließlich?

Neuen Autor entdeckt: Ernst Augustin. Ist wohl ziemlich berühmt, aber ich habe noch nie was von ihm gelesen; er schreibt auch nur alle fünf oder zehn Jahre ein neues Buch. »Mahmud der Bastard« und »Raumlicht. Der Fall Evelyne B«. Grundverschiedene Bücher, aber wortgewaltig und voller Fantasie, erinnert mich an Chotjewitz. Und Humor!

14.1.05 Zeitung im Briefkasten. *Die Neue Epoche*, in altdeutschen Buchstaben: Fitness, Kochrezepte, Feuilleton, Sport und Antikommunismus.

Gedanke: Wenn man älter wird, wird man nicht weiser. Man hält nur die Klappe und muss nichts mehr beweisen. Jedenfalls meistens nicht.

15.1.05 Torsten brachte den *Spiegel* vorbei. Frontseite das bekannte Bild, wie »Die Welle« gerade dabei ist, einen Strand in Thailand zu überrollen, das Ganze aufklappbar wie ein Playmate-Foto; als Innenseite eine

VW-Reklame mit einem Auto, das in einem Baum hängt (»Kinder brauchen Platz. Der Sharan«) und als Rückseite dann ein Peugeot-Reklamebild vor einem ausgedehnten See / einer Bucht. Im Vergleich könnte man sagen: Vorher – Hinterher.

Bronchitis so gut wie vorbei, jetzt Neuralgie in der rechten Wange.

17.1.05 Heute irgendwas mit »Der perverse Mörder von Mosi«, *Bild*-Zeitung. Soso, ist der Mooshammer also auch bei uns schon als Mosi angekommen. Und wenn man schon von pervers reden muss: Was war *er* denn?

Noch warte ich auf den Beweis, dass M. gar nicht gelebt hat, sondern von wechselnden Darstellern gegeben wurde. Wenn man auf die Website von *Bild* geht, dann erschließt sich, warum der Mörder pervers war: Er hat 2000 Euro dafür verlangt, dass er dem M. einen runterholen sollte. Bei *Bild* hätte es jeder billiger gemacht...

Wobei man nicht vergessen darf, dass die (norddeutschen) Redakteure vor Lachen sicher beinahe einen Herzinfarkt gekriegt haben: Mosi klingt ja so ähnlich wie Möse.

Einige Freunde von mir spekulieren schon seit Tagen darüber, was mit Moshammer los war. Einer meinte, Daisy sei gar kein Hund, sondern sein zweites Toupet. Andere glaubten, es handele sich in Wirklichkeit um Uli Hoeneß, der ja auch viel Geld für junge Männer ausgibt. Oder dass Uschi Glas (die einzige Faltenkrem, die Falten macht) irgend was damit zu tun hat und so weiter.

18.1.05 Heute Aufsätze von Hauptschülern meines Schwagers gelesen: »Nach der Arbeit schlug er sich die Axt in den Rücken und ging fröhlich nach Hause.« Die haben auch irgendwann mal geschrieben: »Dann gingen wir an der Spar- und Darlingskasse vorbei...«

23.1.05 Lange krank gewesen, Schwamm drüber. Heute Geburtstag bei Herta. Schrecklich.

Wir sind ein Volk von Opfern. Gustloff, Flucht, Dresden. Und wer war dafür verantwortlich? Man merkt immer wieder, wie sehr sie mit der Nazi-Ideologie aufgewachsen ist. Und nachdem wir uns darauf geeinigt hatten, dass in jedem Volk die Anzahl der Guten und Bösen (eigentlich der Deppen) gleich hoch ist, sagte sie wieder: Aber die Türken, die klauen wie die Raben. Und junge Türken, die wissen genau, wie man hier den Staat abzokken kann. Ja und? – Und die Deutschen sterben langsam aus. Ja und? – Und das Radio kann man ja kaum mehr anmachen, andauernd Auschwitz, dabei seien in Dresden so viele Menschen umgekommen wie in den Konzentrationslagern. Also 6 Millionen?? Irgendwann habe ich es dann aufgegeben, mein Blutdruck stieg enorm an. Soll ich einen Vortrag über den Kapitalismus halten? Über »teile und herrsche«? Dass man sich nicht an »denen da oben« vergreifen darf, sondern bloß an denen, die unten vegetieren? Klar, das sehen sie auch alle, dass die Manager hohe Gehälter haben, dass die Bundestagsabgeordneten sich einiges zuschanzen, aber das ist eher anonym, man kann schwer dagegen angehen, stattdessen nimmt man sich »Florida-Rolf«, »Arbeitsscheue« und »Asylanten« vor, ist ja bequemer.

25.1.05 Heute einen Lieferwagen in der Löfflerstraße gesehen mit der Aufschrift: »Ohr- und Analreinigung«. Im Weitergehen dachte ich flüchtig daran, dass sich da wohl ein HNO-Arzt und ein Proktologe zusammengetan haben. Aber in einem Lieferwagen? Ich kehrte um und ging noch mal zurück, um das Ganze genauer in Augenschein zu nehmen. Hatte da doch einer sorgfältig das R und das K weggekratzt. (für *Titanic*)

Februar 2005

5.2.05 Bei Fraukes Mutter in Stade, 82. Geburtstag. Wir waren zehn Gäste, aufgetischt hatte sie für fünfundvierzig. Kam ziemlich schlapp nach Hause. Auf der Hinfahrt fuhren wir über die Elbbrücken, verpassten die Abfahrt und dann ging es über Billstedt/Bergedorf noch mal von vorne los. Blauer Himmel, Sonne, angenehm kalt.

7.2.05 Heute tauchten die Handwerker des Hauswirts auf, sie seien einfach mal »spontan« vorbeigekommen, um meine Wasseruhr anzuschließen.

Spontan! Man kriegt sich ja nicht mehr ein. Ich wüsste nicht, wann die mal irgendwas spontan gemacht hätten, es sei denn auf einen Drohbrief meines Rechtsanwalts. Der auch letzte Woche wieder an den Hauswirt geschrieben hatte. Nämlich, dass seine Leute mir zwar am 14. Oktober 2004 eine Wasseruhr angeschraubt hätten, weil das jetzt gesetzlich vorgeschrieben sei (schon damals nicht der erste Brief in dieser Angelegenheit), »meiner Mandantin« – nämlich mir – dann aber erklärten, dass der »richtige« Anschluss der Wasseruhr von den Hamburger Wasserwerken vorgenommen werden müsste. Ich hatte ja gehofft, dass die am 2. Januar kommen würden, weil ich dann das ganze Gezeter und Gezerre wegen der Nebenkosten nicht gehabt hätte, aber nein, sie kommen erst jetzt. Und nicht die Wasserwerke, sondern die Handwerker des Hauswirts machten das, in 2 Minuten. Warum haben die das nicht gleich erledigt? Der Hauswirt ist mir ein ewiges Rätsel.

Wollte er was sparen? Aber was? Die Spartheorie leuchtet mir eigentlich am meisten ein, weil Frau B., trotz des Besitzes von 14 Häusern, persönlich erschien, um die Graffiti von den Hauswänden zu schrubben. Wenn ich so viel Geld hätte, wüsste ich was Besseres!

Außerdem waren die am nächsten Tag alle wieder da.

8.2.05 Schreibt mir heute Florian:

»Das Regensburger Bauerntheater startet mit dem Schwank Die lustige Brautnacht einen (gelungenen) Angriff auf die Lachmuskeln.« Vermeldet die örtliche Bauernschwankmonopolpresse, inklusive Klammern um gelungen drumrum. Der Theaterleiter erklärt das Besondere diesmal: Keine schwierige tief greifende literarische Erzählung sollte es werden, sondern eine Pfundsgaudi mit Anspruch. Das sieht so aus: Zwei (lt. Stück) Halbdeppen suchen und finden sich, der Weg dahin führt über Sätze wie diesen: Setzan Huat auf, wennst in Saustall gehst, damit ma di erkennt! Und: Wennst glaubst, du hast an Deppen vor dir, dann hast genau recht. Nur damit Du schon mal einen kleinen Einblick in die Kulturszene von unserer Domstadt kriegst. Die wo momentan grad heftig an der Bewerbung für den Titel Europäische Kulturhauptstadt 2010 werkelt. Aber eigentlich ist die Sache schon so gut wie sicher. Mit dem Bauerntheater stechen wir die andern Städte allein schon aus. Und dann hat der Oberbürgermeister auch noch ein neues Nummernschild für seinen Dienst-BMW geordert: R - 2010.

Kann praktisch nixmehr schiefgehen, oder?

Ja, genau so stelle ich es mir vor. Das heißt, ich *weiß* es. Schließlich war ich ja nicht umsonst jeden Winter auf dem Ball der gemischten Liedertafel, wo ein Stück auf Plattdeutsch aufgeführt wurde. Bei 300 Einwohnern, unter denen ja auch jede Menge Säuglinge, Jugendliche und Alte und natürlich Deppen waren, fiel es schon schwer, die Rollen ordentlich zu besetzen.

Meine Mutter und wir Schwestern hatten immer irgendein Tuch dabei, das wir uns in den Mund stopfen konnten. Die Darsteller waren eher maulfaul, vergaßen auch gerne mal den Text, dann gab es minutenlange Pausen, belebt durch unterdrücktes Lachen im Publikum, oder sie sagten ihn zweimal auf, hielten dann inne und meinten, »Jo, datt hebt wi doch all hatt«. Alle legten enormen Wert darauf, sich so wenig wie möglich zu bewegen und keine Emotionen zu zeigen. Damit sie später nicht aufgezogen werden konnten. Die Emotionen kamen umso stärker aus unserer Ecke... Ach, *einmal* möchte ich das noch erleben!

Der kleine Briefträger sagte mir heute, dass er mein Buch – das ich ihm zu Weihnachten geschenkt habe – schon fast durch hätte. »Das fehlte noch«, Taschenbuch von 146 Seiten, die nicht alle voll bedruckt sind. Ich habe mal durchgerechnet: das macht in 46 Tagen ungefähr 3 Seiten pro Tag. Na ja, ein Briefträger hat auch noch was anderes zu tun.

9.2.05 Detti hat mir gerade Folgendes erzählt (sie hält sich mit Reportagen, kurzen Geschichten usw. über Wasser): Kürzlich hat sie einige Geschichtchen an die örtliche Presse geschickt (die kennen sie, weil sie Detti schon zu der Behinderten-Olympiade nach Athen geschickt haben), in denen geht es um ihren 13jährigen Sohn. Sie erzählt über seine Pubertät und was da so auf sie zukommt. Das Ganze hat sie unter dem Namen ihrer Großmutter geschrieben, weil sie ihren Sohn schützen will. Da druckt doch dieser Feuilletonchef alles unter *ihrem* Namen und sagt dann, zur Rede gestellt, so was würde er nicht unterstützen, das sei ja feige, wenn man nicht unter dem eigenen Namen schreibe. Hast du da noch Töne?! Der liebe Gott persönlich! Den sollte *ich* mal unter die Finger kriegen! Der hat doch'n Rad ab! Übrigens hat er wahrscheinlich deswegen schwadroniert, weil er nicht zugeben wollte, dass da eine Panne passiert war.

Darauf Florian: »Der Feuilletonchef ist ein Vollidiot. Aber das kapieren die wenigsten. Bzw. das weiß kein Schwein: Dass das Schreiben unter Pseudonym eine ehrenwerte abendländische Tradition ist, ohne die es keinen ›Candide‹ und garnix gäb. Aber so was haben Feuilletonchefs heute anscheinend eh nicht mehr gelesen. Dem sollt man seine dumme Zeitung solang um die Ohren haun, bis er seinen eigenen Namen nicht mehr weiß.«

Und Ralf Sotscheck: »Der Mann hat wohl einen nassen Hut auf dem Kopf«.

10.2.05 Schreibt mir Detti heute: Was ich Dir gar nicht erzählt habe – als ich dem guten Mann sagte, dass meine Tante, die Schriftstellerin, von Anfang an unter Pseudonym veröffentliche, meinte er: »Tja, da fragt man sich, was die Leute wohl zu verbergen haben...«

Tja...

Und wiederum Sotscheck, dem ich gemailt hatte, dass ich mich mit meinem wirklichen Namen »Thusnelda Oberbichler« nicht dem Gelächter der Leute aussetzen will und er die ganze Geschichte bitte nicht an die *taz* geben soll:

»Nein, die *taz* erfährt gar nichts. Ich kann schweigen, harrr! Obwohl der Mann mit dem Ei am Kragen es verdient hätte, öffentlich verhauen zu werden. Du hast doch nichts zu verbergen – oder? – Thusnelda?«

10.2.05 Schreibt mir Patricia noch: »...der Montesquieu hat seine Perserbriefe doch auch nicht unter Klarnamen veröffentlicht (wo behauptet wird, dass der Papst nicht bis 3 zählen kann), und das erotische Gedicht erst recht nicht (wo dem Priapos gehuldigt wird).«

Und Torsten, der alles noch mal zusammenfasst:

»Mir erscheint das alles zunehmend unseriöser. Da gibt's Foillitonistinnen, die nicht ihren richtigen Namen unter ihre Geschichten schreiben, aber ihr Gesicht auf Tüten drucken lassen, da werden Föilljetonschefs, die wenigstens unter eigenem Namen Chef sind, verunglimpft, 13-jährige Söhne irgendwelcher Nichten sollen verheimlicht werden, und ein in Irland lebender Journalist mutmaßt was über die Art und Weise, wie in einer Kleinstadt Hüte getragen werden.

Die eigentliche Frage muss doch aber lauten: wozu

braucht eine norddeutsche Zeitung ein Feuilleton? Ach, ich weiß: zum Fische einpacken.«

11.2.05 Wieder so ein SPD-Quatschkopp (Clement?) im NDR über Stoiber, der gesagt hat, dass die von der Regierung zu verantwortende Arbeitslosigkeit der NPD Stimmen bringen wird: »Arbeitslosigkeit war nie ein Grund und darf nie wieder ein Grund sein, die Rechtsradikalen zu wählen.« Ja, was denn jetzt: Entweder war es nie ein Grund, dann besteht kein Anlass zu Befürchtungen oder es war einer und dann besteht sehr wohl ein Zusammenhang zwischen Arbeitslosigkeit und NPD-Wahl. Mal abgesehen davon, dass die CDU genau so oder schneller die Arbeitslosigkeit veranstalten wird.

12.2.05 *Bild*: »Was hat Die, was Di nicht hat«. (Zur geplanten Heirat von Charles und Camilla). Müsste eigentlich heißen »hatte«, aber die Vergangenheitsform ist für *Bild*-Leser wohl eine nicht zu überwindende Hürde. Ich fragte Alice, was sie darüber denkt. »Ich bin da ganz, äh, gespalten...«, erwiderte sie, da konnten wir schon nicht mehr vor Lachen.

Aber dann die 2. Seite: »Was will der irre Diktator mit den Atomraketen?« (Nordkorea). Was er damit will? Alles, was die anderen irren Diktatoren auch damit wollen: Bush, Putin und so weiter. Merke: Große Länder haben demokratische Regierungen, kleine Länder haben wahnsinnige Führer.

Heute Abend Frauke Geburtstag

13.2.05 Prima Feier. Saßen bis 2 Uhr zusammen und haben dann noch Trivial Pursuit gespielt. Stars oder Produzenten von Fernsehfilmen wussten wir nicht. Ich war die Kartoffelbeauftragte, musste immer nachgukken, ob die Kartoffeln schon gar waren. Es gab sie in Salzkruste mit diversen leckeren Zutaten. Lateinische und italienische Zitate wurden gerne mal zum Besten gegeben, es wurde auch viel in Lexika geblättert. Machte mir aber nichts aus.

Für die *taz* schon mal was fertig gestellt:

Scheiterhaufenmusik

Die erste Wohnung, die ich in Hamburg hatte, war eine Dienstwohnung, im Grunde aber nur ein Zimmerchen im Hotel Reichshof, wo ich damals arbeitete. Diese kleinen Räume in der fünften Etage waren eigentlich nur für die Zimmermädchen gedacht, und ich zog dann auch ziemlich schnell aus, weil die Hausdame morgens an den Türen horchte und, wenn sie das Geräusch eines Rasierapparats hörte, der betreffenden jungen Dame gleich kündigte. Junge Damen pflegten sich damals noch nicht unter den Achseln und Gott weiß wo zu rasieren. Die Gäste konnten sich allerdings Männer noch und noch aufs Zimmer holen. Das heißt, damals waren es eher Frauen noch und noch. Die Gleichberechtigung der Frau hat ja dazu geführt, dass frau sich heute auch sogenannte callboys aufs Zimmer bestellen kann, was nicht unbedingt das Ziel der Emanzipationsbewegung gewesen sein soll.

Meine zweite Wohnung befand sich nicht weit von meinem Arbeitsplatz entfernt in der Rosenstraße gegenüber vom Hauptbahnhof. Da gingen abenteuerliche Gestalten ein und aus.

Unter anderem hausten in der Wohnung unter mir Satans Kinder, welche die ganze Nacht Scheiterhaufenmusik spielten. Wenn ich zu laut auf den Boden klopfte, hatte ich immer Angst, dass die mich jetzt opfern müssen und wechselte abermals die Bleibe.

Die nächste war aber auch nicht viel besser, da kam ich vom Teufel zum Beelzebub: zu einem Zahnarzt in Harvestehude. In der damaligen Zeit besaßen Zahnärzte nämlich noch keine Prachtvillen und Segelboote und Latifundien in der Ostzone, die hieß nämlich noch so bzw. gehörte noch den Arbeitern und Bauern, wenn ich das mal so ungeprüft weitergeben darf, jedenfalls besaß dieser so etwas nicht und musste die riesige Wohnung untervermieten. Ich hatte das frühere Mädchenzimmer, also winzig mit einem Fenster zur pechschwarzen Wand des Nachbarhauses, dann waren da noch zwei ältliche Damen, die zwei große Zimmer bewohnten und der Zahnarzt und seine Frau, die übrigens sehr schlechte Zähne hatte. Der Zahnarzt hatte ein ausgeklügeltes System, damit niemand einbrechen konnte. Jede von uns hatte eine Karte, die an einem Brett befestigt werden musste, wenn wir die Wohnung verließen; wenn wir zurückkamen, mussten wir sie abnehmen und in einen Kasten legen. So hatte er immer den Überblick, wer gerade da war und wer nicht. Sein System erinnerte mich unangenehm an etwas schon längst Vergangenes und ich zog wieder aus. Dann heiratete ich, war aber nach anderthalb Jahren wieder auf dem freien Wohnungsmarkt anzutreffen.

Da war es schon die Zeit der Wohngemeinschaften. Ich zog mit zwei Männern zusammen und die alte Kioskfrau von gegenüber fragte mich immer entzückt-entsetzt, wenn ich meine Zigaretten holte: »Na – wie läuft das denn mit Ihre zwei Männers?« – »Achgott«, erwiderte ich, »mal ist der eine dran, mal der andere.« – »Bein BDM wars auch nicht anners«, sagte sie träumerisch und legte mir noch für umsonst ein Feuerzeug dazu.

Die beiden Jungs hatten wechselnde Freundinnen, die auch nicht viel vom Saubermachen hielten. Ich zog wieder um und in eine eigene kleine Wohnung, in der ich heute noch bin. Da kann ich so viel Scheiterhaufenmusik hören, wie ich will. Meistens möchte ich aber nicht.

14.2.05 Kriege einen Brief von einem *taz*-Leser. Findet meine Bücher ganz prima, nur wie ich immer mit den Männern umgehe... er hat einen Sohn, dessen geschiedene Frau ihm verbietet, mit seinen Kindern Kontakt aufzunehmen usw. Was soll ich denn dazu sagen? Die Welt ist ungerecht? Ist sie sowieso. Ich bin eine

Frau und beschäftige mich vor allem mit Frauen, die immer noch die Unterlegenen sind. Manche sind es nicht, aber warum soll ich mich um Minderheiten kümmern? Außerdem stelle ich keine Fragen zur Lage der Nation, sondern hebe nur hier und da mal den Finger, um auf gewisse Schwächen hinzuweisen. Ich glaube übrigens nicht, dass ich dadurch auch nur einen Fatz ändere, aber lassen kann man's ja auch nicht.

Frauen kommen auch nicht immer gut bei mir weg. Gott ja.

Jedenfalls schrieb ich zurück, dass man eine Schriftstellerin nicht mit einer Friedensrichterin verwechseln darf und einen gewissen Witz nicht mit Objektivitätspflicht.

Morgens Deutschlandradio gehört. »Zu der Visa-Angelegenheit sagte Bundeskanzler Helmut Schröder...« Helmut? Helmut? Irgendwie kam mir das eigenartig vor. Hieß der nicht anders? Später erkundigte ich mich bei zwei ehemaligen Kolleginnen, die ich auf der Straße traf: »Gerhard«. Wusst ichs doch! Aber nach Helmut Schmidt und Helmut Kohl war das wohl ganz natürlich als Versprecher. Und Verhörer.

Heute noch mal was an die *taz* geschickt:

Gott strafe die Post

Die Sache war so: Ende Dezember schickte ich Geld an einen Bekannten für eine Zeichnung, die er mir zugesandt hatte, und zwar per Einschreiben. Mein Zeichenfreund (oder heißt es Zeichnerfreund?) wollte das auf diese Weise geregelt haben, weil er meinte, er könne dann dem Finanzamt ein Schnippchen schlagen. Schien mir irgendwie nicht ganz richtig zu sein – ich meine das Einschreiben und nicht das Schnippchen –, aber ich tat, wie er mich geheißen hatte. Eigentlich hätte ich es ja direkt auf sein Konto überweisen müssen und auf das Überweisungsformular schreiben: »Danke für die herrliche

Nacht«. Ich glaube nicht, dass er daraufhin zu erhöhten Steuerzahlungen herangezogen worden wäre. So was darf man übrigens heute als Frau schreiben, auch wenn ich die Überweisung lieber nicht in meiner Filiale der Haspa abgegeben hätte. Das Einschreiben kam natürlich nicht an.

So weit so gut. Hätten wir uns ja gleich denken können. Besonders nachdem mir eine Nachbarin erzählte, dass Bekannte von ihr immer schon ganz jibberig auf Weihnachten warteten, wo sie dann als Hilfspostler Briefe sortieren mussten und jeden Brief, der in zitteriger altdeutscher Schrift an Markus, Simone, Kevin oder Jens-Michael adressiert war, beiseite schafften.

Ich rufe bei der Post an. Sie suchen. Finden aber nichts und ich kriege einen Brief, dass sie mir 25 Euro und das Porto zurückzahlen werden. Toll!

Der Zeichner und ich korrespondierten dann längere Zeit hin und her, wie viele Einschreiben wir schicken müssten, bis wir Millionäre wären. Wir kamen auf zweihundert jeden Tag, falls auch mal welche aus Versehen zugestellt würden. Übrigens schrieben wir auf jeden unserer Briefe vorne drauf: »Gott strafe die Post«. Das haben wir von Arno Schmidt geklaut (oder von Bernd Rauschenbach).

Ich wollte es aber noch mal genau wissen und schickte ihm erneut ein Einschreiben mit einem 5 Euro-Schein drin – was weiß ich, ob die nicht Durchleuchtungsgeräte haben oder Sonden oder was – und dem Text »Na, du altes Arschloch, hier sind bloß 5 Euro drin. Wirf diesen Brief gefälligst weg, damit ich wenigstens die 25 Euro kriege.« Damit war nicht der Zeichner gemeint, sondern die Postkanaille. Doppeltes Arschloch, denn der Brief kam bei meinem Zeichner an. Allerdings war die Klappe geöffnet und dilettantisch mit einem Pritt-Stift wieder zugeklebt worden.

Ich rate jeder Oma, die ihren Enkeln was zukommen lassen will, einen 20- oder 50-Euro-Schein hinten auf eine Postkarte zu kleben: wetten, dass das auf jeden Fall sicherer ist?

Eine Frage bewegt mich aber doch: Mir ist jetzt in kürzester Zeit zweimal so etwas passiert. Zufall? Schicksal? Mafia? Wo sind denn all die anderen, die ebenfalls unter der Knute der Post stöhnen? In der Zeitung liest man auch nichts davon, außer, wenn ein überforderter Postbote mal 200 Briefe in den Gully schmeißt. Die Post verschweigt da was. Da bin ich sicher. Dieses Schweigen muss durchbrochen werden, deshalb fordere ich jetzt jede Leserin und jeden Leser auf, ihre und seine Erfahrungen mitzuteilen. Vielleicht könnte man ja einen Verein gründen... Schicken Sie's doch einfach an die *taz*. Per Einschreiben. Und nicht vergessen – auf den Umschlag ganz groß: Gott strafe die Post.

15.2.05 Übrigens lese ich in letzter Zeit immer mal wieder Arno Schmidt (den Kult-Autor!). Gar nicht so schlecht. Im Radio wurde abends was von ihm vorgelesen. Zuletzt die Geschichte mit dem Elysium (kommt ein lebender Mensch zufällig ins Jenseits und wird von Schriftstellern bestürmt, dass er ihre Bücher möglichst vernichten soll, weil sie, solange sie noch gelesen oder zitiert oder in Doktorarbeiten untersucht werden, nicht von dort weg können). Muss ich früher schon mal gelesen haben, bildete mir aber ein, das hätte ich mir selber ausgedacht. Da kannst ma sehn. Zum Glück habe ich das nie verwendet. Jetzt muss ich immerzu Leute fragen, ob sie irgend was von mir schon mal bei Stephen King oder bei Konsalik gelesen haben.

17.2.05 Mittags eine Mail vom ZVAB: »Liebe Leserin, lieber Leser, in diesem Jahr häufen sich die Gedenktage anlässlich dem Ende des Zweiten Weltkrieges. Vor kurzem Dresden, im Januar war es die Befreiung von Auschwitz. In diesem ZVAB-Brief möchten wir Ihren Blick jedoch auf die stalinistischen Lager lenken, in denen Regimegegner unter menschenunwürdigen Umständen ab den 20ern des 20. Jahrhunderts weggesperrt wurden...« Ja, genau. Anlässlich dem Ende des Zweiten Weltkrieges... (Oder, wie mir mal ein Schüler schrieb: »... und möchte ich mich für das Fehlen Ihrer Deutschstunde entschuldigen«.)

Das ZVAB ist jetzt offensichtlich auch beim Aufrechnen gelandet.

18.2.05 Heute einen Punk getroffen, der seinen Hund rief: *»Attila!«* Mit Betonung auf der zweiten Silbe. Fragte Torsten, ob er glaubt, dass der Punk weiß, dass Attila ein Hunnenkönig war. »Nee«, sagte er, »wahrscheinlich glaubt der, dass dasn Hundekönig war.«

19.2.05 Gerd zum Kaffeetrinken bei mir, mit den beiden Kindern. Man kann es ja nicht mehr so gut ab, obwohl die beiden guter Dinge waren. Beim Schuhewieder-anziehen sagte er: »Fanny, was wäre dir lieber: mit 16 zweijährigen Kindern zusammen wohnen – und die bleiben immer zwei Jahre alt – oder mit Dieter verheiratet sein?« Ich musste lange nachdenken, um diese verlockenden Angebote gegeneinander abzuwägen. Hab mich dann aber für die Kinder entschieden. Für eine Frau haben Kinder ja doch immer höchste Priorität.

20.2.05 Und hier noch aus der Welt des gehobenen Managements (schickt mir Paula aus der Schweiz):

In der Zeitschrift *manage yourself* oder so ähnlich findet sich im Januar der interessante Artikel »do women lack ambition?«

Auf die Antwort total gespannt, lese ich weiter und merke nach drei Sätzen, dass die Verfasserin die Frage aus vollem Herzen bejaht und dies auf ca. sechs Seiten.

Gott sei dank hat sie auch an die eilige Leserin gedacht und für diese in einem Extra-Kästchen folgende Tipps abgegeben:

– *organize* – konnten wir bislang ja nie! Hatten wir auch nie Gelegenheit dazu!

– *don't expect things to fall into place* – das ist ein raues Umdenken, nachdem uns ja stets der rote Teppich ausgerollt wurde, wohin wir auch schreiten...

– *provide for strucures of recognition* – wieder ein herbes Problem, insbesondere, weil darauf hingewiesen wird, dass man die Anerkennung vor allem im Felde des Talents, der Fähigkeiten und der Arbeitsleistung zu suchen habe und weniger bei Fragen der Erscheinung, der sexuellen *availability* (ist das mit »Erhältlichkeit« zureichend übersetzt?) oder Unterwürfigkeit.

– *blow your own horn* – darf's auch eine Blockflöte sein?

– *realize it's never too late* – hinwiederum ausgesprochen tröstlich, vor allem für die, die aufgrund des erreichten Mutti-Alters aus den Erwerbsstrukturen ausgemendelt worden sind.

Aber wir werden es natürlich austesten. Denn, und dies ist ein Ratschlag von mir: Aus jedem dummen Tipp lässt sich eine Minute Frohsinn gewinnen, und als frohe Bestandteile des Arbeitsmarktes kommen wir sicher besser an denn als griesgrämige Zicken, die wir im Grunde unseres Herzens ja eigentlich sind.

21.2.05 Gestern mal wieder Kultur. Film. »Long Walk Home«. Sehr mainstreamig. Die drei Aborigines-Kinder zum Knuddeln, obwohl die ja zum Fürchten aussehen, jedenfalls für westliche Augen... Ein weißer Film, für Weiße gemacht. Damit sie sich ordentlich schämen. Ich hatte mir so was schon gedacht, hoffte allerdings, dass ich schöne Landschaftsaufnahmen von Australien sehen könnte. War aber eine schlechte Kopie. Und ich wollte auch was über das Leben der Aborigines mit ihren Riten, Gesängen sehen... war aber alles nicht. Ehrlich gesagt, kenne ich das nur aus »Inspektor Bonaparte« und aus »Traumpfade« von Bruce Chatwin.

Heute einen dunkelroten Pullover und eine graue Jacke aus Kaschmir gekauft, die alte hatte schon große Löcher an den Ellenbogen. Zusammen 139 Euro.

Abends im Polittbüro. Veranstaltung über Granach. Schauspieler, Jude, Autor. Sein Buch »Da geht ein Mensch. Roman eines Lebens« erschien erstmals 1945, in seinem Todesjahr.

22.2.05 Endlich den Drucker weggebracht. Der Händler hat ihn anstandslos angenommen und wird ihn zur Reparatur schicken.

Der Artikel zu Salesch ist tatsächlich im Computer gewesen, obwohl ich überzeugt war, dass ich damals noch keinen hatte. Also hier für die Ewigkeit:

Richterin Barbara Salesch

Nehmen wir mal an, Sie leben in einer Wohngemeinschaft, einer Ihrer Mitbewohner hat Ihre Schmusedecke versaut und weigert sich jetzt, die Reinigung zu bezahlen.

Ein klarer Fall für Richterin Barbara Salesch!

In solchen und ähnlich gelagerten Fällen wird sie das Urteil sprechen. Eine echte Richterin! Und zwar im Fernsehen (Sat.1 »Ich drück' dich!«). Ist das nicht wahnsinnig? Und irgendwie auch wahnsinnig authentisch? Und Sie müssen keinen Pfennig dazubezahlen! Einfach anrufen, die Sachlage schildern und sich einverstanden erklären, dass die Jungs alles mit der Kamera aufnehmen. Geld kriegen Sie zwar keins, aber die Gerichtskosten bezahlt Ihnen Sat.1 und stellt auf Wunsch auch die Rechtsanwälte – falls die das Casting überleben.

Das Urteil, so erzählt die Produzentin (»filmpool«) und Konzeptmacherin Gisela Marx in der Vorschau, wird rechtskräftig sein, weil in Deutschland jeder Jurist ein privates Schieds-Gericht für Zivilsachen aufmachen und Recht sprechen darf. Das Einzige, was er benötigt, ist ein passender Raum und Kundschaft. Frau Salesch hat jetzt ein Gericht aufgemacht und an Kundschaft wird es ihr vermutlich nicht mangeln, wenn man bedenkt, dass hierzulande »Einmal im Fernsehen sein« gleich nach »Einmal den Jackpot gewinnen« kommt.

Übrigens sind von der Produktionsfirma anderthalb Jahre lang 193 weibliche und männliche Richter und Rechtsanwälte »gecastet« worden, aber alle taugten nichts, bis dann endlich Frau Marx völlig verzweifelt »meine Freundin Alice Schwarzer« angerufen hat und die half weiter, mit Barbara Salesch. Frauensolidarität!

Frau Marx ist natürlich wo? In Amerika! auf die Idee einer »echten« Gerichtssendung gekommen. Dort läuft seit Jahren die ähnlich strukturierte »Judge-Judy«-Sendung mit hohen Einschaltquoten – »dramatisch höher als Oprah Winfrey« – und da kommen wir der Sache schon näher. Der Begriff »Authentizität« wird zwar mehrfach bemüht, auch von einer »Zäsur« in der bisherigen Darbietung von Gerichtssendungen ist die Rede und von »Faszination« – der Art von Faszination, welche sich unser bemächtigt, schätze ich, wenn die Nachbarn schmutzige Wäsche waschen. Und es ist die Rede davon, dass man dem Publikum was über das Zivilrecht verposematuckeln kann... das ist aber alles geschenkt, weil denen, die uns das Ding schmackhaft machen wollen, mit meterhohen Lettern »Einschaltquote, Einschaltquote« auf der Stirn geschrieben steht. Ist ja auch egal. Regt uns nicht mehr auf. Wissen wir doch.

Was wir allerdings nicht wissen, ist, was als nächstes kommt:

Fernsehtechnische Begleitung eines echten Einbrechers in einen echten Supermarkt – dann Zwischenspiel vor einem echten Strafgericht und anschließend supergeilauthentische Aufnahmen im Knast in ganz echt? Oder die ganze Schose mit Vergewaltigung, Mord und Kinderschändung? Angestiftet und bezahlt vom Fernsehen? Oder was?

(August 99 für *tip* Berlin)

23.2.05 Früher habe ich ja sehr auf meine Sachen geachtet. Wenn die Nichten heute mal einen der Meißener Teller zerschmeißen, sage ich nur: »Das geht alles von Eurem Erbe ab.« Das Meißener habe ich übrigens von Tante Toni geerbt, die es von Hamburger Damen gekriegt hat im Tausch für eine Seite Speck oder für Würste, gleich nach dem Krieg. Also quasi Beutegut. Tante Toni und Onkel Hermann besaßen einen großen Bauernhof in Kehdingen. Er hinkte und war sich sicher, dass seine Pferde auf einer Wasserader stehen. Tante Toni rückte sich abends genüsslich in ihrem Sessel zurecht und sagte: »So, nun erzähl mal von den alten Germanen!« Sie meinte damit die Leute aus unserem Dorf. Sie selbst wohnte in der Marsch und mein Dorf lag auf der Geest. In ihrem Elternhaus (und dem meiner Großmutter) haben sie mal eine alte Schrift aus dem vorletzten Jahrhundert gefunden, wo die Opfer einer großen Flut verzeichnet waren: *5 Ochsen, 3 Kälber, so und so viele Schafe und ein Geestkerl.*

24.2.05 Im Laden. Das war damals, als Ulrich Tukur noch in der Bernstorffstraße wohnte und manchmal in der PRO einkaufte, wo Christa Kassiererin war. Ich sah sie häufig angeregt mit ihm reden und eines Tages fragte ich sie, was sie denn mit dem zu beschnacken habe. Sie beugte sich zu mir rüber. »Pass ma auf, der hat mich schon so und so oft ins Teahder eingeladen. Aber was soll ich inn Teahder? – Ich hab doch Fernseh!«

Oder noch früher, als man bei uns auf dem Dorf auch nach 22 Uhr einkaufen konnte, wenn man durch die Hintertür kam. Da gab es dann Bauern, die schnell noch was für ihre Frau besorgen mussten, nämlich: »... paar warme Umschläge für die kranke Muschi.« Dann wurde ihnen ein diskret verpacktes Paket überreicht, von dem wirklich jeder wusste, dass es Camelia war, weil es sonst im Laden überhaupt keine diskret verpackten Pakete gab.

(für *Titanic*)

24.2.05 Heute vor einem Jahr fragte die evangelische Zeitung *Chrismon* bei mir an, ob ich ein Statement zur Bundespräsidentenwahl abgeben wolle. Dazu wurden Fragen gestellt, u.a. »Sollte dieses Amt auch einmal einer Frau anvertraut werden?« Ich antwortete: »Ist mir völlig wurscht, ob der nächste Bundespräsident ein Mann, eine Frau, schwul oder ein Neger ist...« Reaktion von *Chrismon*: »... ich denke, dass es Sie in dieser Fassung diskreditieren wird. Vielleicht überlesen Sie noch einmal Ihren Text... wir verfahren in der Regel so, dass wir die Personen, die uns Statements geben, schützen. Daher werden wir um Ihretwillen das Statement in dieser Fassung nicht drucken.«

Was soll ich sagen? Um meine Diskreditierung kümmere ich mich schon von ganz alleine. Im Übrigen sollte ich mich vorsehen, wenn Christen mich schützen wollen, das war in den letzten 2000 Jahren auch keine Überlebensgarantie. Wie heißt es? Gott ist ganz in Ordnung, nur sein Bodenpersonal ist scheiße.

Dann kam diese Umfrage aber erst mal nicht, sondern eine andere: Ob man die Mahlzeiten nämlich zusammen mit der Familie einnehmen sollte.

Katherina Reiche, 30, Sprecherin für Bildung und Forschung der CDU/CSU-Fraktion: »Gemeinsame Mahlzeiten sind ein Ritual, auf das wir keinesfalls verzichten möchten. Wir halten daran fest, ganz besonders an Ferien- und Feiertagen und oftmals am Wochenende. Jeder Tag beginnt mit dem gemeinsamen Frühstück. Dabei gilt aus Achtung vor dem, was Gott uns gibt, das Gebot, während der Mahlzeit nicht aufzuspringen.«

Wie die frühvergreiste Frau Reiche den lieben Gott in eine Sitz- und Aufstehordnung hineinbringen will, ist mir ein – äh – Buch mit sieben Siegeln.

Mal abgesehen davon, dass ich mich frage, wo eine Dreißigjährige so pietistisch zu formulieren lernt. Danach erst kam die Frage nach dem Bundespräsidenten. U.a. war auch die Sängerin Margot Hellwig dabei, die man vielleicht kennt. Bei den Antworten, die derart staatstragend blöde waren, bin ich schon nach den ersten Sätzen eingeschlafen. Und ehe andere auch einschlafen, mache ich erst mal ne Pause. Übrigens sagte mein Großvater immer, wenn er abends nach oben ging: »Gut Nacht Marie, das Geld liegt auf der Fensterbank, das Kind ist nicht von mir.«

26.2.05 Abends mit Heike zu Horst Evers gegangen. Witziger und bescheidener Mann. Erzählt davon, wie faul er ist und wie er nichts auf die Reihe kriegt. Heute Nacht wieder Neuralgie im Kopf, Dramadolor, morgens ganz prima gekotzt und eigentlich sollte ich heute Abend zu einem *Private Dinner* gehen. Na toll!

27.2.05 Fiel mir noch ein alter Ausschnitt aus der *MoPo* in die Hand: Drafi Deutscher (50, Herzinfarkt und Diabetes) hat ne neue Freundin. Die ist 25. Gefragt, ob sie nicht zu jung für ihn ist: Er sei in Wirklichkeit immer ein kleiner Junge geblieben.

Stimmt. Kleine Jungs haben normalerweise Mamas, die ungefähr 25 sind. Und wieder ein Rätsel gelöst: Warum Männer in jedem Lebensalter am liebsten mit 25jährigen Frauen zusammenleben. Inzwischen ist D.D. gestorben, war ihm wohl doch zu viel.

28.2.05 *Private Dinner* abgesagt, war auch gar nicht verkehrt, denn gestern bekam ich einen Hexenschuss, nachdem und obwohl ich mich ganz vorschriftsmäßig gebückt hatte. Heute Abend werde ich eine Muskelrelaxans-Tablette nehmen und dabei die Vorhänge zuziehen. Der liebe Gott sieht doch alles! Aber vielleicht kann er nicht durch meine Vorhänge gucken. Muss ja auch mal was anderes zu beschicken haben.

Den ganzen Morgen hat es geschneit. Weil wir Minus-Grade haben, ist der Schnee liegen geblieben und die Hundescheiße gnädig verdeckt worden.

29.2.05 Schreibt mir die älteste Nichte: »Einen gewissen manque d'esprit musst Du mir nachsehen, denn ich war gestern auf einer ganz entsetzlichen Szene-Restaurant Eröffnungsparty. Viel Szene und auch eine Menge Eröffnungen und vor allem die Erfahrung, dass in den gleichen Jeans, dem gleichen schwarzen T-Shirt und der gleichen Lederjacke wie die Frau vom Chef zu erscheinen, dem Drama gleichkommt, dasselbe Modellkleid anzuhaben...«

März 2005

1.3.05 Scheint's hat jetzt der Winter begonnen. Fast den ganzen Tag hat es wieder geschneit. War nur kurz draußen, um Zigaretten zu holen. Hexenschuss ist diesmal nicht so schlimm, kann schon wieder aufrecht gehen.

2.3.05 Wie ich eben erfahre, ist im Reformhaus Lietz in Quickborn gerade »Darmkrebsmonat März«. Und in der *Apotheken-Umschau* werden folgende Themen gebracht:

1. Ersatzschließmuskel
2. Druckgeschwüre: der wunde Punkt der Pflege
3. Myome: Hilfe für den Unterleib

11.3.05 Vorgestern Rückfall. Hexenschuss. Abends schlimme Tablette genommen. Jetzt geht's wieder.

Hörte im Radio: »Das sei den Menschen nicht zu vermitteln«. Dass nämlich Konzerne Riesengewinne einschaufeln, trotzdem aber Arbeiter entlassen. Die Leute sind nämlich einfach zu DUMM, um die wirtschaftlichen Erfordernisse einzusehen.

Am Wochenende zu viele »events«. Freitag bei der Neuen Frankfurter Schule im Malersaal in Hamburg.

Eigentlich traurig anzusehen, dass da lauter Männer über 60 saßen, die den Humor von heute verkörpern, jedenfalls den meinen; nur eine Frau, Anna Poth, die den Part von Chlodwig Poth las. Sonnabend auf der Geburtstagsfeier von Uli, Hafenrundfahrt mit sehr schönen Erklärungen zu den umliegenden Gebäuden, Werften usw., die zum Teil von den Juden geklaut worden waren, später dann ein Shantychor – auch alle über 70 – der »Auf der Reeperbahn nachts um halb eins« sang und dann »Das kann doch einen Seemann nicht erschüttern«, wobei außer mir nur noch einer bemerkt hat, dass das ein Durchhaltelied der Nazis war. Sonntag dann Theweleit über Fußball im Polittbüro, sehr amüsant der Anfang, dann etwas kritisch, weil er die Taktik des Holländers Cruyff mit dem Aufbau seines Landes verglich, alles gerade Linien oder so. Später hörte ich nicht mehr zu, weil Fußball nicht gerade mein Sport ist und ich mich sowieso nicht besonders gut fühlte.

16.3.05 Heute erster Frühlingstag. 20 Grad auf dem Balkon. Wird schon schief gehen.

17.3.05 Erzählt eine Besoffene meiner Nachbarin Gesa auf der Fähre nach Finkenwerder: »...mein alter Freund Jürgen, der jetzt Bianka heißt...«

20.3. 05 Das erste Mal bei offener Balkontür in der Küche auf dem Fußboden gesessen. Die Piazza mittags so voll, dass man sich fragt, wo die Leute eigentlich herkommen und warum die nicht arbeiten müssen, und ob die vielleicht nicht lieber nach Hause gehen sollten. Damit man sich in seinem Stadtteil mal frei bewegen kann.

25.3.05 In Köln gewesen und in Regensburg. Köln: hingefahren, gelesen und zurückgefahren. In Regensburg etwas länger geblieben, Sonne schien, draußen gesessen und den Dom besichtigt. War von außen schöner als von innen, außerdem war es drinnen schweinekalt. Mit Florian spazieren gegangen. Mitgekriegt, dass sie die Taxis-Schlampe immer noch als »Fürstin« anreden. Ist das nicht seit 1918 verboten oder was?

26.3. 05 Gestern Film »Silentium« gesehen, frage nicht. Der Brenner war ideal besetzt, aber vom österreichischen Dialekt habe ich so gut wie nichts verstanden, und was fehlte: die Ruhe. Die in Wolf Haas' Buch immer wieder hergestellt wird durch die ausufernden Bemerkungen des Erzählers. Und hier: *action-action*. Zudem war es im Kino so heiß, dass ich zwischendrin die Tür aufgemacht habe. Tat mir leid, dass ich Alice und ihren Freund Cornelius mitgezerrt hatte.

27.3.05 Gestern auf der Geburtstagsfete von Harry Rowohlt. Habe bis 3 Uhr morgens getanzt und es tat mir *nichts* weh!

29.3.05 Balkon bepflanzt. Lobelien gibt es noch nicht. Dafür winzig kleine Stiefmütterchen, Vergißmeinnicht und noch ein paar Pflanzen vom letzten Jahr: Gedenkemein, die den Winter überlebt haben.

April 2005

3.4.05 Nun ist der Papst auch hin. Wofür beten eigentlich all die Leute? Wenn einer den Platz zur Rechten Gottes einnehmen wird, dann doch er. Falls es einen Gott gibt. Ich bin ja nach wie vor der Ansicht, dass der gerade verreist ist.

4.4.05 Langsam wird es ein bisschen viel mit dem Papst. Beim Espresso im Eiscafé *MoPo* gelesen. Unter »Hamburg trauert« oder so ähnlich: »Michael

Harms (29), Britta Grabowski (19), ›wir dachten erst, wir müssen die Taufe von Dustin Michael verschieben. Aber der Papst hätte das bestimmt nicht gewollt.‹«

7.4.05 Habe heute noch einen alten Text gefunden, als ich das iBook aufräumte. Den habe ich vor einigen Jahren für eine Schweizer Zeitung geschrieben:

Die Deutschen

Als Deutsche – oder besser gesagt, als in Deutschland geborener Mensch, denn selbstverständlich verstehe ich mich wie alle Intellektuellen als Weltbürgerin, außer es kommt hart auf hart und das Vaterland muss verteidigt werden bzw. aktueller: der Standort Deutschland (blödes Wort übrigens; als wäre dieses Land ein gigantischer Truppenübungsplatz, was ja gar nicht stimmt, denn unsere Truppen üben meist im Ausland) – als BRD-Bewohnerin also habe ich immer wieder mit Vorurteilen zu kämpfen, die Ausländer gegenüber Deutschen aufs Tapet bringen.

»Wo hast du denn dein Handtuch?« werde ich im Urlaub häufig von Engländern gefragt, auf Mallorca beispielsweise oder auf den Kanarischen Inseln, wo erstmals außerhalb von Weltkriegen unsere beiden Völker aufeinander treffen. Das ist scheint's ein Running Gag der Briten, die davon ausgehen, dass Deutsche überall ihr Handtuch dabeihaben, um den von ihnen gewählten Platz am Pool zu besetzen. Und zwar schon um fünf Uhr morgens, bevor noch der Brite seine erste Tasse Tee getrunken hat. Der Brite findet es unheimlich, dass Deutsche schon im Morgengrauen losmarschieren, und da steht er nicht allein auf der Welt, aber zum einen ist das eine alte Tradition und zum zweiten haben wir diesmal Strohhüte auf dem Kopf. Außerdem muss man berücksichtigen, dass an diesen Orten jeder zweite Strand »Playa ingles« heißt. Wie anders sollten wir auf friedliche Weise unseren vom

Reisebüro garantierten Anspruch auf mehr Raum verteidigen?

Das zweite Vorurteil, mit dem ich konfrontiert werde, ist die Behauptung, der Deutsche sei ausländerfeindlich. Ich frage Sie: Können Menschen, die ihre Kinder Marvin, Kevin, Mandy und Michelle-halt's-Maul (meine Nachbarn von gegenüber) nennen, ausländerfeindlich sein? Kann ein Land insgesamt etwas gegen Ausländer haben, in dem kein Blumenladen mehr existiert, der nicht zum Flower-shop mutiert ist, kein Großmarkt, der sich nicht irgendwas mit Center nennt? Mal ganz abgesehen von der flächendeckenden Einführung des angelsächsischen Gebrauchs des Apostrophs – »Gabi's Fashiontreff« oder »Rudi's Coffeeshop«.

Deutsche haben keinen Humor, wird mir als Drittes vorgehalten. Na hören Sie mal! Hier hat jede Zeitung eine Witzseite!! Und wenn Sie jetzt einwenden, das gelte nicht, weil die Witze alt sind und nicht sehr komisch und eigentlich immer schlecht gezeichnet, dann mögen Sie recht haben, aber ich gebe Ihnen mal ein Beispiel aus meinem humoristischen Alltag – neulich, auf dem Bahnhof: Ich stehe abends sehr spät auf dem Bahnsteig, es ist kalt, es regnet und gerade will ich einen längeren Marsch antreten, um am anderen Ende des Bahnsteigs auf einer Tafel nachzusehen, wann wohl die nächste Bahn zu erwarten ist, da kommt ein Mann auf mich zu, der dies gerade getan hat. Den Weg kann ich mir also sparen und frage ihn: »Entschuldigung – wann kommt der nächste Zug?« Antwortet er: »Gucken Sie doch selber!« Haha. Das war lustig! Erzähle ich eine solche Begebenheit dann in einer Freundesrunde, schallt mir sofort von allen Seiten entgegen: »Das war noch gar nichts!« Und es folgt die Beschreibung von noch viel lustigeren Szenen, das können Sie sich gar nicht vorstellen!

Lassen Sie mich jetzt einmal einige Tatsachen über mein Land berichten, die nicht so häufig in der öffentlichen Diskussion auftauchen. Erstens: Zwar weiß man, dass im Osten Deutschlands bei jungen Männern die ästhetische Wirkung von Haupthaar stark unterschätzt wird. Dass aber im westlichen Teil unseres Landes die Anzahl von verdeckten Ermittlern mit Schnauzbärten nur noch von der Anzahl von Sparkassenfilialleitern mit Schnauzbärten übertroffen wird, ist im Ausland praktisch unbekannt. Man kann diese Personenkreise nur dadurch unterscheiden, dass einem Filialleiter nachts auf der Straße keine Knarre in den Rücken bohren, bloß weil man versucht hat, den Hausschlüssel in die Tür des eigenen Autos zu kriegen. Die haben andere Methoden. Welche? Das muss ich Ihnen als Schweizer Staatsbürgern doch wohl nicht erzählen.

Zweitens: In Deutschland wird die Erwachsenenbildung ganz groß geschrieben. Besonders Berlin ist dafür berühmt, dass die Erziehung von erwachsenen Menschen in Läden wie etwa Tchibo vorgenommen wird, wo man mit allerdings mehrfach eingeflochtenen »Meine Dame!« streng darauf hingewiesen wird, wohin man den dreckigen Löffel zu legen habe, meine Dame! Nämlich genau an den dafür vorgeschriebenen Platz, meine Dame! Und wenn man dann schüchtern einwendet, dass der Löffel doch ebenso gut hier wie da... dann bekommt man zur Antwort: »Das haben wir schon immer so gemacht.« Dies ist nach »Das haben wir noch nie so gemacht« der zweithäufigste Satz, falls mal irgendwo in Deutschland Änderungen vorgeschlagen werden. Und wenn Sie jetzt einmal sehr, sehr nachdenken, dann werden Sie zugeben müssen, dass diese beiden Aussagen in Wirklichkeit nur eine sind, nämlich: »Hier bleibt alles beim Alten.«

Ich gebe Ihnen mein Wort, dass genau dies das Ergebnis der Bundestagswahlen sein wird. Und übrigens ganz egal, wie sie ausgehen.

8.4.05 Mein neues iBook – es heißt G4, hat das nicht auch noch ne andere Bedeutung? – quakt einem andauernd dazwischen, das bringt mich ja völlig aus dem

Konzept. Wenn das Internet mir was sagen will, dann soll es gefälligst warten, bis es gefragt wird.

Klospruch in einem Lokal in Altona: »Schützt den Wald, esst mehr Biber.«

9.4.05 Obwohl es auf dem Balkon etwa 8 oder 9 Grad waren, hat es heute Nachmittag erst gehagelt, dann geschneit. Auf der Stresemannstraße ununterbrochen Polizei. War wohl wieder ne Demo wegen des Wasserturms.

Die Papst-Beerdigung hat sich ja alle Welt angesehen (außer mir), auch die Nichtgläubigen. Etwa so, wie sich alle die Beerdigung von Lady Di angesehen haben, obwohl sie keine Monarchisten, oder den Einsturz des WTC, obwohl sie keine Terroristen sind.

10.4.05

Tesakrepp

Mit Klopapier ist das so: Wenn es alle ist, kann man ruhig eine Rolle Tesakrepp hinlegen. Das hab ich mal aus Versehen gemacht. Ich hatte im Bad irgendwas damit repariert, weil keine Büroklammern und keine kleinen Dinger, mit denen man Gefriertüten zumacht, mehr da waren, und einer meiner Gäste hatte es nicht sofort bemerkt. Den Rest kann man sich ja selber ausdenken.

Apropos: Kennen Sie überhaupt noch das Klopapier damals in Frankreich? In so was haben wir in Deutschland zu der Zeit Pausenbrote eingepackt. Das hat der Franzose später an den Spanier verscherbelt und der stellt es jetzt als Servietten auf den Tisch. Wenn man sich damit den Mund abwischen will, hat man die ganze Schmiere an der Backe hängen. Da kann man ja gleich Tesakrepp nehmen. (für *Titanic*)

21.4.05 Heute Kolumnen-Lesung mit Harald Martenstein und Peter Richter. HEW-Lesetage.

24.4.05 Kritik des Leseabends im *Hamburger Abendblatt*: Herr Martenstein »sorgte für die intellektuelle Schärfe«, Herr Richter für den »jugendlichen Feinsinn« (was auch immer das heißen mag) und ich »rundete den Abend mit fundiertem Hausfrauenwissen« ab. Als hätte ich Nudelrezepte verteilt. Martenstein wurde mit zwei Texten zitiert über Strumpfhosen, die sowohl Frauen als auch Bankräubern nicht gut stehen und über Penisverlängerungen aus dem Internet. Schien mir nicht unbedingt ein Zeichen für intellektuelle Schärfe zu sein, war aber witzig, gut geschrieben und gut vorgetragen.

Ich las u.a. eine Kolumne über die Papstwahl vor, auch das haben sie erwähnt, und dass ich nicht mit »Ungunst« (wassen Wort!) gegen Franz Josef Wagner gespart hätte. (...der wohl »zu viel Weihrauch in Tüten geraucht« habe) Immerhin – das erste Mal, dass ich überhaupt im *H.A.* vorkomme!

Einfache Arbeiterin im Weinkeller des Vatikans

Erinnern Sie sich noch? An die Papstwahl? Als wir uns alle gefreut haben, dass wir jetzt Papst sind und der Job nicht in ein Billiglohnland gegangen ist?

Jedenfalls habe ich mir gleich die *Bild*-Zeitung gekauft und nachgelesen, was Franz Josef Wagner dazu meint. Der meint nämlich, dass wir einen so strengen Papst brauchen, weil wir alle Tätowierungen am Hintern haben.

Ich konnte nicht nachgucken, weil es so schwierig ist, den Spiegel in die richtige Position zu bringen und weil ich sowieso meinen Hals verrenkt hatte, aber dass Herr Wagner auch... das hätte ich ja nie gedacht! Was der wohl für ein Tattoo hat? Einen Drachen? Eine Seejungfrau? Ein Kreuz mit Haken dran oder einfach nur INRI?

Wenn man sich den ganzen Tag die Kante gibt oder Weihrauch aus großen Tüten raucht, kann man schon mal Sachen machen, die man hinterher nicht mehr so gut findet. Aber tatsächlich war die ganze Geschichte mit dem neuen Papst sehr anrührend. Wie er da gesagt hat, dass er ein einfacher Arbeiter im Weinberg des Herrn sein will, da kamen mir doch die Tränen. Ich selbst würde ja auch gerne eine einfache Arbeiterin im Weinkeller des Vatikans sein. Da müssen Flaschen herumliegen – du liebe Zeit!

26.4.05 Letztens in Marburg bei Jeanette gewesen, sehr schönes Wetter, bin jeden Tag spazieren gegangen. Angelina, die Nachbarstochter, hat mich einmal mitgenommen, um mir ihre Hütte im Wald zu zeigen. Und ihre Wunden. Zigaretten am Auge ausgedrückt, lange Narben von einem Bügeleisen. Hat ihre Stiefmutter gemacht, die inzwischen auch verschwunden ist; jetzt ist eine neue Mutter da, die ihr Vater durchs Internet kennen gelernt hat. Angelina hatte wieder 14 Tage Hausarrest (sie ist knapp 17 Jahre alt) wegen irgendeinem Quatsch, den auch Aisha, Jeanettes Tochter, hätte machen können, aber J. wäre nie auf die Idee gekommen, ihr Kind derart zu bestrafen... Sie ist schon beim Jugendamt gewesen, um zu beantragen, dass sie aus diesem Haus wegkommt, aber da der Vater sich geweigert hat, eine Jugendwohnung zu bezahlen, muss sie dort bleiben. Es geht das Gerücht um, dass er Porno-Fotos von ihr gemacht hat und die ins Internet stellt. So wie der aussieht, ist es ihm zuzutrauen.

27.4.05 Gestern Abend im Radio (Deutschlandfunk?) ein Feature über das Jahr 45 gehört. X Leute, z.T. mit tränenerstickter Stimme, wie sie in Görlitz, Demmin (wo meine Mutter und ich damals wohnten, jedenfalls ganz in der Nähe), also wie *der Russe* am 30. März die Stadt Demmin quasi dem Erdboden gleichgemacht und am nächsten Tag 1000 Menschen sich das Leben genommen haben, weil Vergewaltigung usw. Ja, ist schlimm. Aber die Frage, *wer* das alles angezettelt hatte

(*Wollt Ihr den totalen Krieg? – Jaaa!*) wurde nur ab und zu schüchtern von der Moderatorin ins Gedächtnis gerufen.

Mai 2005

3.5.05 Am Wochenende in Dortmund gelesen, zurück mit dem Zug mit ohne Klimaanlage... am 1. Mai mal wieder viel Radio gehört. Da braucht man keinen big brother um mitzukriegen, dass die Mehrheit der Leute einen Schatten hat.

NDR 4, Interviews von Schichtarbeitern und -innen:

– Ja, richtig, wir haben mehr Nachtschichten, aber für Frauen ist das nicht schlecht, da kann man morgens ne Menge erledigen...

– Das ist der Zahn der Zeit, dass man schneller arbeiten muss, der Standort Deutschland ist ja teuer.

Und heute Nachmittag, ebenfalls NDR, Passanten zu der Frage, ob sie gewerkschaftlich organisiert sind:

– Nee, ich arbeite im Dienstleistungsbereich (gemeint war irgendwas mit »Kommunikation«), da brauch ich keine Gewerkschaft, weil, heute handelt man sein Gehalt ja schon individuell mit dem Arbeitgeber aus.

Was ein Fortschritt! Wird heute eigentlich manchmal noch *gedacht*?

Am 2. Mai dann Evakuierung aus meiner Wohnung.

Kraniche des Ibykus

Am 2. Mai wurde in Hamburg eine Bombe gefunden. In der *Morgenpost* stand am nächsten Tag, dass es eine Bombe von 250 kg gewesen ist, in der *Bild*-Zeitung war von 500 kg die Rede. Damit war klar, dass es sich nicht um ein Selbstmordattentat handeln konnte.

Mittags, so der NDR, hatten Arbeiter eine Fliegerbombe der Tommies ausgebuddelt, deren Zünder verschmutzt war und die deshalb erst »mit einem Hammer« (O-Ton) gereinigt werden musste. Da raffte ich die nötigsten Dinge zusammen – Zahnbürste und Backup von meinem Notebook – und wanderte zu einer Bekannten am Schulterblatt aus. Dann fiel mir ein, dass ich ihr Geburtstagsgeschenk vergessen hatte, und ich wollte zurück. Da kamen mir aber schon sehr angeregt meine Nachbarn entgegen, die evakuiert worden waren, und sich in Restaurants oder Kinos verpissten.

Also wieder retour. Das gestaltete sich etwas problematisch, weil inzwischen alle Straßen gesperrt worden waren. Eine Polizistin ließ mich trotzdem durch die Lerchenstraße aufs Schulterblatt; ich solle aber »zumachen«, sagte sie. Ich machte also zu, und rannte bis zur Taverna Romana und dann zum Olympischen Feuer rüber, bis zwei Bullen mir nachriefen: »He, die Dame, die da rennt, wo wollen Sie hin?« Irgendwie kam mir die Verszeile in den Kopf: Sie geht vielleicht mit frechem Schritte inmitten durch der Griechen Mitte, wobei mir das »sie« und das »inmitten« nicht ganz richtig vorkamen, aber wer kann in so einer Situation schon Gedichte richtig aufsagen? Die beiden ließen mich dann doch weiterkeuchen, bis ich wieder bei der Bekannten ankam.

Als ich später Torsten anrief, sagte er: »Und? Hast du nicht gleich gerufen: deutsche Polizisten, Mörder und Faschisten?« Ich hatte aber mit dem Schiller-Zitat schon genug zu tun.

Bevor ich allerdings das Haus der Bekannten betreten konnte, wollte mich ein Ausländer nicht durch das Tor lassen, das schon mit rotweißen Bändern dekoriert war: »Darfe du hier überhaupt rein?« Diese Frage kam mir bekannt vor, nur irgendwie anders rum, aber er ließ mich dann doch durch die Bänder kriechen.

Während ich mit der Bekannten am Tisch saß und wir nebenbei Radio hörten, wo es Bomben-Nachrichten gab, aber auch Lieder wie »I had a dream«, quatschte ihr fünfjähriger Sohn ununterbrochen ins Telefon. Der telefoniere wahrscheinlich mit der Oma, sagte sie, das täte er öfter. »Ich gieb dir ma Mama«, sagte er irgendwann und reichte der Bekannten den Hörer, während er vorsichtshalber in seinem Zimmer verschwand. Sie erbleichte. »Hier ist die Feuerwehr«, sagte der Angerufene, »wir sind morgen zu einem Grillfest anlässlich Ihres Geburtstages eingeladen worden – sollen wir kommen?«

Einmal sind sie schon gekommen, aber zu spät, als der Bakalute, kurz bevor die Familie in Urlaub fuhr, alle Herdplatten eingeschaltet hatte.

Um 21:30 Uhr wieder zu Hause, checke ich meine Mails: Der Hammer! Oder besser gesagt: Die Bombe! Mir wird mitgeteilt, dass ich den Ben Witter Preis gewonnen habe.

Ja super, brülle ich meinen Computer an, da kauft man dir so ein granatenteures Teil, das alle Spams wegmacht und dann so was! Du kannst mich mal! Wir duzen uns übrigens nur, wenn er ausfallend wird. Oder ich.

Dann ging ich schlafen.

(für die *taz*)

Das war schon eine Bombe! Frau Tieger vom Zweitausendeins-Verlag rief an, um mir zu sagen, dass ich den Ben Witter Preis gewonnen habe oder wie man da sagt – eingeheimst, eingesackt oder abgegriffen. Sie hatte schon eine Flasche Schampus mit ihrem Gatten geleert, aber mir war überhaupt nicht danach, weil ich so fettich war und nur noch ins Bett wollte.

4.5.05 Heute kam die Nachricht von Kersten wegen des Preises. Von diesem und jenem hörte ich dann noch, dass verschiedene Leute sich um die Ehre balgen, mir direkt oder indirekt den Preis verliehen zu haben. Z.B. sagte mir F., dass der und der ja damals mit Kersten gebechert hätte, obwohl mir K. wiederum sagte, dass die Juroren einstimmig den Beschluss gefasst hätten... bleiben nur zwei übrig, die aber bestimmt auch von anderen Herren manipuliert wurden. Habe ich also alles nur Männern zu verdanken. Danke, liebe Männer!

Wo bleibt man selbst dann eigentlich? Susanne hat, als sie den niedersächsischen Sowiesopreis erhielt, dasselbe erlebt. Alles riss sich darum, als erster gesagt zu haben, dass *sie* die Autorin sei, von der man schon immer gesagt habe... und auch Milena Moser schrieb mir, dass einige Herren bei ihr vorsprachen, um den »Dank« einzufordern, nachdem sie einen Preis bekommen hatte.

Ich werde jetzt überall gefragt, welchen besonderen Wunsch ich mir erfüllen werde. Ich sage dann immer: »Einbauküche«. Scheint mir genau das Richtige zu sein für eine fundamentalistische Hausfrau.

5.5.05 Heute im »Schneckenhaus« (Altersheim-Cafeteria) gefrühstückt. Uli kam vorbei und war noch ganz erfüllt von der Veranstaltung, die er gestern im ehemaligen KZ Neuengamme besucht hatte. Ole v. Beust, geschniegelt und gebügelt, hatte seine Rede mit den Worten: »Es war die Hölle!« begonnen, was angesichts und im Angesicht der paar Überlebenden, die vor ihm saßen – es leben noch etwa dreihundert von den ursprünglich hunderttausend – und die wirklich was von Hölle verstehen, eine bodenlose Frechheit war. Auch wenn es ein Zitat von Dante war. Muss ein Altsprachler gewesen sein, der ihm die Rede geschrieben hat. Oder einer mit nem guten Zitatenlexikon.

Die meisten ehemaligen KZ-Häftlinge waren aus Polen angereist, aber der Senat hatte ihnen die Fahrt nicht bezahlt...

8.5.05 Heike von der *Jungle World* stellte mir als einzige die wirklich wichtige Frage in Sachen Jubelfeier für den Preis:

Was ziehst du an?

17.5.05 Heute hat die *taz* die Geschichte mit der Bombe gebracht, leider unter anderem Titel – *Bombentag* statt *Kraniche des Ibykus*. Obwohl ihnen diese Fassung schon mehrere Tage vorlag, blieb keine Zeit, Änderungen abzusprechen, angeblich, jaja, und dann folgten einige Mails, die mich sehr erheiterten. Jetzt sind also die Gralshüter der deutschen Sprache schon bei der *taz* angestellt. Du meine Güte.

Ich hatte mich bei M. (*taz*) über eine Änderung meiner Kolumne beschwert, weil er – auf meinen Computer bezogen – statt: »Wir duzen uns übrigens nur, wenn er ausfallend wird. Oder ich«, geschrieben hat: *»...wenn er ausfallend wird. Oder ich es werde.«*

Was ich bescheuert finde. Das war nie mein Stil und nimmt dem Ganzen auch eine gewisse Pointe.

Dann schrieb er mir wie folgt:

»Liebe Fanny,

wenn wir in ganzen Sätzen sprächen, würde dort stehen: ›Wir duzen uns übrigens nur, wenn er ausfallend wird. Oder ich es wird.‹ Weglassen kann man nur etwas, das auch den richtigen Bezug hat. Das ist ein Unterschied zwischen gesprochener und geschriebener Sprache, sagt Dir der studierte

Linguist, der ich bin.

Beste Grüße, M.«

Darauf habe ich dann nicht mehr geantwortet. Sonst wird ich ausfallend.

Und außerdem gilt: »... möglich hingegen ist die Ersparung des Verbs bei unterschiedlicher Person: ›Ich gehe heute ins Theater, meine Frau aber ins Konzert‹.« (Duden). Und bei diesem kleinen Hinweis sehe ich natürlich ganz davon ab, dass man nicht unbedingt ein abgeschlossenes Hochschulstudium braucht, um eine Pointe zu zerstören. Bei vielen Menschen reicht dazu Naturtalent.

17.5.07 Nachtrag zum »Schneckenhaus«: Ich las dort in einem Buch, in dem ausländische Schülerinnen und Schüler über ihr Leben berichteten. Selime, 13 Jahre: »Mein Traumland ist Amerika. In Amerika ist es einfach schön. Fast alle Stars leben dort. Außerdem ist dieses Land berühmt. Dort gab es einmal das World Trade Center. Aber jetzt gibt es diese Türme nicht mehr. Schade!«

Kaum vier Jahre her und schon: Es war einmal. Der 2. Weltkrieg muss ja für junge Leute in prähistorischen Zeiten stattgefunden haben.

21.5.05 Nordrhein-Westfalen jetzt auch in CDU-Hand. Fritz E. dazu: »Andererseits kann man sich jetzt natürlich schon sehr darauf freuen, dass Frau Merkel zusammen mit Frau Westerwelle die Fußballweltmeisterschaft 2006 eröffnen wird.«

Das wird dann aber leider nicht alles gewesen sein.

26.5.05 Frauen schreiben mir entweder schöne Briefe oder schicken mir eine Flasche Wein vom Weingut ihres Vaters oder eine besondere Wärmflasche, kürzlich sogar zwei kleine Goethe/Schiller-Figuren für Salz und Pfeffer. Oder bösartige Kritiken, falls sie gerade zwischen 20 und 30 sind und einen Fölljetongjob bei Stadtzeitungen haben; die versuchen dann immer, mich mit Wiglaf Droste zu vergleichen. Dabei bin ich gar nicht Wichlaff und sehe auch ganz anders aus. Um nicht zu sagen: besser.

Männer schreiben einerseits gute Kritiken, besonders dann, wenn sie schwul sind, und andererseits Besserwisser-Briefe, die anfangen mit: »Ihr letztes Buch war große Klasse, aber...«, dann kommt was mit »... wie Sie eigentlich mit den Männern umgehen...« oder dass die 1 keine Primzahl sei – was stimmt, mich aber nach Abgabe der Kolumne nicht mehr interessiert.

27.5.05 Gestern fast zu warm, 32 Grad, vorgestern Abend kündigte sich das gute Wetter schon an: In den Hintergärten Grillfeten, Fußball im Fernsehen mit Gebrüll und über mir ein Kind zu Besuch, das bis abends um halb elf den Flur entlang rannte, hin und her, her und hin, ununterbrochen. Der Sommer ist da!

Abends mit Frauke D. beim Italiener Eis essen gegangen. Bettler, Morgenpostverkäufer, Akkordeonspieler (*Besame mucho*) und so weiter. Sie sagte, dass es sie nicht wundern würde, wenn Neger mit Badelaken vorbeikämen.

Übermorgen nach Helsinki. Bin schon gespannt.

28.5.05 1. Tag, Samstag: Heute Mittag mit dem Taxi zum CTA (Computer Terminal Altenwerder), kostete bloß 32 Euro, während das Reisebüro mir ein Taxi empfohlen hatte, mit dem es von HBF aus 67 Euro gekostet hätte. Das Reisebüro kam mir vor wie diese Türken, die immer irgendwo noch einen Cousin haben, der zufällig einen Teppichladen hat.

Wir sind nur drei Passagiere: ich, Giovanni und Bruno, der Schwiegersohn. Bruno hat Giovanni eingeladen. Sie sprechen perfekt Schwyzerdütsch, der Rest der Mannschaft Englisch (die Offiziere sind Ukrainer, der Kapitän Pole, die Crew ohne Ausnahme Filipinos). Die Filipinos tragen so schöne Namen wie Lemuel Perdeguero, Napoleon Escarez, Peter Paul Paredos. Der Koch heißt Reynato Calantoy.

Bruno ist ruhig und gesetzt, Giovanni hat knitterige Knie, ist ein bisschen schwerhörig und kennt keine Verwandten mehr, wenn es was zu lachen gibt. Fuchtelt unglaublich mit den Armen und läuft mit einer Kamera herum, für zu Hause, damit die alles sehen, was er auch gesehen hat. Bruno ist eigentlich Italiener, Giovanni Schweizer. Da verstehe einer noch die Welt. Beide haben von der Brücke aus stundenlang beobachtet, wie ein Nachbarschiff mit Containern beladen wurde. Scheint ja Jungs immer zu begeistern. Draußen ist es superheiß, wahrscheinlich 33 Grad.

Jetzt sind wir unterwegs, aber nur zum nächsten Terminal, heute Abend soll es dann durch den Nord-Ostsee-Kanal in Richtung Kotka bei Helsinki gehen. Kabine ist klein, Klo und Duschbad inklusive. Habe trotzdem alles untergebracht. Eine Klimaanlage gibt's auch, nachts werde ich sie aber ausmachen und das Bullauge öffnen.

Der Kapitän und die Offiziere bieten dem Auge nichts. Keine Uniform, keine Epauletten. Tragen Shorts oder Jeans und T-Shirts. Dafür muss man sich nicht fünfmal am Tag umziehen, das hat auch was. Und es gibt kein militärisches Grüßen (Detlef, weißte noch: Alles, was sich bewegt, wird gegrüßt, alles, was sich nicht bewegt, wird grau angemalt). Hier allerdings wird alles in dunklem Orange angemalt.

Hyundai, Yangjing usw., die Schiffe, die hier im Hafen vorbeifahren, haben viele solcher Namen auf ihren Containern. Kann also doch stimmen, dass Asien/China die nächste Weltmacht wird.

Abendessen, ach du liebe Zeit. Russische, polnische und ukrainische Küche, nehme ich mal an: Pellkartoffeln, geräucherte Makrele, gekochte Eier, Graubrot, Butter, verschiedener Aufschnitt, Gurken-Tomaten-Paprika.

Hab jetzt rausgekriegt, dass Giovanni 80 ist. Er behauptete, nur einmal am Tag zu essen, dann war das heute wohl am Abend. Hat ordentlich reingehauen.

Der Hafen ist mir unheimlich. Überall fahren diese Dinger herum, die aussehen, wie man sich in den 20er Jahren wahnsinnige Roboter vorstellte, nirgends ein Mensch, ab und zu erahnt man jemanden in einer Führerkabine, die etwa 4 Stockwerke hoch ist. Dann gibt es noch riesenhaftere Aliens, die auf Schienen fahren.

Wir werden erst gegen 22 Uhr auslaufen, jetzt sind wir gerade am Euro-Port oder so, der dritte Anlaufpunkt heute.

»Franz jagt im komplett verwahrlosten Taxi quer durch Bayern«, lese ich gerade, weil ich unter Format / Textrichtung nachgeguckt habe, wie ich den Text mehr in die

Breite kriegen kann. Ich lass es lieber. Quer durch Bayern! Wer will denn so was.

29.5.05 2. Tag, Sonntag: Giovanni hat früher Schifferklaviere verkauft, scheint ein lohnendes Geschäft gewesen zu sein. Seine Frau begleite ihn nicht auf seinen zahlreichen Reisen: das würde ja das Doppelte kosten. Sei aber nur ein Scherz, erklärte er mir und schlug mir dabei auf die Schulter. Er ist übrigens (noch) kleiner als ich, mit langen weißen Haaren. Und Bruno ist Polizist! Daher also seine Verschwiegenheit.

Heute Morgen bin ich schon um fünf aufgestanden, da fuhren wir durch den Nord-Ostsee-Kanal. Und um 9 Uhr immer noch. Überall die Rapsfelder, aber schon in den letzten Zügen. Zum Frühstück gab es aufgewärmte Brötchen, Graubrot und ein paar Wurstsorten und Käse. Mittags ein Kotelett mit Kartoffeln und Bohnen aus der Dose und Eis, weil Sonntag ist, und abends, der Hit, ein Barbecue unten auf dem Deck. Da kamen dann alle zusammen: 12 Leute mitsamt Kapitän. Wieder jede Menge Fleisch, dazu Kartoffelsalat mit viel Schinken und gekochtem Ei und eine Reispfanne mit viel Schinken.

Heute noch ein schöner Tag, aber es soll schlechter werden.

30.5.05 3. Tag, Montag: Die Vibrationen des Schiffes machen mir sehr zu schaffen, kann nicht einschlafen, mal wieder Schlaftablette. Um 5:30 Uhr aufgestanden und Teebeutel aufgebrüht, der Koch war noch nicht wach. Nach oben gegangen und ins Kapitänsdeck geguckt.

Detlef: Pass mal wieder auf – da lag der 1. Offizier in seinem Sessel und schnarchte. Die haben hier die reinsten Entspannungssessel. Besser wären wohl Küchenstühle. Ungefähr in Fahrtrichtung, so schien es mir jedenfalls, kam uns ein Schiff entgegen. Ich ging wieder runter, machte mir eine zweite Tasse Tee und sah mir das Rettungsboot genauer an. Dann wieder nach oben, da war er aber zum Glück wach.

Wenn man sich nicht um alles kümmert!

Auffallend, dass die Leute um den Kapitän alle sehr ungesund aussehen: Pickel, Ausschlag, Neurodermitis. Liegt wohl am Essen – das Vitamin hat keinen Platz an dieser Tafel – und daran, dass die ihre klimatisierten Räume nie verlassen, während die Mannschaft gut aussieht, weil sie oft draußen an der Luft ist und Filipinos sowieso eine bessere Gesichtsfarbe haben. Der Kapitän allerdings sieht ganz fit aus, isst auch kaum was und kriegt manchmal eine Extraportion Vitamine.

Mittags ist es jetzt bedeckt, aber nicht kalt, wenig Wind.

Bruno erzählte beim Frühstück von seinem Job. Wurde richtig lebhaft. Er hat mehrere Bezirke unter sich mit 30 Mann, sind aber zu wenig, so dass er auch Leute einsetzen muss, die nichts verstehen von der Materie. Eigentlich sollte er Spezialisten für Überfall, Finanzdelikte, Einbruch haben, die stehen nicht immer zur Verfügung. Überall wird gestrichen. Im letzten Jahr gab es vier »Tötungsdelikte« im Raum Zürich zu beklagen.

31.5.05 4. Tag, Dienstag: Um 2:30 Uhr aufgestanden, weil es so hell war. Links und rechts kleine Inseln, die vorüberfuhren, d.h. eigentlich war es das Schiff... nach oben auf die Brücke, wo ich herzlich vom Lotsen begrüßt wurde, ein älterer Herr, der mir gleich alles über Finnland erzählte, dass wir nämlich gerade die »Weißen Nächte« hätten; um Viertel vor drei ging dann auch schon die Sonne auf. Finnland habe etwa 30.000 Inseln, wie viele genau, wüsste eigentlich keiner.

Vormittags dann mit Bruno und Giovanni in die Stadt gefahren, wunderschönes Wetter, Kotka ein kleines Städtchen mit ziemlich vielen Finnen, die aber alle mies dreinschauten und etliche, die sich offenbar dem Trunk ergeben hatten. Wundert mich nicht, dass Finnland die höchste Selbstmordrate in Europa hat, wenn man bedenkt, dass der Schnee etwa 9 Monate liegen bleibt. Die Frauen hatten noch nicht einmal den Kleinstadtschick, den wir von hier kennen; der Gipfel war ein junges Pärchen im Satanslook, die waren sicher stadtbekannt. Die Innenstadt hässlich, mit Neubauten und Einkaufszentren, am Rande viele schöne Holzhäuser, wie man sie aus Prospekten kennt. Bruno jagte uns mehrfach um die Stadt, bis meine Füße wehtaten. Es gibt einen großen Stadtpark mit Ahorn und Birken und ein paar Fichten. Blumen: nur Löwenzahn, der jetzt erst blühte und Maiglöckchen überall, die noch ganz kleine Glöckchen trugen. An einem winzigen Yachthafen tranken wir dann Kaffee. Bruno taut langsam auf, erzählte, dass er seine Frau angerufen habe, die fragte, was die »Nervensäge« mache. Sie meinte ihren Vater. Der lachte lange darüber. Giovanni, fit wie'n Turnschuh, fotografierte alles, was sich bewegte oder nicht bewegte. Habe mir einen Apfel und eine Kiwi gekauft, es war gerade Wochenmarkt. War relativ billig, wenn man weiß, dass eine Flasche Bier 3 Euro kostet und zwar im Supermarkt. Der Koch erzählte mir hinterher, dass manchmal Leute aus der Stadt kommen, um von ihm Bier zu kaufen. Ich habe für 13 Euro eine Stange LM bei ihm erstanden, eine andere Sorte hatte er nicht. Sollte ich aber nicht dem Kapitän sagen. Scheint gerne kleine Nebengeschäfte zu tätigen.

Polizei heißt Polisii und die Post Posti.

Seit heute früh um 6 haben sie Container abgeladen und jetzt kommen wieder neue drauf (es ist jetzt 17 Uhr).

Juni 2005

1.6.05 5. Tag, Mittwoch: Gestern Abend sollten wir um 19 Uhr auslaufen, aber es wurde dann doch 21 Uhr. Großes Abenteuer! Es regnete in Strömen, starker Wind, und das Schiff kam nicht vom Kai weg.

Wenn es vorne an der Kaimauer schurrte, kippte hinten die Ladung zur Seite. D.h. vorne und hinten kann ich immer noch nicht gut unterscheiden. Der Bug ist eigentlich da, wo die Container sind und das Heck dort, wo die Brücke ist (und unsere Kabinen). Der Kapitän war mit dem Lotsen zugange, der auf Finnisch und Englisch unverständliche Telefonate und Funkerei beantwortete. Inzwischen war ich seit 18 Stunden wach und legte mich ins Bett, stand aber wieder auf, weil ich sehen wollte, wie der Bugsier das Schiff aus dem Hafen zieht. (Falls es schief gehen sollte, überlegte ich, was ich im Rucksack mitnehmen könnte, aber mir fielen nur meine Tabletten ein und das iBook). Dann kam ein winzig kleines Schiff an, unsere Matrosen warfen Leinen hinüber, die wurden so straff, dass ich dachte, jeden Moment könnten sie reißen oder große Stücke aus dem kleinen Schiff brechen, aber alles ging gut. Wir wurden langsam aus dem Hafen gezogen. Giovanni kam in einem abenteuerlichen Schlafanzug aus der Kabine gestolpert, und wir sahen uns alles gemeinsam von der Außentreppe an.

Heute wieder um 6 Uhr aufgestanden. Auf der Brücke war der 1. Offizier, der Max heißt, er sagte mir, dass wir morgen um 12 Uhr in Kiel sind. Also doch nicht Tallinn. Hier muss man sich auf alles einlassen, bleibt einem ja nichts anderes übrig.

Danach Bremerhaven, dann Hamburg. Bruno und Giovanni bleiben noch bis nächsten Mittwoch in Hamburg und haben viel vor: Helgoland, Hafenrundfahrt, nach Landkarten und Troyern stöbern, aber Bruno wird das schon machen. Als Organisator ist er prima. Hat uns gestern durch den Ort geführt, als wäre es Zürich. Ich hatte nach zwei Straßen schon den Überblick verloren.

Heute Morgen mit dem Kapitän geschnackt. Ob seine Vorfahren auch schon Seeleute waren. Er kommt aber aus Südpolen; in den zweimonatigen Sommerferien war er mit der Familie oft an der Ostsee und hat sich dann entschlossen, Seemann zu werden. Heute sei das allerdings nicht mehr so wie früher: Viel Papierkram und die Jungs von der Agentur sitzen hinterm Schreibtisch und haben keine Ahnung, wie das Wetter ist, wie der Wind, und deshalb hätte er gestern auch einfach den Bugsier bestellt, was er sehr selten tue (kostete 2500 Euro), weil er nicht vom Kai wegkam. Bruno, der auf der Brücke geblieben war, erzählte, die Leute vom Bugsier wären zuerst raufgeklettert, um die Rechnung zu präsentieren und hätten erst dann mit »bugsieren« angefangen. Früher hatten die Kapitäne freie Fahrt, wenn sie erst auf dem Meer waren. Keine Funkbotschaften, kein Telefon, keine E-mail. Da konnten sie machen, was sie wollten (was ja nicht immer der Hit war! Man denke an den Kapitän der Bounty). Es waren auch meistens ältere Leute mit Erfahrung, die wussten, wie die Segel zu setzen waren, und sie hielten das Ruder selbst in der Hand. Heute muss man mit den technischen Geräten umgehen können und keiner der Offiziere ist über vierzig, eher drunter. Du liebe Zeit, was da alles auf der Brücke rumsteht! In den Sternen lesen muss man jedenfalls nicht mehr können, steht alles auf dem Dingsbums, kenne die Namen nicht.

Mittags Kohlrouladen mit der üblichen Tomaten / Gurken / Paprikamischung und als Nachtisch Wassermelone. Immerhin!

Die See ist »rough«, d.h. fast überall Schaumkronen und das Schiff wackelt bedenklich. Hab vormittags zwei Zintona (Ingwerwurzelextrakt) eingenommen. Man weiß ja nie.

Einer von den Filipinos hat eine Freundin in der Bartelsstraße, die arbeitet bei McDonalds. Ich rauche bei denen immer meine Verdauungszigarette, um Bruno und Giovanni nicht zu belästigen.

16:00. Habe eine Stunde geschlafen, Motorenlärm stört mich nicht mehr so. Das Meer hat sich beruhigt, es gibt ziemlich viele Schäfchenwolken, aber die Sonne scheint.

Beim nächsten Mal bedenken: viel Obst! Das gipps hier ja bloß in homöopathischen Dosen.

2.6.05 6. Tag, Donnerstag: Bisher nichts Bemerkenswertes passiert. Gut geschlafen, gut gefrühstückt, gut ge... – lass ich mal lieber weg, wegen der zarteren Gemüter.

Schlechtes Wetter, nicht viel Seegang, aber immer wieder Regen. Trotzdem wurde wieder überall gemalt. Der Kapitän erzählte, das sei auf einem Schiff eine Never Ending Story .

Der Koch überschlägt sich mittlerweile bei den Vitaminen. Heute gab es zum üblichen Salat noch Radieschen auf dem Teller mit Fleisch, 3 Scheibchen Kiwi und einen furchtbar rotbackigen Apfel als Nachtisch. Die Sorte kenne ich, außen hart, innen Parfüm. Habe ich nicht genommen. Aus so was werden, glaube ich, die glasierten Äpfel auf dem Jahrmarkt gemacht. Jetzt ist es 13:30, demnächst muss auch der Lotse für Kiel kommen. Bruno hatte gestern den 1. Offizier falsch verstanden und wollte schon ganz früh zu Bett gehen, weil er meinte, er müsse um zwei Uhr nachts aufstehen, um den Kanal zu sehen.

Um 14:30 ging es dann los, von der Schleuse in Kiel in den Nord-Ostsee-Kanal, wir brauchen 7,5 Stunden, bis wir durch sind, sagte der Kapitän. Vorher haben Bruno und Giovanni und einer der Ingenieure noch wie wild ein U-Boot fotografiert, das den Kieler Hafen verließ. Man sah nur noch zwei Rohre und ein bisschen vom Deck. Irgendwie konnte ich mich dafür nicht begeistern.

Es sind zwei »pilots« an Bord, einer geht in Rendsburg an Land, der andere in Brunsbüttel. Und für die Fahrt nach Bremerhaven brauchen wir dann einen neuen. Im letzten Jahr, so der Kapitän, habe es zwei Zusammenstöße im Kanal gegeben. Und wenn so was passiert, wird immer erst gefragt: Warum hast du keinen Lotsen gehabt? Er selbst gehe so ein Risiko nicht ein, aber viele Kapitäne tun es, um der Reederei Geld sparen zu helfen. Vermutlich kriegen sie auch was davon ab...

Fast 16 Uhr. Sehr diesig, man sieht kaum das Schiff, das vor uns fährt (Holländer). Bruno und ich sind bis zum

Bug gegangen, wo man durch einige Bullaugen gucken kann. Da hatten wir den Segel-Effekt, d.h. die Motoren waren nicht mehr zu hören und wir glitten einfach so dahin.

Abends. Bin sehr müde, sind noch vor Rendsburg. Der Koch erzählte eine lange Geschichte über die Eigentümer/Reeder des Schiffes, von denen einige wohl in der nächsten Woche kommen wollen. Die gäben nie etwas für die Besatzung aus, noch nicht mal einen Kasten Bier. Ich nehme an, er wollte uns darauf hinweisen, dass wir uns nicht so schäbig zeigen sollten. Werden wir natürlich nicht.

Morgen mal mit dem Master (Kapitän) sprechen, was angemessen ist. Der Koch hat von uns schon reichlich Geld bekommen. Einen Steward gibt es nicht.

Wahrscheinlich brauchen wir länger für die Durchfahrt, denn wir mussten mehrmals stoppen, weil große Schiffe uns entgegenkamen, u.a. ein Musikdampfer (Luxusliner) »Regatta«, die Leute winkten uns zu wie blöd, fanden es wohl merkwürdig, dass da Leute auf einem Containerschiff stehen und offensichtlich nicht zur Besatzung gehören. Die Vorfahrtsregeln im Nord-Ostsee-Kanal sind mir noch ein Rätsel.

3.6.05 7. Tag, Freitag: »Mahlzeit«, sagt hier jeder, und gestern fragte mich der Koch, was das eigentlich bedeutet. »Meal«, antwortete ich, da kriegte er sich nicht mehr ein vor Lachen. Unten im Mannschaftsraum hängt eine Karte: »Radwanderwege in Deutschland«. Darauf ist auch der Kanal zu erkennen, Brunsbüttel, Cuxhaven und Bremerhaven, wo wir heute morgen kurz vor fünf angelegt haben. Bin dann auch um fünf Uhr aufgestanden, weil die Schiffsgeräusche fehlten, nur die Belüftung leider nicht, die sich direkt unter meinem Fenster befindet. Brunsbüttel habe ich gestern Abend noch gesehen, grauslich.

Heute ist der letzte Tag an Bord, morgen früh werden

wir mit dem Shuttle abgeholt, dann Taxi und nach Hause. Unterwegs sahen wir das AKW in Brunsbüttel und das von Brokdorf. Da haben wir vor zwanzig Jahren noch demonstriert...

Wetter ist so schön wie zu Beginn der Reise; heute wurden noch Trinkgelder verteilt und spät am Abend hielt dann jemand mit einem Auto vor dem Schiff, daneben standen mehrere der Filipinos und feilschten. Wir dachten zuerst, es gehe um Bier, aber dann hievten sie zwei größere Pakete aufs Schiff, darin waren ein Gerät, das ich nicht identifizieren konnte, und ein anderes, mit dem man offenbar Räder oder Mopeds aufpumpen oder reparieren kann. Das sei auf den Philippinen sehr teuer, erzählten mir die Leute von der Crew. Also gut angelegt, das Trinkgeld. Sie wollten uns einladen in den Seamen's Club, wobei ich zunächst »Siemens-Club« verstand. Ich lehnte aber ab, weil ich mit so vielen *seamen* nicht in einen Club gehen wollte...

Das war das Ende einer schönen Reise!

12.6.05 In Berlin verfolgen die jetzt per Hubschrauber und Infrarot und was weiß ich die »Graffiti-Schmierer«. Berliner Politiker (Name vergessen): »... haben wir nichts dagegen, dass sich Graffiti-Künstler verwirklichen. Aber nur am eigenen Eigentum.« (Radio)

13.6.05 Es ist doch nicht zu fassen: heute habe ich die Heizung angeschmissen. Und in den letzten Tagen, zumindest morgens, hatte ich eine Wollmütze auf dem Kopf.

Nehme neue Tropfen, die mich sehr müde machen, vielleicht kommt daher auch das ständige Frieren.

In der Stadt gewesen bei Douglas, ein paar Produkte von Lancôme gekauft für Aggi, die morgen Geburtstag hat. Die Verkäuferin (heißen die eigentlich immer noch Verkäuferin? Vielleicht Product-Managerin oder was?) war sehr nett, wenn auch bis zur Unkenntlichkeit geschminkt – ohne Rouge undsoweiter würde ich sie wahrscheinlich nicht wieder erkennen, aber ich erkenne ja sowieso keine Leute wieder, selbst wenn ich sie eine halbe Stunde vorher gesehen habe... na ja, jedenfalls habe ich nichts gesagt, als sie mir eine Augenkrem dazu gegeben hat. Was soll ich mit Augenkrem? Ich brauche eine neue Brille.

13.6.05 Fabian R. erzählt vom Ex-Freund seiner Schwester. Der spielte vorm Niedergang des Ostblocks als Siebenbürger Sachse und einziger Goi am jüdischen Theater in Timişoara (Temesvár, Temeschburg). Heute spielt er als Rumäne im deutschen TV stets Türken, wegen des Akzents. Jedenfalls lud er damals irgendwann seine Oma aus der Provinz ein, damit sie sieht, wie das so ist im Theater. Hinterher stellte er ihr den Regisseur vor und das Omchen sagte: »Sie sind also Jude? Na, macht nix. Sie sind auch ein Mensch!«

14.6.05 Wer sagt's denn! Heute mal wieder Sommer. Im Cafe Stenzel draußen gesessen, neben mir zwei Theaterleute, die sich gegenseitig darin überboten, wen sie alles kennen. Tabori und so. Einer der beiden: »Wir haben ein Stück über die Zerstörung des Regenwaldes gemacht. Hat wahnsinnig Spaß gemacht.«

Wobei man überall Spaß haben kann.

17.6.05 Heute rief die Sekretärin von Prof. K. an, bevor ich nach Berlin fuhr (Sommerfete von Rowohlt). Er habe sich die Aufnahmen von meiner Computertomografie angesehen und ich solle bitte am 29. vorbeikommen, weil da einiges nicht in Ordnung sei. Gleich danach habe ich Dr. v. B. angerufen, damit er beim Prof. noch mal nachfragt, worum es eigentlich geht. Dass es sich um die Aorta handelt, ist mir schon klar. Am 29. Juni! Ich kriegte gleich Durchfall. Wie lange will er einen denn noch zittern lassen? Meine größte Angst ist eine nochmalige Operation. Das will ich auf keinen Fall. Wer weiß, wo dann ein Blutgerinnsel landet. Womöglich sitze ich anschließend im Rollstuhl oder was weiß ich. Beim letzten Mal ist es ja noch glimpflich abgegangen, obwohl ich danach lange mit dem Leben gehadert habe. Und mit dem Operateur.

18.6.05 Dr. v. B. hat jetzt den nächsten Dienstag herausgeschlagen.

Samstagnachmittag habe ich Alice angerufen und am Telefon ein bisschen geweint, ich glaube, sie hat es nicht gemerkt. Wir sind dann Kaffeetrinken gegangen.

In Berlin war es sehr schön, konnte es aber nicht richtig genießen. Habe auf der Fete nur wenige Menschen getroffen, die ich kannte. Willi Winkler und Annette, Pia Frankenberg, Kirsten Fuchs. Und Martenstein, den ich natürlich wieder nicht erkannt habe. Ich grübelte lange darüber nach, ob er Ralf Sotscheck oder Dings ist. Fällt mir schon wieder nicht ein; dieser Hamburger Dichter, über den ich mal was geschrieben habe in einem Text über die Frankfurter Buchmesse.

19.6.05 Manchmal wünsche ich mir, dass ich einen Mann und Kinder hätte, damit ich mal so richtig rumjammern kann. Aber bei Kindern darf man nicht rumjammern, wie habe ich das gehasst, wenn meine Mutter es tat, und die hatte jeden Grund dazu, und was den Mann angeht: Der wäre vermutlich älter als ich und hätte auch tausend Wehwehchen, um die ich mich kümmern müsste... und außerdem: Die letzten vierzig Jahre ohne einen, den ich an der Backe gehabt hätte, möchte ich auch nicht missen.

20.6.05 Heute bei Prof. K. Schlechte Nachrichten. Und was tue ich? Komme nach Hause und mache ein Computerspiel. Petra, deren Mutter vor Kurzem gestorben ist mit 63 – ihr Tod war absehbar –, hat ihr letztes

Gespräch mit der Tochter über den »Tatort« geführt. Langsam sickert etwas ein. Gefahr von Nierenversagen und Darmverschluss, weil sich die Membran in der Aorta eventuell vor die Ausgänge der Arterien setzen kann. Neue CT im September und »dann müssen wir uns über eine Operation unterhalten«.

Grundstimmung depressiv, aber den Haushalt mache ich so recht und schlecht. Habe auch eine neue Frachtschiffpassage bestellt, die kann ich ja noch absagen, scheiß aufs Geld. Nun lebe ich schon seit sieben Jahren in dieser Todesgefahr, aber mich daran gewöhnen – das geht nicht so richtig. Trotzdem bin ich noch einigermaßen gefasst. Habe mal wieder Montaigne zum Thema gelesen: »... ist es dieselbe Narrheit darüber zu klagen, dass wir in hundert Jahren nicht mehr leben werden, wie darüber, dass wir vor hundert Jahren noch nicht lebten... nichts kann so arg sein, was nur einmal ist. Schickt es sich, eine so kurze Sache so lange zu fürchten? Langes Leben, kurzes Leben wird durch den Tod ganz einerlei. Denn lang und kurz misst kein Ding, das nicht mehr ist... Die Nützlichkeit des Lebens ist nicht in der Länge, sie ist im Gebrauch...«

Kann ich mich schon mit anfreunden – aber nur, wenn ich guter Laune bin.

21.6.05 Alle Nichten riefen an. Abends mit Stefan Brunn (Journalist) und einem Freund von ihm essen gegangen, Ablenkung, Ablenkung.

24.6.05 Heute Abend Sommerfest bei Willi Winkler. Wieder Ablenkung.

25.6.05 Netter Abend, Spardosenterzett spielte. Die können wirklich was. Wollte erst tanzen, aber dann war da schon eine exaltierte Dame auf dem Parkett, die sich produzierte. Mit Rayk unterhalten, Gerd H., Ulla R. und der Freundin von Wichlaff. Bin kurz nach 12 gegangen. Die meisten Leute kannte ich nicht. Zu Hause saßen Nick und ein Freund im Garten, es waren immer noch 25 Grad. Schlaftablette.

Bekam gestern einen Brief:

»Sehr geehrte Frau Müller, erlaube es mir Sie anzuschreiben, um von Ihnen eine Signatur der beiliegenden Briefkarte zu erbitten. Im Rahmen einer privaten Autogrammsammlung kollektiere ich Unterschriften bekannter und erfolgreicher Schriftstellerinnen und Schriftsteller. Möchte es darum nicht versäumen, Sie sehr geehrte Frau Müller, um eine Unterschrift für meine Sammlung zu ersuchen. Ich würde mich ganz besonders freuen, wenn Sie meinem Wunsche entsprechen könnten. Für Ihre Bemühungen bedanke ich mich vielmals und verbleibe mit allerherzlichsten Grüßen und besten Wünschen Ihr L.P. Anlage: 1 Freiumschlag.«

Ein Bruder im Geiste! Handelt es sich bei Sammlernaturen nicht immer um Leute, die Angst vorm Tod haben?

Dieser hier scheint jedenfalls nie ein Buch von mir gelesen und seinen Brief aus einem Briefsteller genommen zu haben, allerdings aus verschiedenen Briefsorten, wie die Anrede und der Schlusssatz beweisen.

Habe mir was gekocht, hatte noch ein tief gefrorenes Rumpsteak, Salat, Pilze. Als Nachtisch ein Eis beim Italiener. Da saß schon der Mann, der unter Alice wohnt, schrieb immerzu in ein großes liniertes Heft. Da schreibe er Schlager rein, damit er sie nicht vergisst... Gerade fand das Fußballspiel Deutschland-Brasilien statt, die Straßen waren leer, Lokale voll, aber beim Italiener war Ruhe. Auf dem Rückweg Torsten getroffen, der erzählte, dass gerade das Schanzenparkfest lief, dazu eine Demo gegen den Ausverkauf öffentlicher Gebäude und Plätze. Die Polizei wieder mit Riesenaufgebot, Wasserwerfer etc. Die Demonstranten hätten sie nicht in den Schanzenpark hinein und die Parkbesucher nicht hinaus gelassen. Müssen ja wieder prima Führungskräfte gewesen sein. Demonstranten: etwa 300. Polizeiaufgebot: 800 Mann.

26.6.05 Ich kann gar nicht weinen, manchmal bei Telefongesprächen der berühmte Kloß im Hals, aber das ist schnell wieder vorbei. Nachmittags Anruf von Alice, sie war unterwegs zu einem See, anschließend rief ich Andrea an, die aber lernen musste, dann weinte ich, nur kurz, und die Tränen taten sehr weh, weil sie gar nicht rauskommen wollten, dann war das auch wieder vorbei. Ich merkte, dass ich Hunger hatte und schmierte mir ein Salamibrot. Morgens wollte ich eigentlich zum Botanischen Garten, in Altona entschied ich mich anders und fuhr zum Hafen, waren aber entsetzlich viele Leute auf der Fähre, bin zu Fuß zurückgegangen, am Michel vorbei.

29.6.05 Jetzt sieht es wieder ein bisschen anders aus. War bei Dr. v. B., der den Bericht vorliegen hatte. Er hat mich insofern beruhigt: Die Membran, die die Aorta in zwei mehr oder weniger durchblutete Teile spaltet – in das echte und das falsche Lumen –, hat aus beiden Lumina bisher alle Organe bedient. Bei der letzten Computertomografie schien das falsche Lumen aber nicht mehr richtig durchblutet zu sein. Das allerdings könnte auch daran liegen, dass das Kontrastmittel nicht richtig gewirkt hat. Man frage mich nicht, warum sie das nicht gleich wiederholt haben. Ich weiß es nicht. Kann sein, weil eine Computertomografie nicht ungefährlich ist.

Dr. v. B. wird am nächsten Montag noch mal mit dem Dings (womit man Kinder im Mutterleib beguckt, fällt mir mal wieder nicht ein, wie das heißt) nachprüfen, wie weit sie das richtig gesehen haben. Im Fall einer Operation würden sie die Membran *nicht* erneut anlegen – das wäre entweder nicht machbar oder zu aufwendig; statt dessen würden sie ein Fenster in die Membran schneiden, damit das Blut aus dem echten in das falsche Lumen strömen kann. Auch das stand in dem Bericht von Prof. K.

Dr. v. B. meinte, dass Prof. K. mir all die grässlichen

Dinge gesagt hat, weil er sich absichern muss, damit die Patienten ihm hinterher nicht vorwerfen können, warum hast du mich nicht gewarnt usw. Ich denke eher, dass er ein Sadist ist, das habe ich Dr. v. B. auch mitgeteilt, der meinte, das ließe sich fast allen Chirurgen nachsagen, aber immerhin sei eine sichere Hand wichtiger als das, was einer im Kopf hat. Darüber kann man auch streiten. Allerdings denke ich, dass Leute, die andere Menschen aufschneiden, einen Dachschaden haben müssen... aber wer hat das nicht?

Na ja, kleiner Scherz von mir.

Gestern ist Torsten von seinem Hochbett auf Heddas Glastisch gefallen. Soll ein paar Biere zuviel getrunken haben und eins war schlecht. Ambulanz. Doktor. Richtig passiert ist ihm aber nichts. Ist inzwischen wohl zu alt für'n Hochbett.

Juli 2005

1.7.05 Eigentlich müsste ich jetzt ganz erleichtert sein, aber das dauert wohl noch. Heute mit Dr. L., dem Operateur meines Aneurysmas gesprochen, der mich zusätzlich beruhigt hat: So lange ich mich gut fühle, sei alles in Ordnung; irgendwelche Ausfälle kämen schleichend und nicht plötzlich. Damals, gleich nach der Operation, hatten mir die *Titanic*-Junx ein Fax geschickt:

Zuerst ging die Aorta auf
Dann ließ sie's wieder bleim
So wünscht man sich den Rissverlauf
Aus Freude dieser Reim

Am Montag noch bei Lisa gewesen, die mir sagte, sie hätte Brustkrebs, der aber schon operiert sei. Sie ist nach außen hin wie immer, berstend von Leben. Und ihr drekkiges Lachen. Gestern Abend bei der Abschiedsfeier vor der Sommerpause im Polittbüro. Musste mich schon zusammen reißen, als ich Herrchens Frauchen auftreten sah, innig wie selten sonst.

Nachmittags mit Aggi die Bucerius-Ausstellung – Greco, Goya, Velazquez – angeschaut. Sie hat mir Hinweise für die Betrachtung der Bilder gegeben. Nebenan war eine junge Galerie-Führerin dabei, mit Märchenstimme allerlei zu erzählen... Aggi macht ja dasselbe in Kiel, ich denke, sie macht es anders und besser.

Wenn man sich die furchtbaren Rahmen wegdenkt und z.B. einen El Greco ansieht, wirkt er wie ein absolut moderner Maler.

Zum ersten Mal nach fast fünfzig Jahren wieder eine junge Frau gesehen, die auf dem Busbahnhof Altona Kippen sammelte.

2.7.05 Im Rundfunk: »Am Morgen vorgelesen«. Geschichte von Dino Buzatti, »Haus mit sieben Stockwerken«.

Ein Mann wird vom 6. Stockwerk eines Sanatoriums jeweils ein Stockwerk tiefer geschafft, bis er bei den Moribunden ankommt und dann stirbt. Auch nicht besonders erheiternd.

Gestern Abend bei Frauke, furchtbar viel gegessen. Danach versuchten Stefan und sie, eine DVD einzulegen, irgendwas mit Katherine Hepburn. Kriegten die deutsche Übersetzung nicht rein, musste die ganze Zeit lachen.

Eben habe ich Matthias Kremp erreicht, nachdem ich tagelang versucht hatte, Sönke zu erwischen und am Telefon eine weibliche Stimme eine mysteriöse Botschaft übermittelte. Sönke ist in Kiel auf der Intensivstation, Herz, Lunge, Nieren. Liegt im künstlichen Koma und ist nicht ansprechbar, Matthias wird mich auf dem Laufenden halten. Diese ganzen Geschichten machen mich auch nicht froh.

Mittags Antje getroffen, die mich zur Aftermove-Party einlud. Sie hat eine Karte erhalten, wie alle Anwohner des Heiligengeistfelds und kann »für umsonst« auf das »Festgelände«. Vielleicht gehe ich dahin, wird schon n rechter Scheiß sein.

3.7.05 Schlagermuff! Oh Gott!

Ungefähr 200.000 besoffene und übergewichtige Menschen auf dem Heiligengeistfeld. Die meisten im 70er-Jahre-Look, aber ich glaube nicht, dass wir damals Kränze um den Hals trugen à la Hawaii und auch keine Hosen, die erst am Knie anfingen und dann in ungeheurer Breite auf die Füße fielen. Und keine Perücken in Lila und Silber. Schließlich bin ich Zeitzeugin. Ohne Freikarten hätten wir 12 Euro blechen müssen: Fress-, Sauf- und Krachmachbuden, ich konnte die Musik keine zwei Minuten ertragen. »Und jetzt alle: Zickezackehoihoihoi«.

Am Rande pissten Männer in die Büsche. Das Ganze hieß *Schlagermove. Ein Festival der Liebe.* Allüberall massenhaft Security, und wären wir länger geblieben, hätten wir Roberto Blanco und Mary Roos live erleben können.

Am nächsten Tag stand in der *MoPo*, dass die Feuerwehr/Rettungswagen/Polizei insgesamt 250 Einsätze gehabt hat. Das glaube ich gern. Ich habe nachts jedes einzelne Tatü-Tata gehört...

Abends mit Annette telefoniert. Sie geht heute zu einer Frettchen-Versammlung. Scheinen viele Leute in solchen Vereinen zu sein, die haben sogar eine Homepage. Sie freute sich besonders auf den Spaziergang mit Frettchen an der Förde. Leider muss sie was darüber schreiben, und auch noch nett.

5.7.05 Kompliment von Günther Willen aus Oldenburg: »Hab gerade mal wieder Dein Buch ›Das fehlte noch‹ gelesen. Sehr schön. Das liest sich ja wie gute Butter.«

6.7.05 *Bild*-Titelzeile. Klein: »Was haben wir da gemacht«. Groß: **»Komet schießt zurück«**. (Falls einer dies erst in fünfzig Jahren liest – was sag ich, in zwei Monaten: Die NASA hat einen Kometen beschossen, damit sie gucken können, was drinnen ist oder so. Ein paar Millionen oder Milliarden Meilen von der Erde entfernt). Im Radio war natürlich nichts darüber zu hören. Ich hoffte, der Komet würde das Axel-Springer-Hochhaus treffen. Stattdessen hat er aber nur Peter Bönisch getroffen.

7.7.05 **Stracciatella**

Vor der Eisdiele zieht mich ein etwa siebenjähriges Mädchen ins Gespräch und erzählt mir pausenlos Witze. In dem Alter findet man Witze ja noch gut, auch wenn man sie nicht richtig wiedergeben kann. Beispielsweise: »Weißt du, was ein schwuler Adler abends macht?« Ich weiß es nicht. »Der geht zu sich nach Hause!« – »Ach ja?« – »Zu sein Horst«, erläutert sie und erhebt sich, um ihr Geld zu zählen. Es reicht noch. Sie mustert die verschiedenen Eissorten und sagt zum italienischen Eismann: »Ich will eima Orange und zweima Schukkelade und eima Schwarzer Teller«.

Ich bin etwas irritiert, aber der Eismann nicht. Ungerührt füllt er einmal Orange, zweimal Schokolade und einmal – na ja, Sie wissen schon – in eine Tüte. Scheint ihm nicht zum ersten Mal passiert zu sein.

(für *Titanic*)

8.7.05 Annette fand die Frettchen richtig niedlich, sind so eine Art Kind-Ersatz, nämlich sehr schmusig, schlafen zwei Drittel des Tages und machen in der übrigen Zeit nur Scheiß, z.B. Handysverschleppen. Ihr könnte man mit so einem Tier allerdings keine Freude machen, da sie schon ein Kind hat. Den Frettchentreff machen diese Leute übrigens nicht, um *sich* zu treffen, sondern weil die *Frettchen* sich treffen sollen! Sie fragte sich, wie die Leute ihr eigenes Tier aus dem Knäuel von 35 Frettchen, die in einem Gehege herumtoben, ausfindig machen konnten. Konnten sie aber.

Früher wurden Frettchen zur Kaninchenjagd eingesetzt, mussten aber einen Maulkorb tragen, weil sie sonst die Karnickel, die sie in ihrem Bau aufstöberten, gleich gefressen hätten. Und wenn ein Frettchen gefressen hat, legt es sich sofort hin und pennt ein. Ganz egal wo. Die Frettchenbesitzer erzählten, dass sie unter Sofakissen gucken und alle Rohre schütteln müssen, um ihr Tier wieder zu finden, wenn es erst mal eingeschlafen ist. Die sind auch imstande und machen Reißverschlüsse von Taschen auf, um nachzugucken, ob da was zu essen drin ist.

Annette hat eine Frettchenwohnung besichtigt, alles riecht umwerfend und die ganze Wohnung ist aufs Tier eingestellt: Beißbäume undsoweiter. Sie machen auch viel Stress, und die Besitzer sind oft so weit, dass sie »Jetzt kommst du aber auf den Grill!« ausrufen. Aber im Großen und Ganzen lieben sie die. Menschen, die Frettchen haben, sind nicht ganz dicht. Sagen sie selber.

10.7.05 Gestern also die satirische Lesung. Waren z.T. Anfänger, einer allerdings war sehr gut, las Gedichte vor über Herrn »Kwapp« (oder so), war ein Schauspiellehrling und hatte wohl schon öfter was veröffentlicht. Ein junger Andreas (mochte auch schon 30 sein) las sehr konventionelle Geschichten, wollte wohl die Welt verändern, nehme ich an, dem habe ich gesagt, dass er ruhig mal draufhauen solle, aber er hat es nicht richtig verstanden, sagte, er wolle nicht bösartig werden. Dabei meinte ich nur, dass er mal einige ungewöhnliche Ausdrücke in den Text nehmen sollte. Und eine junge Frau erzählte von einem Ruderclubball, den sie besucht hatte, aber ich fand, sie hatte sich nicht richtig darein begeben, schrieb von einer »höheren« Warte aus, wie doof da nämlich alle waren und sie mehr oder weniger die einzige Vernünftige. So geht Satire nicht... Anfangs trat ein 75jähriger auf (nichts gegen 75jährige, siehe Chotjewitz), wahrscheinlich ein alter DKPler, der erst einigen Quatsch erzählte und dann ein Gedicht über die Elbe, die verschmutzte, vorsang. Und dass wir alle für eine bessere Welt einstehen sollten. Tja, stimmt, aber wie und was und womit? Und vor allem: mit wem? Der kriegte den meisten Beifall.

Die 20 Leute dort, die an sich ganz vernünftig aussahen, haben an Stellen gelacht – na, das kennt man ja. Wenn die mal »Arschloch« oder was über Onanie hörten, gab es verstecktes Gelächter und man drehte sich um, ob die anderen das auch mitgekriegt hatten.

11.7.05 Nachmittags begegnet mir eine Frau im Rollstuhl, geschoben von einer jungen Pflegerin. Die Rollstuhlfrau: »Sehn Sie das Restaurant da? Das gibt es schon lange. Wie ich mal vor... weiß nicht, wie lange das her ist, da sind wir nach Blankenese raus, ich, meine Freundin, mein Mann und mein Mann...« Den Rest der Geschichte kriege ich nicht mehr mit.

Kurz vor 9 Uhr abends gab es wieder Schüsse vom Bunker her. Ich blieb auf dem Sofa sitzen, über so was habe ich schon mal geschrieben. Da das Fernsehen nicht auftauchte, war es wohl nicht weiter schlimm. Zwei Bullenwagen parkten über längere Zeit auf der Straße und einige Polizisten in ihrer schicken neuen Cop-Uniform schwärmten aus, um Leute zu fangen. Da guckte ich doch mal raus. Durch das offene Fenster hörte ich einen der älteren Punks später zur Ordnungsmacht sagen: »Was? Ich soll den geschlagen haben? Was sollte ich denn machen – der hatte doch'n Messer.«

12.7.05 Die Sonne scheint den Bunkerbewohnern aufs Gemüt zu schlagen. Eben um 11 Uhr stand ich mit Gunter Gerlach neben dem Lidl, um ihm zu erzählen, was er gestern Abend verpasst hatte, als ein junger Punk zwei ältere Frauen mit einem Sprung anrempelte, und zwar absichtlich. Danach wechselten sie Reden wie: »Ich hol die Bullen, Arschloch« und »Halt die Fresse, Votze«.

14.7. 05 Habe meine früheren Italienerlebnisse (von 2003) an die *taz* gegeben:

Nothing happened

Als zu Beginn der Sommerferien im Haus rechts, von meinem Küchenbalkon aus gesehen, ein Gerüst aufgebaut wurde, und ich wegen der Hitze meine Nachbarn von einer ganz neuen Seite kennen lernte, nämlich von der Unterhosenseite, und *Bild* mich auch nicht mehr so richtig zum Lachen brachte (»Alice Coopers Python fraß Heizdecke«, »Krebskranke Hausfrau gewinnt 30 Millionen im Lotto«), da wusste ich: Herr, es ist hohe Zeit, nach Italien zu gehen. Und da ging ich dann auch hin, also eigentlich flog ich.

Ich war bei Bekannten zu Besuch, einem Briten und seiner italienischen Freundin. Die zofften sich die ganze Zeit, aber zum Glück auf Italienisch, so dass ich nichts verstehen konnte. Hervorragend sind ja immer diese Beziehungsdramen in fremden Sprachen: man ist dabei so unbelastet!

Wenn sie beispielsweise morgens im Bett lagen – so erzählte Mara –, stand er plötzlich auf, um sich eine schöne Tasse starken Tee aufzubrühen. Mara schrie los, was er sich eigentlich denke, da liege sie, eine heißblütige Italienerin, und er wisse nichts Besseres, als sich um seinen blöden Tee zu kümmern.

Um die ganze Sache ein bisschen zu entschärfen, fragte ich sie eines Abends, wie sie sich denn kennen gelernt hätten – wir verständigten uns auf Englisch. Mara informierte mich bereitwillig: Freunde von ihr hatten sie zusammengebracht, aber als sie Malcolm zum ersten Mal sah (»Glatze und so«), dachte sie »Ach du lieber Gott«. –

»Nothing happened«, warf Malcolm ein. »Natürlich nicht!«, schrie Mara. Beim nächsten Mal sah sie ihn schon in einem anderen Licht, immerhin ist er auf seine englische Art ganz charmant und außerdem sind beide schon über fünfzig. »Nothing happened«, sagte Malcolm. »My God!« schrie Mara. Dann trafen sie sich auf einem Frauenfest im Zuge des Palio in Siena, und als er sich aufmachte, um sein Flugzeug nach London zu kriegen, drückte er ihr einen keuschen Kuss auf die Stirn. Da stand Mara schon in Flammen. »Nothing happened«, versicherte Malcolm. »Shut up!«, schrie Mara.

Nach seinem Abflug wechselten sie diverse SMS, bis es Mara zu bunt wurde. Sie rief ihn an und sagte, dass sie ja beide schon etwas älter seien und sich solche Scherze sparen könnten und morgen würde sie nach London fliegen. Da kriegte er Muffensausen, und als sie in London ankam, hatte er das Haus voller Gäste. Endlich, abends um sieben Uhr, gingen dann alle nach Hause und Malcolm sagte, jetzt müssten sie aber los, denn sie seien beide zu einer Party in Oxford eingeladen. Irgendwie scheint es ja nicht einfach zu sein, einen Briten flach zu legen.

Mara sah ihn jetzt drohend an, aber er verschluckte sein »Nothing happened«.

Wie ja jede Frau weiß, findet Erotik nicht im Bett statt, sondern im Kopf.

Als ich nach Hause zurückkam, hatten sie das Gerüst abgebaut und auf der linken Seite, von meinem Balkon aus gesehen, wieder aufgebaut.

Bild titelte: »Thai-Hure schlägt deutschen Sex-Touristen zusammen«. Da wusste ich, es ist hohe Zeit, nach Mecklenburg-Vorpommern zu gehen. Das tat ich denn auch, dort habe ich eine andere Bekannte, die eine Datsche hat. Ist doch prima, dass man jetzt in einem Alter ist, wo man Freunde hat, die inzwischen überall Häuser besitzen.

14.7.05 Bin bis gerade eben im Eiscafé gesessen, wo ich wieder Alicens Untermieter traf, der sich prima im Viertel auskennt. Z.B. die drei alten Damen, die das Kaffee- und Pralinengeschäft führen. Zwei davon sind Schwestern und 1945 aus Ostpreußen geflüchtet. Unterwegs haben sie die dritte aufgelesen, die früher ihr Kindermädchen war. Heute ist sie die dritte Kraft im Laden, muss schon etwa 80 sein.

15.7.05 Am Schulterblatt einen ungefähr 17-jährigen erlebt, am Handy: »Ey Digger, was geht?« Vorgestern sah ich eine Frau in der U-Bahn mit einer Bluse, auf der aberhundertfach das Wort *Sorry* stand. Wer denkt sich so was aus? Warum? Und warum kauft das jemand? Ist das eine Botschaft an uns alle?

17.7.05 Geburtstag. Doch etwas melancholisch, früh aufgestanden und zum Hafen gegangen. Wetter durchmischt, auch Sonne zwischendurch, mit der Fähre in Richtung Finkenwerder, in Neumühlen ausgestiegen und einen Kaffee getrunken. Auf dem Rückweg von den Landungsbrücken mit dem Bus zur Glacischaussee, wo Tausende von Harleys röhrten, zum größten Teil ältere Jungs mit langen Haaren und Bärten. Sahen immer noch so aus wie vor 100 Jahren. Es sollte dann gleich ein Konvoi losgehen, da machte ich mich schleunigst auf den Heimweg.

Wollte mit Alice und Andrea essen gehen, jetzt ruft Andrea an, sie hat den Durchfall von dem Kleinen geerbt, wird also nix.

22.7.05 Sonnabend große Fete im Garten hinten mit 2 Jungs + Klampfe + selbst gemachten »songs«. Refrains abwechselnd: »Lass mich los« und »halt mich fest«. So ist es. Kaum lässt man sie los, wollen sie festgehalten werden, kaum hält man sie fest, sind sie wie losgelassen. Und ahnen noch nicht mal, warum. Ich weiß es. Der Grund ist ein Kinderlied, welches sie verdrängt haben müssen: »Go von mi, go von mi, ick mach di ni sehn, kumm to mi, kumm to mi, ick bin so alleen – fiderallalala – fiderallalala ...«

23.7.05 Zwei Obdachlose mit festem Wohnsitz sitzen auf der Bank vor meinem Haus und reden miteinander. Ich schließe mein Fahrrad ganz langsam an, damit ich zuhören kann.

Der erste: Neue Menschen will ich überhaupt nicht kennen lernen. Das bringt nix. Ich kenn sowieso schon zu viele.

Genau, sagt der andere.

Und, setzt der erste wieder ein, neue Frauen will ich auch nicht kennen lernen. Die muss man ja erst kennen lernen und dann mit denen reden und dann versteht man sie nicht. Die Frauen, die ich kenne, verstehe ich aber auch nicht.

So isses, sagt der andere.

Und Frisöre!, sagt wieder der erste, da will ich auch keinen neuen, das dauert immer ewig, bis man dem Neuen alles erklärt hat...

Ich habe mein Fahrrad jetzt definitiv abgeschlossen und betrete das Haus.

Irgendwie sah der erste aus, als wäre sein Frisör tot.

August 2005

2.8.05 Eine Woche bei Jeanette gewesen. Angelina, die Nachbarstochter, kam eines Tages mit Sack und Pack bei Jeanette an. Ihr Vater, besoffen, hat ihr eine Viertelstunde gegeben, um das Haus zu verlassen. Sie konnte über Stunden nicht sprechen und stand unter Schock. Am nächsten Morgen hat er gleich bei der Sozialstelle angerufen, seine Tochter wäre abgehauen. Als Jeanette mit der zuständigen Sozialtante sprach, wusste die schon alles besser. Der Vater hatte anscheinend einen günstigen Eindruck hinterlassen und sie wollte J. nicht glauben. Das Kind sei jetzt ja bei seinem langjährigen Freund (den kannte Angelina maximal 6 Wochen) und alles sei in Butter...

Wenn die Eltern ihren Kindern so aufwendige Namen geben, ist die Elternliebe damit vermutlich bereits erschöpft.

13.8.05 Gestern um halb zwölf, nachts, großes Gelärme auf dem Balkon gegenüber. Zwei junge Mädchen, etwa 16 Jahre alt, waren mit dem Handy zugange. »Torben, du Schwein, erst sagst du mir, wir wären noch zusammen und dann fängst du dir was mit meiner besten Freundin Britta an. Ich war immer offen und ehrlich zu dir, auch was meine Gefühle betrifft...« Zum Schluss schrie sie, während *Britta*, die neben ihr stand, schluchzte.

Gespräche, astrein aus den Vorabendserien abgekupfert.

Dann wurde es einem der semi-proletarischen Nachbarn zuviel. Er brüllte: »Könnt ihr ma die Fresse halten? – Danke!«

15.8.05 Heike hier, hat mit ihrer Blackund-Decker einige Dübel in die Wände gehauen. Schließlich kam auch noch Lisa vorbei. Heike hatten sie am Morgen auf dem Fischmarkt Geld aus ihrer Jackentasche geklaut. Ich sagte ihr, dass sie das besser in ihrem Schlüpfer hätte verstecken sollen, worauf Lisa wie aus der Pistole geschossen sagte: »Also, wenn mir da einer reingreift, das würde ich überhaupt nicht merken. Wenn ich *eine* unempfindliche Stelle habe, dann da...«

16.8.05 Heute Schanzen-Fest. In einer Flohmarktkiste finde ich eine alte »Frau K.«, noch in gelb, die ein gewisser Chris einer gewissen Lena gewidmet hat, und zwar 1995. Inzwischen hat sie ihn wohl aus ihrem Leben verbannt und seine Geschenke auch. »Einen Euro«, sagt die Verkäuferin, wirft dann noch einen Blick auf das Buch und meint: »Achso – ein Kinderbuch – 50 Cent.« Ich habe nichts dazu gesagt.

17.8.05 Komme gerade nach Hause, auf dem Weg vom Pferdemarkt zum Lidl ein einschneidendes Erlebnis: Aus der Notfallpraxis Stresemannstraße kommen drei Damen, milieugerecht designed, und eine sagt mit superheiserer Stimme: »Gehn wir jetzt noch was trinken oder was?« Muss 'n echter Notfall gewesen sein.

23.8.05 Das Schiff heißt »Bianca Rambow«, die deutsche Antwort auf Silvester Stallone. Dazu Annette: »Na, dann alles Gute auf der Bianca Rambo. Oder war es Cindy Chantal Stallone?«

Gestern Abend an Bord gegangen, am Burchard-Kai, der Mann am Zoll unterhielt mich mit seinen politischen Meinungen. Die Amerikaner: alles scheiße und was dann noch alles auf uns zukommt, besonders der Asteroid, der auf die Erde zurast (angeblich erst 2029). Dass mir das ziemlich egal ist, sagte ich nicht, man muss ja auch an die nachfolgende Generation denken... Nosferatu hätte das auch schon vorhergesagt – er meinte Nostradamus –, wie das wohl angehen könne, dass das einer schon vor 400 Jahren gewusst hat. Ich wusste es auch nicht.

Auf dem Schiff: Heute Morgen weitergefahren zum Terminal Tollerort. Bin mal wieder um halber sechse aufgestanden. Meine beiden Schweizer von der vorigen Fahrt vermisse ich schmerzlich.

Ach du liebe Zeit! Der neue Passagier, Herr B: »Sach ich zu meiner Gattin, Elfriede, sach ich...« Erinnere mich sofort an Herrn Wieland, den Schwiegersohn des Molkereibesitzers in dem ersten Dorf, in dem wir nach dem Krieg Unterschlupf fanden; wie der sich bei meinen Eltern vorstellte: »Mein Name ist Herr Wieland...«

Die Gattin ist glücklicherweise nicht mitgekommen. Vielleicht wäre das aber besser gewesen, weil sie ihn von mir abgelenkt hätte. Ich habe so ziemlich alle Einzelheiten über seine und ihre Essgewohnheiten und über seine zahlreichen Reisen nach Südamerika oder was weiß ich gehört. Ein intellektuelles Highlight wird diese Fahrt nicht.

Wir sind immer noch in Hamburg, inzwischen am HHLA-Kai, strahlendes Wetter, nachdem es gestern eher herbstlich zuging; die Elbe dunkelblau mit einem Stich Anthrazit.

Herr B. »diente« übrigens früher bei der Deutschen Bank (»Ich war Bänker«), in der Verwaltung. Seit sich jeder Portokassenjüngling bei der Sparkasse »Bänker« schimpft, wundert mich das nicht mehr. Mit »Gattin« undsoweiter konnte er wohl auch keinen Stich kriegen. Die Gattin war Altenpflegerin. Jetzt haben sie seit 11 Jahren eine Eigentumswohnung in Blankenese, die ist aber schon seit 6 Jahren abbezahlt, erfahre ich.

Herr B. politisiert gerne, ich aber nicht. Meistens muss man bei solchen Leuten mit Adam und Eva anfangen und dazu ist mir die Fahrt zu schade. Ich habe es mir seit langem abgewöhnt, Drittes Programm zu machen. »Die Welt ist schlecht, Frau Müller, aber wir können daran auch nichts ändern«, sagte er zum Abschluss des Abendessens. Ich nickte. Oh Gott! Allerdings konnte er ein Glitzern in seinen Augen nicht verbergen, als er mir vom Restaurant am Süllberg erzählte, wo im Juni junge Leute den Saal gestürmt und das Büfett geräumt hatten. »Das ist ja eigentlich unanständig«, glaubte er bemerken zu müssen, aber ich sagte, dass ich das völlig o.k. finde.

24.8.05 Zum Frühstück gab es doch tatsächlich Toast Hawaii! Dass ich so was noch mal erleben darf! Danach hätte ich ja den ganzen Tag kotzen müssen, aber ich habe keinen genommen.

Die See ist ruhig, wir sind gestern bzw. heute Morgen

gegen halb eins in Kiel losgefahren und lassen gerade die Insel Rügen hinter uns. Bin zweimal um das Schiff gejoggt, vorne ist es herrlich, man hört keine Maschine mehr und nichts! Gegen 14 Uhr wurde das Wetter bildschön, überall Sonne, und jetzt, um halb sieben, ist bald der Sonnenuntergang zu erwarten. Das Schiff wurde den ganzen Tag von oben bis unten geschrubbt, wieder die Never Ending Story.

Mit Herrn B. wird es eine echte Plage, er lässt einen nur in Ruhe, wenn man vorgibt zu lesen. Die Themen von heute: seine verschiedenen Frachtschifferlebnisse, insbesondere ein Vergleich der Kapitäne; der Roman »Der stille Don«, den er als einzigen russischen Roman gelesen hatte (Dostojewskij und Tolstoi kannte er nicht) – d.h. ist der »stille Don« überhaupt von einem Russen geschrieben worden? –, jedenfalls sagten ihm die russischen Namen irgendwie nicht zu; die Krankheiten seiner Gattin, seine eigene (Rheuma), und die von Bekannten; seine Gymnastik, die er mir auch vormachte. Und die russische Revolution, wo ja die Kulaken die Bauern gepiesackt hätten, und Trotzki, der in Mexiko ermordet wurde. Das alles in einer Form, als müsste er mir was ganz Neues erzählen. Interessiert sich nicht die Bohne dafür, was *ich* vielleicht weiß... aber das ist bei den Herren ja nichts Neues. Seine Lieblingszeitungen sind übrigens das *Hamburger Abendblatt* und die *Apotheken-Umschau*, aus denen er hauptsächlich seine Weisheiten bezieht.

Ich denke, dass ich als einzige Passagierin besser gefahren wäre. Muss mich auf dem Schiff immer umgukken, ob er nicht irgendwo lauert. Er ist bloß 4 Jahre älter als ich, aber ich bin immer versucht, ihn in meine Väter- oder sogar Großvätergeneration einzuordnen. Giovanni von der letzten Fahrt kam mir jünger vor, und der ist 80 Jahre alt. Früher dachte man ja immer, wenn unsereins in die Altersheime kommt, spielen sie dort die Beatles und lesen den *Roten Morgen* oder was. Ich fürchte, es bleibt bei den deutschen Schlagern und der *Bild*-Zeitung.

25.8.05 Abends um 18 Uhr Barbecue mit Unmengen von Fleisch und fettem Fisch, dazu Kartoffelsalat, Pommes und eine nicht sehr große Schüssel mit Salat. Als ich davon nahm, sagte der Kapitän: »Na, was zum schlank bleiben...«, war aber *nicht* nett gemeint. Der Chief meinte, dass Fleisch immer noch das beste Gemüse sei. Sein Bauch sieht dementsprechend aus.

Um 20 Uhr haben wir geankert, die Maschinen sind abgestellt. Um uns herum etwa zwei Dutzend Schiffe, wohl alles Containerschiffe, in jeder Farbe und Größe, die auch auf Reede liegen. Ein schöner Anblick: Wir sind quasi noch auf dem offenen Meer, zarter blauer Himmel, dunkler werdend, und ein paar rosa Wölkchen. Die Schiffe fast alle in voller Festbeleuchtung, orange bis grellweiß.

26.8.05 Gestern Abend sagte der Kapitän, als ich zum Barbecue runterkam und dazu eine scheußliche Musik gespielt wurde: »Tja, wir sind hier nicht in einem Seniorenheim«, was an sich schon eine Frechheit ist.

Eben fragt mich Herr B. doch tatsächlich, wie das ist, wenn man eine Geschichte schreibt (hatte ihm gesagt, dass ich Schriftstellerin bin), ob man dann immer weiter schreibt, oder auch mal ne Pause macht. Gerade wollte ich zu einer Erklärung anheben, da unterbricht er mich. Dass Herr Schmidt und Herr Apel ja auch ihre Lebenserinnerungen schreiben und viel Geld damit verdienen... usw., danach folgten lange und langweilige Geschichten, wie nämlich ein Hund ihn und die Gattin angefallen hat, dann dasselbe mit einem anderen Hund und anderen beteiligten Personen – etwa fünf solcher Hundegeschichten –, danach ein nahtloser Übergang zur Geschichte der deutschen Sozialdemokratie, nicht ganz einwandfrei, die historischen Fakten betreffend, schließlich in einem Atemzug der Werdegang der Deutschen Bank samt momentanen Aufsichtsratsvorsitzenden...

28.8.05 Gestern den ganzen Tag mit Herrn B. in St. Petersburg... Oje.

Morgens um 9 Uhr konnten wir losgehen, weil dann die Polizei mit unseren Papieren fertig war. Wir mussten tatsächlich *gehen*, lagen nämlich eine halbe Stunde von der Zollstelle entfernt, und latschten also durch den Containerhafen, weil es hier keine Shuttles (Herr B.: »Schöttels«) gibt. Nicht ganz ungefährlich, wenn überall diese Kräne unterwegs sind und man aufpassen muss, dass sie einen nicht über den Haufen fahren.

An der Zollstelle wurden wir erneut überprüft und dann waren wir draußen, im Gestank von Hunderten von Lastwagen, die hier offensichtlich die Container herbringen. Die Zolltante versuchte, uns ein Taxi zu bestellen, aber das ging nicht. Endlich kam ich mit einem älteren Russen ins Gespräch, der ein wenig Deutsch konnte, und der bot uns an, mit einem Kollegen von ihm in die Stadt zu fahren. Er selbst arbeitete auch im Hafen. Der Kollege setzte uns an einer Metro ab und der Russe holte uns Tickets (10 Rubel, sind etwa 32 Cent), die wir in eine Schranke stecken mussten wie in New York. Umsteigen konnte man, so oft man wollte. Dann führte er uns auf dem Newskij Prospekt – die Prachtstrasse St. Petersburgs – in eine Wechselstelle, wo ich für 50 Euro einen Betrag von 1700 Rubel bekam. Da er noch zwei Stunden Zeit hatte, führte er uns durch die Strassen zur Newa hinunter. Überall prächtige Paläste, wenn auch mit dem Charme Ostdeutschlands kurz nach der Wende, nicht top in Form und Farbe gebracht, was ich aber sehr schön fand. In den Außenbezirken sieht es schlimmer aus, alles sehr verwahrlost und z.T. nicht mehr bewohnbar. Nachdem ich dem Russen 10 Euro »für seinen Enkel« in die Hand gedrückt hatte, denn er wollte nichts haben – »Ihr seid unsere Gäste » –, schleppte ich Herrn B. in die Eremitage. Der Russe sagte mir noch, dass er etwa 100 Dollar Rente kriegen würde, wenn er jetzt aufhören würde zu arbeiten. Er ist 60 Jahre alt.

Dann zogen wir fast 2½ Stunden fast besinnungslos, jedenfalls ich, durch die Säle. Tatsächlich haben wir nur das 1. Stockwerk »gemacht«, weil ich Leonardo sehen wollte und einige Franzosen und Holländer. Herr B. sagte hinterher, er habe es sehr genossen, von allein wäre er nicht da rein gegangen. Allerdings beeindruckten ihn in erster Linie das viele Gold und die Rokoko-Einrichtungen, die mir nicht besonders zusagten. Es war einfach zu viel. Man braucht Monate, Jahre, um auch nur einen Überblick zu kriegen. Allein die Jordantreppe kann einen schon den ganzen Tag beschäftigen.

Draußen an der Newa wuselten bestimmt etwa zehn Hochzeitsgesellschaften mit wirklich sehr gut aussehenden Bräuten in geschmackvollen Kleidern herum, einige waren mit diesen überlangen Autos vorgefahren, fällt mir nicht ein, wie die noch heißen. Die Freunde des Bräutigams und die Freundinnen der Braut trugen weiße Schärpen quer über der Brust. Ich wäre gerne noch dageblieben und hätte mir all die Leute angeguckt, tatsächlich warf eine Braut ein Sektglas hinter sich, das zerschellte am Ufer. Aber Herr B. war an den Festungen und Palästen interessiert und drängte mich vorwärts. Da sieht man mal wieder den Unterschied...

Gegen Abend fuhren wir mit dem Taxi zurück, der Fahrer konnte ein bisschen Englisch. Leider fuhr er uns zum falschen Terminal. Mit einigem Hin und Her und der Hilfe von anderen Taxifahrern kriegte ich es hin, dass wir zum richtigen Terminal gelangten. Herr B. hinterher: »Das war sehr gut, dass Sie mit waren, besonders wegen Ihres guten Englisches.« Nun ja.

28.8.05 11 Uhr. Gerade haben wir den Platz gewechselt, es gab einige Schwierigkeiten beim Anlegen. Wir liegen direkt hinter zwei Kreuzfahrtschiffen, der »Norwegian Jewel«, die von Amis gechartert worden ist, und der »Star Princess«, die unter der britischen Flagge läuft. Beide sind laut Herrn B. in Papenburg gebaut worden. So richtig schön sehen die allerdings nicht aus, im Grunde sehen die richtig scheiße aus; es geht ja nichts über die alten Segelschiffe. Auf diesen Charter-Schiffen müssen Hunderte oder Tausende von Passagieren drauf sein; die meisten sind wohl in der Stadt, vormittags fuhren an die 100 Schöttelbusse vor.

Heute Abend ausgelaufen, da sahen die Musikdampfer tatsächlich schön aus mit all ihren Lampen; es dauerte vier Stunden, bis wir wieder die Reede erreichten.

29.8.05 Kann kaum schreiben, da wir Windstärke 7-8 haben.

30.8.05 Wieder schönes Wetter, aber ich habe mich entschlossen, in Kiel von Bord zu gehen. Ich halte Herrn B. einfach nicht mehr aus. Die beiden Nichten holen mich ab, dann bleibe ich einen Tag dort. Herr B. machte noch eine Aufnahme von mir (er hatte, glaube ich, einen Film mit 16 Fotos oder so dabei und fotografierte immer sehr sparsam). Nicht etwa, um sie mir zu schicken, sondern damit er seiner Gattin zeigen konnte, mit wem er da unterwegs gewesen war. Diese Fahrt war jetzt nicht so der Hit, besonders der Kapitän konnte mich nicht leiden, was auf Gegenseitigkeit beruhte, aber man kann ja nicht überall und immerzu Glück haben. St. Petersburg muss ich unbedingt noch einmal sehen, aber nicht per Schiff, sondern mit dem Flugzeug.

September 2005

4.9.05 Heute mit Andrea II und Matthias Sönke besucht. Ist in einer Reha-Klinik an der Ostsee und es geht ihm wieder gut, auch wenn er noch nicht sehr weit laufen kann. Macht Scherze wie eh und je.

13.9.05 Im Garten ist ja dieser riesige Birnbaum, der besonders im letzten und vorletzten Jahr brechend voll mit (im übrigen ungenießbaren) Birnen hing. Man durfte sich nicht im Garten aufhalten, als die Reifezeit kam. Nachts (ich schlief da meist noch in dem kleinen Zimmer) wurde man von dumpfen Schlägen geweckt. Am Morgen war der Garten mit Birnenleichen bedeckt, also widerlichen breiten Haufen von Birnenmus. Sah wie außerirdische Kacke aus, ehrlich.

14.9.05 Hedda erzählte, dass sie früher immer glaubte, es heiße »Hedwig-Holstein«, weil ihre Mutter Hedwig hieß. Hab diese Information gleich an Axel Hakke gemailt.

15.9.05 Am Abend rief Prof. K. höchstderoselbst bei mir an. Ich solle mir keine Sorgen mehr machen, mit meinem CT sei alles in Ordnung. Vor drei Monaten hat er mir was anderes erzählt. Wenn ich nicht noch andere Ärzte konsultiert hätte, dann hätte ich mir allerdings Sorgen gemacht... und warum er nicht gleich eine Kontrolluntersuchung angeordnet hat, weiß ich auch nicht. Die Wege des Herrn Professor sind unerforschlich.

16.9.05 Gestern Nacht ist F.K. Waechter gestorben. Ich kannte ihn nur sehr flüchtig, habe ihn mal auf einer *Titanic*-Fete getroffen, habe ihn aber immer verehrt, und war sehr traurig, als ich von seinem Tod hörte. Dazu schrieb mir Florian:

»Mein Gott, der F.K. Waechter ist tot. Vor fünf Jahren war er mal in Regensburg. Haben sie ihm tatsächlich eine Ausstellung ausgerichtet, in der Ostdeutschen Galerie (vor Jahrzehnten in revanchistischer Absicht begründet, nur haben sie damals nicht bedacht, dass es eben auch Leute wie den Waechter gibt, die in Danzig geboren sind).

Unsere geliebte Heimatzeitung hat damals geschrieben:

›Eine schrille Mischung aus banalem und brutalem, wobei die überbordende Komik ausgereizt wird bis an alle Geschmacksgrenzen.‹

Tja, mustergültig formuliert für so eine treue Heimatzeitung: Lieber Bürger, bleibe dieser Ausstellung tunlichst fern!

Ich seh ihn noch vor mir, wie er mir geduldig mindestens drei Bücher signiert hat. Der einzige alt gewordene 68er, bei dem die langen Haare kein Zopf waren, der nach der Schere schreit. Mein Gott, was hab ich von dem Bücher verschenkt. Und die meisten Beschenkten haben dann immer so gequält gelächelt. Ewig schad um den. Was denkst, wie lustig das erst geworden wär, wenn der 80 geworden wär.«

War den ganzen Tag in depressiver Stimmung.

19.9.05 Wahl. Das Einzige, was mich ärgert: Dass die Mandatsbeschaffungspartei so viele Stimmen gekriegt hat. In den letzten Wochen druckte die *MoPo* schon Fotos von Leuten ab, die Sachen sagten wie: »Ich will mich demnächst selbständig machen, deshalb wähle ich FDP.« Ist ja ungefähr so, als würde ich sagen: »Mein Arzt hat mir ein schlechtes Gesundheitszeugnis ausgestellt, deshalb wähle ich CDU...« Ansonsten geht mir alles am Arsch vorbei.

Und wenn man davon ausgeht, dass Politiker Handlanger des Kapitals sind oder was, dann sollen die doch mal sehn, dass sie ohne mich zurechtkommen; alle vier Jahre *meine* Stimme brauchen die jawohl nicht extra.

20.9.05 Lea (8 Jahre) hat sich heute Morgen die Sitzverteilung im Bundestag und das Schlagwort »Minderheitsregierung« von Torsten erklären lassen. Und ist nun der Meinung, dass die Grünen erst mal versuchen sollten, alleine zu regieren.

Ob das jetzt das Grüne vom Ei ist?

23.9.05 Heute kriegte ich einen Brief von Fritz, dem ich die Mail von Florian geschickt hatte:

»... Ja, bei dieser Regensburger Ausstellung von Waechter – in jenem hochsubventionierten *Ostdeutschen Museum*, von dem Dein bayrischer Gewährsmann schreibt, da war ich dabei – durfte sogar die Rede halten.

Die Ausstellung war prima – Waechter hatte einen seiner Soloauftritte mit den *singenden Knechten* – und andern Tags führte uns Barbara Rogner – Regensburger Krimiautorin – durch die Stadt. Die Presse-Resonanz habe ich jetzt erst mitgekriegt. Und jetzt geht's nach Frankfurt, Waechter beerdigen, ziemlich traurig Dein Fritz

Nachschrift: Nole, die Witwe, erzählte mir heut am Telefon, Waechter habe die letzten 14 Tage gezeichnet, in ein Skizzenheft. Da lag er nun an vielen Schläuchen, und zeichnete auch ein Selbstporträt im dunkelblauen Pyjama mit den weißen Karos. Drunter hat er geschrieben: *Kleinkariertes Sterben* – Du siehst: die Komik stirbt zuletzt.«

Auch wieder was, das mir keiner glaubt: heute im Park ein junger Handwerksbursche in der üblichen Kleidung (Zimmermann), sitzt auf einer Bank und strickt an einer blauen Socke.

24.9.05 Der unter mir wohnende Mieter hat einen Freund mit Hund zu Besuch. Als der Hund morgens anfing, den Garten zu verwüsten, kam der schlaftrunkene Gast rausgestolpert, in einer spektakulären Unterhose mit Eingriff; der abgerissene untere Saum hing ihm bis zum Knie. Er rief den Hund einigermaßen unentschlossen zur Ordnung. Der Hund schickte sich gerade an, die Gießkanne zu zerfetzen. Ich nehme an, er hat gerade keine Freundin. Ich meine, der Gast.

25.9.05 Gleich geht es zum Har-Enn-Oh-Doktor. Danach zum Fango. Morgen Frisör. Man ist gesellschaftlich doch sehr eingebunden.

26.9.05 »Night on earth« gesehen von Jarmusch. Ich seh ja alles immer 10 Jahre später. Von heiß nach kalt (Los Angeles-Helsinki) und von relativ banalen Problemen zu tiefem Kummer (Taxifahrerin will kein Filmstar werden bis zu kleinem Kind, das stirbt). Er hat das Charakteristische der großen Städte wunderschön eingefangen. Los Angeles im Banne von Hollywood, New York mit den neuen und alten Einwanderern, Paris mit einer scharfzüngigen Blinden und dem Afrikaner, Rom mit dem sexbesessenen Fahrer und dem sterbenden »Bischof« und das verschneite Helsinki mit all den Besoffenen.

Schön auch der Song von Cale.

29.9.05 Mit Frauke im Theater gewesen. »Eines langen Tages Reise in die Nacht«, ein uraltes Stück von Eugene O'Neill. Die permanente Lüge in einer Familie, also ganz aktuell. Was mich störte: Alles hat gesoffen wie nichts Gutes, aber geraucht wurde überhaupt nicht. Dabei gehört das ja zu jedem ordentlichen Säufer. Auch in Amerika und erst recht in den 50er Jahren.

Auf der Rückfahrt in der U-Bahn drei türkische Mädels, dritte Generation, die den ganzen Waggon unterhielten. Die Kleinste zog sich bei jedem Zughalt die Lippen nach. »Als ich zwölf war, hab ich mir die Achseln und Beine rasiert«, ließ sich die zweite vernehmen, »und mit vierzehn die Muschi.« Dann doch lieber Kopftuch.

Oktober 2005

15.10.05 Neben mir ein Pärchen beim Kaffee in der portugiesischen Bar. Angeregte Diskussion. Hören tut man nur ihn (Pferdeschwanz. Also hinten am Kopf). Erklärt ihr die Welt. Bei den Kernsätzen fährt automatisch sein Zeigefinger aus. »Der Expressionismus ist der Manierismus des Impressionismus.« Ungelogen. Mit geschlossenen Augen. Und: »Eigentlich dürfte man ja heute nicht mehr malen.«

17.10.05 Soso, da wollen sie also die Autobahn verkaufen. Keine schlechte Idee – die Felder, Wiesen und Wälder im Süden gehören ja schon der katholischen Kirche, die Innenstädte überall im Lande multinationalen Konzernen und die Wasserquellen werden inzwischen weltweit privatisiert. Wie wäre es, wenn man ganz Deutschland verkauft?

Fragt sich nur, wer's haben will.

Schadt ja nix, wenn man so was wie Autobahnverkauf schon mal in die Debatte wirft. Meistens dauert es nicht lange, bis es real wird. So wie Kusch mit seiner Euthanasie, da jubelt schon jeder Blockwart. Das sind ungefähr ¾ der Bevölkerung. Die Kosten für Krankenhäuser wären zu hoch. Dabei ist bekannt, dass die meisten Kosten die 45jährigen mit Herzinfarkt verursachen. Er (Kusch) habe in einer Kommission der CDU/CSU gesessen, als die über den Abtreibungsparagraphen gesprochen hätten. Das sei ja ungefähr dasselbe.

Nichts gegen Schwule, aber dass die über Familienpolitik befinden, ist schon mehr als seltsam. So seltsam, als wie wenn die katholische Kirche über Verhütung plaudert.

18.10.05 Inzwischen in Bielefeld gewesen, nette Lesung, wo ich bei der letzten Geschichte einen Hustenanfall bekam. Die Leute waren aber schon vorgewarnt, weil ich als erstes »Husten« gelesen hatte. Da wussten sie schon, was sie zu tun hatten: Sie haben sich laut miteinander unterhalten, statt nach vorne zu starren und zuzusehen, wie sich jemand tot hustet.

In Bielefeld ein Kleid für die Jubelfeier gekauft, aber ob ich's anziehe, steht noch im Raum. Kein kleines Schwarzes. Also eher ein großes Schwarzes. Sieht aus wie ein Nachthemd. Ist aber seeehr bequem.

19.10.05 Die Briten planen einen implantierbaren MP3-Player, habe ich in der furchtbaren Zeitung *Welt kompakt* gelesen, die ich nicht etwa gekauft, sondern beim Italiener habe mitgehen lassen. Soll bei einer Brustvergrößerung mit eingebaut werden. Was mit den Männern ist, wird nicht gesagt. Vielleicht bei einer Penisverlängerung? Dann kommt die Musike aus dem Schwanz, wo sie zum größten Teil sowieso angesiedelt scheint, falls man sich schon mal die Bands in den TV-Musiksendern angesehen hat. Dazu Florian: »Dann würde der Titel *Playboy* auf seine alten Tage ja auf einmal einen Sinn kriegen.«

23.10.05 Ganzen Tag allein gewesen und mit niemandem gesprochen, außer mit Herta, aber da handelt es sich ja nicht um ein Gespräch, sondern um die Wiederholung längst bekannter endloser Erzählungen. Zwischendurch schalte ich immer mal ab. Sonntags bin ich oft doch etwas einsam, besonders bei solchem Wetter – nicht ganz kalt, bisschen nieselig, grau verhangener Himmel.

Gestern hat mir Lisa gezeigt, wie man sich schminkt, aber ich fürchte, es ist zu bühnenmäßig ausgefallen. Dabei habe ich eine halbe Dose Puder auf meine Hose geschüttet.

31.10.05 »Will Joschka noch mal Papst werden?« *(Bild)* Noch mal hingeguckt – es hieß »Papa«.

November 2005

15.11.05 Schneeregen, heftigst. Zum ersten Mal Wintermantel angezogen, der muss nächstes Jahr auch weg – ist hinten ganz abgeschabt von meinem Rucksack.

16.11.05 Gleich geht's zum Babysitten. Zum Glück sind meine Freunde alle ganz normale Menschen. Mit Geldproblemen und Kindern.

Dezember 2005

1.12.05 *MOPO*: »Ist diese Mutter ermordet worden?« Untertitel: »Polizei startet Suchaktion nach 41-Jähriger – und entdeckt Leichenteile eines Mannes!«

Daneben eine schöne Anzeige in Farbe von einer Bio-Firma: »Fröhliche Weihnachten mit den Geschenken der Natur.«

2006

Januar 2006

14.1.06 Lange nix geschrieben, aber bei wem soll ich mich entschuldigen? Beim Tagebuch? (»Liebes Tagebuch, in dich schreibe ich alles hinein, was...« usw. Bin ja keine 13 mehr.)

Viel passiert: Jubelfeier (Ben Witter Preis); im Fernsehen wurde was von mir vorgelesen, von Dirk Bach und Jürgen von der Lippe, daraufhin viele Bücher verkauft, wurde Nummer 1 bei Zweitausendeins; kurz darauf schrieb mir Wendelin H.: »Hallo, schöne Grüße von Jürgen von der Lippe.

Das Buch hat ihm gut gefallen.

Weiß der Teufel, wie es dazu gekommen ist.«

Ich schrieb zurück:

»...weiß der Teufel...: scheints hat der Mann Humor .«

Diverse Lesungen, in Bielefeld, Hannover, Hamburg, Kiel... sehr schön die Mail von Claudia, die mich in ihr Haus nach Tuttlingen eingeladen hatte: »... oder soll ich für Dich ein annehmbares (wenngleich atmosphärisch nichts sagendes, mit suizidalem Charme ausgestattetes) Hotelzimmer arrangieren?«

Meine Kusine Brigitte ist am 6. Januar an Krebs gestorben mit 55 Jahren, 10 Tage vorher kam sie noch in ein Hospiz... ich habe sie vor 9 Jahren zuletzt gesehen, immer noch eine schöne Frau, sie soll überhaupt nicht krank ausgesehen haben bis zu ihrem Tod... Weihnachten war so lala... kann man also auch alles ganz kurz fassen...

Gerade habe ich diesen Artikel geschrieben:

Wem Gott will rechte Gunst erweisen

Im November ging das Schlachten in meinem Heimatdorf los und wir Kinder zogen von einem Bauernhaus zum nächsten, um uns dort ungerührt die quiekenden Schweine anzuhören, was uns deshalb nicht weiter störte, weil man als Landkind Tieren gegenüber eine eher pragmatische Einstellung hat. Schweine, Rinder und Schafe waren zum Wurstmachen da und auch unseren Stallhasen gegenüber waren wir nicht zimperlich: als Sonntagsbraten waren sie herzlich willkommen.

Außerdem waren es dieselben Schweine, die wir im Sommer mit Luftgewehren beschossen hatten; eigentlich sollten wir die Ratten treffen, die damals immer noch in den Schweineställen hausten und sich sauwohl fühlten, aber die waren zu schnell... meistens trafen wir doch eine Sau, und so waren wir das Quieken schon gewohnt.

Dann ein dumpfer Schuss. Und kurz danach hing das Schwein schon an der Scheunenwand, nachdem es ausgeblutet war. Für die Blutwurst rührten die Männer stundenlang das Blut, damit es nicht gerinnen konnte. Wir standen dann in einer Reihe, denn wenn der Schlachter, den die großen Bauernhöfe nacheinander bestellten, in großen Kesseln die Innereien kochte, kriegten alle einen dampfenden Lappen auf die Hand geklatscht: gekochte Leber!

Wird mir heute noch schlecht, wenn ich daran denke.

Wir zogen uns dann auf den Heuboden zurück, was streng verboten war, und mampften das Zeug weg. Etwas später gab es dann die Leberwurst, von denen alle Nachbarn was abkriegten; grobe, feine und fast rohe, die gebraten mit Sauerkraut auf den Tisch gebracht wurde. Dazu gab es noch Grützwurst; zuerst musste die Grütze eingeweicht werden, während der Schlachter die Därme reinigte, und später wurden die Würste ganz kurz geräuchert, bis sie verspeist werden konnten. Blutwurst war außer Leberwurst und Grützwurst die dritte im Bunde. Wegen der kleinen Speckstücke nannten wir sie »schlimme Augenwurst«.

Wir lungerten dann immer noch ein bisschen herum, weil es dann und wann noch einen Happen gab: Die Frauen schnitten das Fleisch in kleine Stücke für die Sülze, und ab und zu reichten sie ein paar Stücke nach hinten »för dat lütte Kroppzeuch«, ohne sich umzudrehen. Sie wussten, dass immer mindestens ein Kind hinter ihnen stand. In der Waschküche banden sie dann die Würste ab und ließen sie vorsichtig im Waschkessel sieden, damit keine platzen konnte. Sollte das doch mal der Fall sein, so standen wir jedenfalls Gewehr bei Fuß daneben und fraßen, was uns zugeworfen wurde.

Das darf man einem Vegetarier heute gar nicht erzählen, da kriegen die ja gleich einen Ausschlag.

Auch die Mettwurst war nicht ohne, aber die gab es erst ein paar Wochen später, wenn sie geräuchert war, allerdings musste sie ein paar Tage »aushängen« und kam erst dann in die Räucherkammer. Mettwurst musste erst sehr lange geknetet werden, was wiederum Aufgabe der Frauen war. Vorher wurde sie noch gesalzen, gepfeffert, mit Senfkörnern versehen und mit ein paar Gläsern Rum getränkt, den der Schlachter mitgebracht hatte. Gegen Abend wurden die Bauern immer sehr fröhlich...

Meine Mutter war auf die Mettwürste besonders scharf, aber für die Bauern gehörte sie zum Täglich Brot, und bei Hochzeiten, Kindstaufen, Beerdigungen und ähnlichen ausgelassenen Festivitäten wurde »Aufschnitt« vom Schlachter aus der Stadt geholt, weil der Bauer sich nicht lumpen lassen wollte. Der schmeckte zwar nicht entfernt so gut, war aber »feiner«.

Als ich einem Freund schrieb, dass ich gerade beim Verfassen eines Artikels zum Thema »Wurst« sei, schrieb er gleich zurück, dass ihm »spontan« eine Zeitungsmeldung eingefallen sei, nämlich aus der *Deutschen Zeitung* vom 18.11.1918 (wieso ihm das spontan einfiel, weiß ich auch nicht, denn er wurde erst etwa 50 Jahre später geboren):

»Zwischenfall im [Berliner] Dom. Als gestern Oberhofprediger D. V. Dryander im Dom den Gottesdienst abhielt, unterbrach ihn ein besser gekleideter Herr mittlerer Jahre und hielt von der Empore herab eine Ansprache, die mit den Worten schloss: ›Jesus Christus ist uns Wurst.‹

Pfuirufe ertönten, viele Frauen brachen in Tränen aus, der Geistliche barg das Gesicht in Händen. Die Gemeinde stimmte aber sofort in den Choral ein ›Ein feste Burg ist unser Gott!‹«.

Der besser gekleidete Herr mittleren Alters war Johannes Baader (nicht *der*!), ein Oberdadaist, der später von Berlin nach Hamburg floh und von dort 1943 wg. Bombardierung in die niederbayerische Kleinstadt Landau an der Isar umquartiert wurde, wo er den Rest seines Lebens zubrachte.

Fragt sich nur: Ein welche Wurst ist unser Gott? Mettwurst? Leberwurst? Blutwurst? Gammelfleisch? Und wo ist der Choral, der diese blasphemische Betrachtung nieder singt?

Ist doch logisch – »überall ist Gott zugegen« (Koran):

»Wem Gott will rechte Gunst erweisen, den schickt er in die Wurstfabrik, de-hen lässt er in die Wurst reinbeißen und wünscht ihm guten Ap-pe-tit.«

Ein leicht verfälschtes Lied von Eichendorff, das wir Nachkriegskinder mit Inbrunst schmetterten. Von der weiten Welt hatten wir keine Ahnung, aber in unseren Träumen waren wir in einem Himmel, der voller Würste hing. (für *Häuptling Eigener Herd*)

Als ich diesen Text an Florian schickte, der die Geschichte vom »Jesus Christus ist uns Wurst« beigesteuert hatte, schrieb er: »Na, das hätt sich der Johannes Baader auch nicht träumen lassen, dass seine Wurstpredigt 88 Jahre später noch mal verewigt bzw. weiterverwurstet und wieder aufgebraten wird. Noch dazu in einer elitären linken Gourmetzeitschrift. Man könnt auch sagen sozialistisches Gaumenkitzelkampfblatt.«

16.1.06 Die Politik macht mich ganz irre, wenn man nicht jeden Tag ungefähr drei Tageszeitungen liest... und das schaffe ich nicht mal im Ansatz.

Fangen die Nachrichten im Rundfunk schon an mit: »Berlin. Die Regierungsparteien haben wegen der neuen Blabla-Reform beschlossen, dass...«, mache ich's schon aus. Wird wohl wieder ne gut durchdachte Schnapsidee sein.

Sonntag kam Annette zu mir, um die bei ihr zurückgelassenen Weihnachtsgeschenke (zu schwer für mich) vorbei zu bringen. Die gerahmte Einbauküche hänge ich gleich in der Küche auf.

Annette stand noch ganz unter dem Eindruck einer dpa-Meldung: »Reserve-Hochzeitskleid von Diana versteigert«, und fragte mich: »Hattest du bei deiner Hochzeit auch ein Reserve-Brautkleid? Und ist das dann passend zum Reserve-Mann, falls man es sich kurzfristig anders überlegt?«

Na, ich hatte überhaupt kein Hochzeitskleid, sondern, der Mode entsprechend, ein ziemlich kurzes Kleid, beige...

In der *MoPo* stand, dass die neue Modefarbe Türkis sei. Christina O. (24), Promoterin: »Türkis, das steht für Frische und Fun«. Oh Gott.

17.1.06 Gestern mit Martina im Pavlonya Muscheln gegessen, auf türkische Art, nämlich erst gegrillt und dann mit Kräutern und viel Knoblauch garniert. Etwas getrübt wurde der Genuss der Muscheln durch einen jungen Mann am Nebentisch, na ja, 35-40 wird er wohl gewesen sein, der ununterbrochen in sein Handy schrie und in voller Lautstärke Sachen sagte wie: »Wenn sie nicht ficken will, dann hätte sie es ja gleich sagen können.« Was man nicht alles über das Privatleben anderer Leute erfährt. Besonders über das, was man gar nicht wissen will.

Schreibt mir Suse aus ihrem Familienleben:

Jonni (ungefähr 8 Jahre alt): Was gibt's zu essen?

Suse und Karsten: Chili con Carne.

J (heulend): Das befickte Chili con Carne ess ich nicht, das ist eklig!

S (altmodisch): Raus!

K und S essen, J liegt heulend im Flur auf dem Fußboden.

K: Was ist denn?

J: Ich lieg hier und euch ist das egal und ihr esst alles auhauhauf! Huhuhuuu!

K: Komm doch wieder rein und iss.

J: Nein, Mama hat mich rauhauhaus geschmissen! Huhuhuu!

S: Du kannst wieder reinkommen, wenn du dich entschuldigst.

J (empört): Nein! ich entschuldige mich ÜBERHAUPT nicht! Ich kann mich ja gar nicht beim Chili con Carne entschuldigen, das lebt ja nicht mal!

Und ich frage mich nur, wo war jetzt die versteckte Kamera?

18.1.06 Aus der Abteilung Privatleben anderer Menschen, heute: Familienanzeige aus der Regensburger Lokalzeitung.

Liebe Tante Gerlinde!
Schon immer warst du für uns da
und jetzt bist du 60 Jahr'!
Morgen ist dein großer Tag,
der dann vieles bringen mag.
Kochen und Schneidern ist dein Spezialgebiet,
und dafür hat dich jeder lieb.
Alles, was du uns gekauft hast,
das wurde dann immer dem Kare zur Last.

Aber dafür schmeißt du den Haushalt ganz toll,
und hängst dich beim Putzen und Saugen rein voll!
Im Garten machst du auch so viel –
während der Kare geht zu seinem Spiel.
Bleib noch lange Zeit so wie du bist,
weil dann das Leben super ist!
Ja, wir haben dich sooo gern, ob du nah bist oder fern.
Alles Gute zum morgigen Geburtstag
deine Lena und Caroline mit Mama

18.1.06 Habe mal wieder zu viel getrocknete Aprikosen gegessen und saß die ganze Nacht auf dem Klo.

19.1.06 Eben noch einen Beitrag für eine Fotoausstellung geschrieben, die ab Herbst bei Gruner + Jahr gezeigt wird.

Wie ich einmal berühmte Menschen beinahe kennen lernte

»Elizabeth the Second, by the Grace of God, of the United Kingdom of Great Britain and Northern Ireland and Her other Realms and Territories Queen, Head of the Commonwealth, Defender of the Faith.«

Also, die kenne ich!

Kennen ist natürlich zu viel gesagt, aber es heißt ja, dass jeder Mensch über mindestens fünf oder sieben Verwandte oder Bekannte einen berühmten Menschen kennt... und bei mir ist nur *einer* dazwischen! Und das kam so:

Als ich im letzten Jahr von Malcolm, einem alten britischen Freund, der übrigens fließend Italienisch, Französisch, Deutsch und natürlich mit einem herrlichen Oberklassen-Akzent Englisch spricht – alles Sprachen, die ich entweder gar nicht oder nur rudimentär beherrsche, außer Deutsch, aber das... ist ja auch egal – als ich also von

Malcolm in die Toskana eingeladen wurde und er mich des Nachts vom Flughafen in Florenz abgeholt hatte, kam uns kurz vor seinem Garten ein blutüberströmter junger Mann mit einem Fernrohr in der Hand entgegengetaumelt. Nachdem Malcolm die üblichen Worte (»May I introduce to you...«) gesprochen und anschließend mehrere Pflaster geholt hatte, stellte sich heraus, dass es sich um seinen Schwiegerneffen Paddy handelte. Der hatte versucht, im Garten den Saturn oder sonst was zu beobachten, in einer Hand ein Glas, in der anderen eine Flasche Rotwein, vor sich das Teleskop, und als er das alles irgendwie in Beziehung zueinander bringen wollte, war er direkt auf die Fresse gefallen. Und zwar auf Disteln und dornige kleine Zweige. Es handelte sich *nicht* um einen englischen Rasen.

Paddy, ein holländischer Ire bzw. irischer Niederländer, arbeitete einige Jahre im Buckingham-Palast, übrigens eine schlecht bezahlte Angelegenheit, und hatte dort den Bettel hingeschmissen, als von den Angestellten verlangt wurde, sie sollten anlässlich der Hochzeit eines der missratenen Söhne der Queen zusammenlegen, um ihm und der Braut ein silbernes Teegeschirr zu überreichen.

Er war es auch, der mir erzählte, dass man die Queen zwar bei der ersten Anrede als »Your Majesty« titulieren, anschließend aber – falls es ein anschließendes Gespräch gebe –, sie mit »Ma'am« anreden müsse. Und zwar nicht als »Määääm«, wie in den amerikanischen Filmen, sondern kurz und knapp wie in »jam«.

Außerdem sagte er mir, dass man sie auf keinen Fall als Queen Elizabeth bezeichnen dürfe – das sei der Titel ihrer Mutter gewesen.

Tja, und was mache ich jetzt damit? Die Gefahr, dass ich eines Tages noch einmal den Hofknicks üben muss, ist nicht gerade groß. Und was sollte ich der Queen auch sagen: »Na, Mäm, alles okay mit der family – Diana war ja wohl ein Reinfall, oder?« Bleibt also nur, diese Informationen auf Partys einzusetzen, um sich interessant zu machen. Da ich aber nie auf Partys gehe, werde ich diese intimen Kenntnisse des britischen Hochadels den Lesern und Leserinnen dieses Artikels großmütig überlassen.

Wen kenne ich noch? Als ich gerade am Überlegen bin, kommt Antje reingeschneit und behauptet, dass sie mal auf einer Gartengesellschaft war und nebenan hat James Last seinen Rasen gemäht. Antje: »Der sah noch prima aus!« Ich: »So weit würde ich nicht gehen.« Dabei fällt mir aber gleich ein, dass die Tochter meiner Kusine in Neuseeland mit einem Mädchen in eine Klasse ging, das später irgendeinen Popstar geheiratet hat – Rod Stewart? Es war jedenfalls dessen vierte oder vierzehnte Ehe. Und bei Neuseeland fällt mir weiterhin ein, dass auf dieser Reise meine von mir mitgenommene Nichte, die immerzu bei den Backpackers »Leute« kennen gelernt hatte – ihr Synonym für gut aussehende junge Männer, die allerdings *mich* nie zur Kenntnis nahmen – dass sie jedenfalls von einem dieser »Leute« nach Sydney eingeladen wurde, wo sie dann auch hinflog und siehe da: der junge Mann war der Sohn des dortigen Opernhauspräsidenten oder -besitzers oder was und auf dem Kamin stand ein Foto des Vaters zusammen mit Bill Clinton. Den kenne ich also quasi auch, möchte ihn aber nicht näher kennen lernen, obwohl ich aus dem Praktikantinnenalter raus bin.

Jetzt kommt es aber wie geschmiert; mein Gedächtnis ist doch nicht so schlecht wie ich immer dachte – Axel Springer (Kellner-Kollege: »Na, hatter dir ne *Bild*-Zeitung spendiert?«), Beate Uhse, Hermann Josef Abs: allen habe ich das Abendessen serviert, als ich noch in einem Hotel auf Sylt Lehrling war.

Und noch näher: bei uns in der PRO nebenan habe ich direkt hinter Ulrich Tukur und René Durand in der Schlange gestanden. Die sind ja beide durchaus künstlerischer Unterhaltung verpflichtet; aber ehrlich gesagt, habe ich mir nur den Tukur im Theater angesehen – bei Durand ließ ich mich doch ein wenig von dem Portier in der Großen Freiheit abschrecken, der mich aufforderte, das

»Salambo« zu besuchen: »Extra langschwänzige Neger eingeflogen, meine Dame!«

Und jetzt zum vorläufigen Höhepunkt:

Heino Jaeger, den ich am 17. August 1996 mit zwei Kollegen besuchte. Den kennt wahrscheinlich wieder kein Schwein, obwohl er ein wunderbarer Zeichner und Grafiker war. Und ein geradezu unerhört guter Unterhaltungskünstler, der alle Satiriker, Kabarettisten, Comedy-Spezialisten in die Tasche hätte stecken können; seine Monologe konnte man in den 70er Jahren nur im Rundfunk hören. (Heute gibt es ein paar CDs).

Unvergesslich seine »Schlachthof-Führung«, »Herr Schröder wird entlassen« und »Fragen Sie Dr. Jaeger«. Ich selbst mag aus irgendeinem Grunde am liebsten »Das Lampengeschäft (Trudchen)« und die »Tulpenfahrt nach Gent und Brügge«.

»Mozart der Komik« nannte ihn Eckhard Henscheid. »Wie konnte es geschehen, dass Heino Jaeger 25 Jahre ein Geheimtipp blieb? Wir haben ihn wohl nicht verdient«, sagt Loriot. Und Olli Dittrich: »Ein Virtuose, ein ganz großer Meister, bis heute unerreicht.« So ist es!

Als wir zu ihm kamen, lebte er in einem Heim in Bad Oldesloe, sagte nicht mehr viel und schlief den halben Tag... mal ein Bier und eine Zigarre... und sah viel älter aus, als er war. Er hatte sein Leben gelebt und jetzt keine Lust mehr. Das war alles.

Ein Jahr später starb er mit 59 Jahren.

(für das klubfoto-Magazin zur Ausstellung
»berühmt«. 2.11.2006-7.1.2007)

Später ist mir noch eingefallen, dass ich damals auf Sylt von einem Arzt behandelt wurde, der vorher der Leibarzt von Haile Selassie gewesen war. Von Selassies Neffen, der inzwischen lange in Deutschland lebt, habe ich gerade ein Buch gelesen, »Manieren«, sehr gescheit, sehr informativ. Und auch sehr komisch. Allerdings geht er auf die Politik damals in Äthiopien nicht ein...

22.1.06 Heute mit Stefan und Frauke Spaziergang im Jenischpark. Eigentlich wollten wir in den Botanischen Garten, haben ihn aber nicht gefunden, da keine Karte im Auto war. Im März werden wieder wunderschöne Buschwindröschen unter den alten Bäumen stehen.

Annettes 38. Geburtstag, sie ist noch auf dem (Bahn-) Wege von Salzburg nach Hause.

23.1.06 Herta angerufen, ist 89 geworden. Sie wird es nicht mehr lange machen – 3x täglich Buscopan, dazu ein Morphiumpflaster auf den Bauch, wegen ihres »Gewächses«, aber sterben will sie eigentlich noch nicht. Wer will das schon.

Kurz in dem kleinen Café »Schneckenhaus« gewesen, im Altersheim. Wieder die beiden Alten, Erika und Helga, beide schwerhörig, kein anderer im Raum kommt mehr zu Wort. Die eine hat früher wohl mal in einem solchen Heim als Pflegehilfe gearbeitet. Sie erzählt aber, als wäre es gerade eben gewesen:

– ... um drei hab ich ja Schluss und wenn man mich denn zu Hause anruft, denn bin ich nich da, nehm ich den Hörer nich ab. Feierabend ist Feierabend, sach ich immer. Da könn sie ein nich anrufen. Man hat ja sonst auch noch was um die Ohrn, und ich sach, das lass ich mir nicht gefallen, ohne mich, sach ich...

– Was denn?

– Dass ich um drei gehn soll und Frau Kiehne ruft an, dass sie später kommt, das gehört sich nich, mir hat auch keiner was geschenkt. Aber ich bleib dann immer, weil ich die ja nicht alleine lassen kann. So gewissenlos bin ich nich, Erika.

– Was?

– So gewissenlos bin ich nich, hab ich gesacht. Hat Schwester Birgit auch gesacht

– Was?

– Schwester Birgit hat auch gesacht, dass ich nich so gewissenlos bin.

Später erfahre ich, dass beide in meinem Alter sind. Kamen mir vor wie meine Großmütter.

24.1.06 »Der Zitronentisch« von Julian Barnes gelesen. Unglaublich, wie viele unterschiedliche Geschichten dieser Mann schreiben kann – auch vom Duktus her, ja, solche Worte kenne ich, hoffentlich habe ich es richtig gebraucht. So einen hätte ich vor 40 Jahren mal kennen lernen sollen: sieht gut aus (für nen Engländer, aber den Typus mag ich), schreibt vorzüglich, ist hoch gebildet und hat diesen englischen Humor. Na, für mich vielleicht doch ne Stufe zu hoch gegriffen.

25.1.06 Gestern Abend im Polittbüro: »Der Nazi und der Frisör«. Lesung mit Gustav Peter Wöhler. Auf der Bühne: Der fast achtzigjährige Edgar Hilsenrath, der mit etwas undeutlicher Stimme auch vorlas; er wurde im Rollstuhl rein gefahren und dann auf einen Stuhl gehievt. Ich hatte Angst, dass er sich nicht richtig halten kann, er hatte etwas unkoordinierte Bewegungen, aber eigentlich versuchte er nur, seine Zigaretten rauszufischen. Zwischendurch kicherte er immer wieder, als Wöhler vorlas, der das wirklich außerordentlich gut machte.

Letztlich doch ein beklemmender Abend; das Publikum sehr begeistert, aber ich frage mich, wie ein alter Jude das wohl empfinden mag, wenn ihm DEUTSCHE derart zujubeln.

26.1.06 Zu den Berühmtheiten ist mir noch eingefallen, dass 1963 oder 1964 Gert Fröbe Gast im Hotel Stadt Hamburg war, mit seiner dritten oder vierten Frau, die aber kurz danach gestorben ist, d.h. sie war noch gar nicht seine Frau, weil mit den Papieren irgendwas nicht stimmte. Es gibt sogar noch Aufnahmen von ihm mit meiner Kollegin Sigrun und mir; er probierte seine neue Polaroidkamera aus. Er wollte uns in sein Hotel in die Schweiz locken... das war noch vor seinem James-Bond-Film.

Am Sylter Strand habe ich auch Heinz Reincke getroffen, der während seiner Wanderung eine Rolle lernte und seinen Part memorierte. Viel später traf ich ihn noch mal im TEE (wo ich Stewardess war) auf dem Weg nach Klagenfurt, im Winter, es waren kaum Passagiere an Bord und wir saßen dann einige Stunden im Speisewagen, weil ich nichts zu tun hatte. Und Peter Pursche wurde als 17jähriger Tramper von der Königin von Dänemark mitgenommen – damals war sie noch nicht Königin –, die ihn einlud, nach Kopenhagen ins Schloss zu kommen, wo er auch hinfuhr... da gab es noch keine Bodyguards, keine Terroranschläge, nicht mal als Drohkulisse...

27.1.06 Anfang der Woche bekam ich eine Mail von einer WDR-Fernsehfrau, die mich zu einer Talkshow mit Bettina Böttinger einlud. Ich war unsicher, ob ich das machen sollte, habe schließlich abgesagt, mit Verweis auf meinen Schlaganfall usw. Daraufhin hat sie sich nicht wieder gemeldet. Manieren haben die!

Ham sie aber doch... Eben kam eine Nachricht, die lassen nicht locker. Und man könne auch beim Fernsehen Fragen absprechen. Na, ich warte mit einer Antwort noch bis Montag.

Bin heute schon ganz schlechter Laune oder eher mit Depressionen aufgewacht. Alice fliegt nach Budapest bis Montag, und ich habe immer Angst, dass ihr was passiert. Wenn die drei Nichten mit dem Auto – in *einem* Auto – unterwegs sind, bin ich erst beruhigt, wenn sie wieder zu Hause sind.

Hanne hat angerufen. Herta liegt im Sterben. Montag fahre ich nach B., um mich zu verabschieden.

29.1.06 Gestern zu einer Lesung nach Holzdorf bei Eckernförde. 30 Menschen, alle gutgelaunt, haben viel gelacht. Wunderschöne Landschaft, alle Bäume wie in Zucker gegossen, dazu leichter Nebel und dann kam die Sonne durch. Auf dem Rückweg nach Kiel erzählte mir Annette einiges aus ihrer Serviererinnenlaufbahn, das ich gleich etwas umgewandelt habe:

Kaiser Karl

Zum ersten Mal in dem neuen Restaurant. Essen schmeckt, Espresso schmeckt, Zigarette schmeckt. Alle Freunde sind hochzufrieden. Nebenan aber sitzt ein älterer Herr, der auf seinem Stuhl hin- und herrutscht und sich offensichtlich nicht ganz wohl fühlt. Er lässt den Geschäftsführer holen: »Sagen Sie mal, die Bedienung hier – ähem – die hat ja einen *sehr* kurzen Rock...« Der Geschäftsführer, auch ein älterer Herr, aufgeräumt und gutgelaunt, beugt sich zu dem Gast runter: »Ja, das stimmt. Aber da sollten Sie erst mal Frau Depenbrock sehen, die ist allerdings nur mittwochs hier, *die* hat einen Rock an, da wissen Sie gar nicht, wo Sie hingucken sollen.«

Scheint ein Lokal zu sein, in das man öfter gehen muss. Nämlich am nächsten Mittwoch. Und wer sitzt wieder da? Erraten!

Der Herr bestellt zu seinem Kaffee einen Brandy »Carlos I.«, und winkt Frau Depenbrock zu sich, um sie gönnerhaft zu fragen: »Na mein Kind, wissen Sie denn überhaupt, wer Carlos Primero war?« Fließend antwortet sie: »1500 bis 1558, Karl der Erste von Spanien, König der Vereinigten spanischen Königreiche, ›wo die Sonne nie unterging‹, als Karl der Fünfte letzter deutscher Kaiser des Heiligen Römischen Reiches deutscher Nation und Herr der österreichischen Erblande...« – »Oh«, stottert er, »Sie sind wohl Studentin und haben – äh – Geschichte studiert...« Frau Depenbrock: »Nö, das wusste ich sowieso. Gehört ja zur Allgemeinbildung oder was.« Spricht's und geht. (für *Titanic*)

Februar 2006

2.2.06 OL schickt mir einen Auszug aus einer Lüneburger Zeitung, in dem über KZ-Verbrechen berichtet wird (»von Lüneburg nach Auschwitz«); auf der gleichen Seite eine Anzeige von E.ON-Gas, »E.ON sorgt schon heute für das Gas von morgen«, und danach noch einen seiner Cartoons: *In einem türkischen Kiosk.* Rechts sitzen zwei vollkommen Besoffene, links telefoniert der türkische Besitzer:

»Hallo? Auswärtiges Amt? Hör zu! Hab ich zwei deutsche Kollegen als Geisel. Drei Schawarma, zwölf Pils große, sechzehn Kümmerling. Geld muss kommen bis Mitternacht. Dann hier Feierabend.«

Schreibt mir Herr R. vom Verlag:

»... vielen Dank für die Unterrichtung in der Lüneburger Affäre, habe ich gleich weiter gestreut. Welches Einwickelpapier sich hier aber entblödet hat, ist immer noch rätselhaft.

Am Ende ist alles ein medienwissenschaftliches Experiment der FH Lüneburg? (Skandalisierung und Entgrenzung: Das WWW als Katalysator öffentlicher Empörung. Ein Feldversuch.)

In diesem Zusammenhang verurteile ich den OL-Cartoon und die damit implizierte Herabwürdigung türkischer Kollegen, resp. die Darstellung von muslimischen Mitbürgern als potentielle Terroristen selbstverständlich aufs Schärfste. Ich werde diesen Vorgang Cem Özdemir weiterleiten, der ja auch schon Weihnachten Hans Traxler vollkommen zu Recht als geistigen Brandstifter gebrandmarkt hat (für seine *FAS*-Karikatur). Burn, baby, burn!

OL kann von Glück sagen, dass der Falafel-Wirt nicht

Mohammed heißt. Da hätte ich ein paar Freunde in Dänemark, die über das Abbildungsverbot des Propheten was beizutragen hätten!

O weh, o weh! Persönlich halte ich es ja mehr mit Ganesha. Ein dicker und freundlicher Gott, der durchaus abgebildet sein will und außerdem ein Elefant ist...

Politisch korrekt grüßt Ihnen:

Herzlichst F.R.«

3.2.06 Mittags Yvonne Kuschel bei ihrer Ausstellung in der Balduinstraße besucht, sie war noch am Bilder aufhängen, habe ein Bild gekauft, eins ihrer Palindrome.

Gestern Abend bei Eugen Egner zur Lesung. War klasse! Durch die eigenartige Beleuchtung im Lokal hatte er was Vampirhaftes und las auch entsprechende Texte – Mutter tot im Flügel liegend; Frau von kleinem Getier aufgefressen... zwischendurch durften wir schreckliche Musik hören, die angeblich von Mozart war. Er grinste ab und zu diabolisch, hatte mir aber ein Bild mitgebracht, das ich jetzt rahmen lassen muss.

5.2.06 Frau im rosa Jogginganzug und rosa Hausschuhen, bei ziemlicher Kälte im Viertel in einer offenen Telefonzelle: »Hallo Kalle, hier is Mona – na, wieder nüchtern? Nee? Ja, sachma kannstu mirn Gefallen tun? Wie? Nee, du musst ja nich vorbeikomm. Was? Nee, Rolli, die Sau. Der nimmt nich ab, wenn ich ihn anruf. Ruf du den dochma an...«

6.2.06 Immer noch dieser blöde »Krieg der Kulturen«. Was daran Kultur sein soll, möchte ich mal wissen. Es handelt sich ja höchstens um einen Krieg der Zivilisationen. Hier ein Brief von Herrn R. vom Verlag:

»Nett auch ein Kommentar, der im Pressespiegel des Deutschlandfunks zitiert wurde: Klar werde man sich daran halten, dass Mohammed nicht abgebildet werden darf, allerdings müssten die Muslime dann auch anerkennen, dass nur der Papst unfehlbar ist. So was beruht schließlich auf Gegenseitigkeit.

Und die Intelligent-Design-Anhänger unter den Evangelikalen sollen zugeben, dass es keinen göttlichen Schöpfungsplan à la Bibel gibt. Sondern dass wir alle in der Krone der Weltesche hängen, die kopfüber am Firmament befestigt ist. Und an deren Wurzeln dieses komische Eichhörnchen nagt. Wenn dann die Weltesche runterfällt, ist aber so was von Ragnarök, hui, da wird der Islamist aber staunen!

Absurd? Daran haben die ollen Germanen geglaubt und glauben die Inder immer noch (so ungefähr). Hanuman! Rette uns mit deinem Affenheer!! Shmaj adonaj rama rama om dingaling dong dong, gebenedeit seist Du, Aysha, unter den Weibern...

Bete weiter zu Ganesha:

Ihr F.R.«

Gernhardt, mal zu den Grenzen der Satire befragt, sagte ja ganz richtig, dass ein jeder ein Recht darauf habe, verarscht zu werden, auch Neger, Juden und Behinderte. Alles andere ist Diskriminierung.

Und was für die Kinder Gottes gilt, gilt doch wohl auch für Gott? Und was für Gott gilt, gilt ja wohl auch für Propheten.

7.2.06 Eichhörnchen? Waren das nicht eigentlich drei alte Weiber, die an den Wurzeln von Yggdrasil nagen? Deshalb werde ich jetzt aber kein Lexikon aufschlagen.

Nun was Unanständiges: Heute im Schanzenbuchladen. Fragt ne Frau, ob sie ein Buch haben darüber, wie man blasen lernt... kann ich nur sagen: üben, üben, üben.

Oder es natürlich auch bleiben lassen.

13.2.06 Fraukes Geburtstag. Spazieren gegangen, diesmal haben wir den Botanischen Garten gefunden. Kaffee und Kuchen bei ihr zu Hause. Morgen Abend Lesung mit Susanne Fischer aus ihrem neuen Buch, sie ist schon ziemlich aufgeregt. Ich nicht. Kein Wunder, ich rege mich ja noch nicht mal bei meinen eigenen Lesungen auf. Oder nur selten.

Gesetzlich verbotenes Aroma

Falls die ganze Sache nicht sowieso verjährt ist, sage ich vorsichtshalber schon mal, dass alles erstunken und erlogen ist und ich mich bloß interessant machen möchte.

Es fing damit an, dass Onkel Rudi den Löffel abgegeben hatte. Er war der Onkel meiner damaligen Wochenendbeziehung H. Der Kusin von H. rief ab und zu völlig aufgebracht an, dass Onkel Rudi mal wieder auf den Tisch gekotzt hätte. Und zwar nicht in seiner Wohnung, sondern in einem Restaurant. Darauf spielte dann auf der Trauerfeier auch der Pastor an, der eine bewegende Rede hielt über diesen »einzigartigen Menschen, der das Leben geliebt hat« und »alles, was er vom Leben bekam, voll und ganz weitergegeben hat«. Nämlich seine Kumpels in Nobelläden eingeladen – wo er dann wegen seiner Diabetes kotzte –, Angeberautos gekauft, aber seinen drei Frauen zum Geburtstag nur Werbegeschenke der Brauerei, bei der er Biervertreter war, überreicht hatte. Nämlich einen Haufen Bierdosen.

Beim Leichenschmaus saß ich neben Rudis Bruder Jürgen, der einen puterroten Kopf und einen an der Waffel hatte, und deshalb Konversationskurse an der Volkshochschule besuchte. Antwortete man nicht so, wie es der Kursus vorschrieb, geriet er gleich ins Trudeln. »Madrid ist die Hauptstadt Spaniens«, dozierte er, »dort gibt es ein sehr gutes Museum, nämlich....« – »Ich war noch nie in Spanien, sagte ich, »nur im Wendland. Da gibt es eine sehr gute Endlagerungsstätte«. Das Wendland hatten sie offensichtlich noch nicht durchgenommen, da schwieg er beleidigt.

Nachdem wir uns verabschiedet hatten, sagte H. nebenbei zu mir, dass wir auf dem Rückweg noch mal kurz zu einer Raststätte fahren müssten, um dort einen Holländer zu treffen. »In Amsterdam«, sagte ich, eingedenk meiner Unterhaltung mit Jürgen, »gibt es sehr nette Polizisten, einer heißt de Gier, der andere Grijpstra, das wird de Chier und Chreipstra ausgesprochen, steht in den Krimis von van de Wet...« – »Her uff mit de Grüne«, sagte H., »die könne mer net brauche«. Da ahnte ich schon was.

Wir fuhren also los und H. machte »sound«, wie er das nannte, nämlich aus allen vier Boxen »The Dealer« von Chico Hamilton mit Larry Coryell an der Gitarre. Ist ja auch egal. Schreibe ich nur, um Zeit zu gewinnen. Jedenfalls kamen wir in der Raststätte an und er schickte mich schon vor, Kaffee bestellen. Ich sah noch, wie er auf und ab marschierte und die anderen Autos musterte. Später saßen wir dann mindestens eine halbe Stunde am Tisch, als ich sagte: »Na, der Holländer lässt sich aber Zeit.« – »Neenee, der ist schon weg!« – »Ja was, ich denke, wir sollten den hier...« Aber H. sagte, er werde mir alles auf dem Rückweg erklären.

Es verhielt sich folgendermaßen: H. hatte im Kofferraum eine Geldtasche mit ich weiß nicht wie viel Tausendmarkscheinen platziert, die der Holländer rausgeholt und gegen ein Paket Dope ausgetauscht hatte. Weil, na ja, jetzt muss es doch raus, H. ein Geschäftsmann war, nämlich ein Haschischdealer. Insofern war die Musik schon gut gewählt.

Ich fuhr also mit 4 oder 5 Kilo Dope im Kofferraum durch die Gegend und dachte schaudernd an meinen Ex-Gatten, der einen noch viel schlimmeren Beruf hatte – er war Redakteur bei der *Bild*-Zeitung. Der hätte, falls wir von der Polizei aufgemischt worden wären, vermutlich mit Vergnügen getitelt:

»Grüne Fanny mit Rauschgift unterwegs«. Untertitel: »Die Braut des Heroindealers – ihre Beichte.« Die können ja angeblich bei *Bild* die Palette von Stoffen mit gesetzlich verbotenem Aroma nicht unterscheiden, die Koksnasen.

Damals hatte ich nämlich einen völlig belanglosen Posten in der Hamburger Bürgerschaft inne, der von anderen Personen als höchst bedeutend beschrieben wurde, besonders von solchen, die sich entweder dumm stellten oder tatsächlich keine Ahnung hatten, dass ich da nur blöd rum saß und die verbrecherischen Entscheidungen nicht von mir, sondern von wem anders getroffen wurden. Zum Beispiel von Axel Springer.

Jedenfalls war ich heilfroh, als wir vor H's Hütte angelangt waren. Zur Belohnung erhielt ich eine Tafel Haschisch, immerhin besser als ein Sixpack.

Es dauerte nicht mehr lange, dann war meine kriminelle Karriere beendet: H. heiratete eine andere und ich stieg aus der Bürgerschaft aus.

(für die Anthologie »Little Criminals. Peinliche Verbrechen und andere Kleinigkeiten«, Tiamat, 2007)

14.2.06 Sehr gute Lesung. Susanne und Erwin haben zwischendurch Musik gemacht; alles ganz rund. Vorher war sie vom Verlag gebrieft worden.

Zum Thema »Interviewfragen« (auszugsweise):

»Wenn Sie auf eine Frage nicht antworten möchten, sagen Sie, das sei eine sehr interessante Überlegung, viel wichtiger sei Ihnen aber in diesem Zusammenhang, dass... Möglicherweise hat der Interviewer am Ende vergessen, dass er diese Frage stellen wollte. (Klar, kennt man von Politikern)

Gehen Sie nicht davon aus, dass Ihr Gegenüber umfassend und vorbildlich vorbereitet ist. Vielleicht hat er Ihren Roman nicht ganz gelesen, kennt die ersten Bücher nicht... Treten Sie diesem Sachverhalt möglichst unbefangen und tolerant entgegen – nutzen Sie ihn vielmehr, um noch mehr dahin zu lenken, wo Sie hin möchten – in diesem Fall haben Sie die größtmögliche Freiheit das zu erzählen, was Sie nachher hören oder lesen möchten.«

Besonders gefällt mir das »unbefangen und tolerant«...

Sie darf aber nicht sagen, dass Hera Lind doof ist und I. v. Kürthy nur für Realschülerinnen. Werde sie an dem Abend tatsächlich interviewt, solle man Susanne bitte den Mund zuhalten.

15.2.06 Herrennachmittag mit den Kollegen. Peter Th. kam auch noch dazu. Er hat gerade ein Boot gekauft, grübelt aber noch über den Namen nach. Detlef, auch ein Segelliebhaber, gab zu bedenken, dass man neuerdings auf einem Boot überhaupt nicht mehr sicher sei. Überall lauere der Bundesgrenzschutz, die Wasserpolizei, der Zoll und sogar noch die Deutsche Gesellschaft zur Rettung Schiffbrüchiger. Die würden das Boot bis zur letzten Faser durchsuchen, wenn sie schlecht drauf sind, und das seien die immer. Die suchten nach Drogen, Waffen und Weißgottwas. Peter hatte eine Erleuchtung: Er werde das Boot »Vogelgrippe« nennen.

18.2.06 Gestern ist Herta gestorben.

19.2.06 Im Bus nach Altona neulich standen vor mir zwei Jugendliche. Der eine Türke, der aber gut Deutsch sprach, vermutlich schon dritte Generation. Sie redeten über ihren Sportverein. Der Türke: »Da kommt doch'n Typ zu mir und sagt: ›Kennst Du Mahmud?‹ Ich so: ›Ja. Wer bist du denn überhaupt?‹ Er so: ›Jens. Bestell ihm doch mal'n schön Gruß.‹ Ich bin dann noch zur Moschee und hab da'n büschen rumgelungert.«

Jetzt wartet man auf die Pointe. Aber da wartet man vergebens.

März 2006

1.3.06 Trauerfeier für Herta, war besser als ich dachte. Wir (9 Personen) saßen um die Urne herum und sprachen über sie; hinterher Kaffeetrinken in ihrer Wohnung.

3.3.06 Auftritt im Lustspielhaus, mit Jess Jochimsen und Bastian Sick.

6.3.06 Schnee, Schnee.

7.3.06 Das neue Buch von Frank Schulz zugesandt bekommen vom Verlag. Wollte es erst aufbewahren für meine langen Zugfahrten, musste aber dann doch anfangen zu lesen. »Das Ouzo-Orakel«. Bis jetzt sehr schön.

8.3.06 Frauentag! Vor einigen Jahren wurde ich nach Erfurt eingeladen, wo die Landesregierung – wie auch immer die heißt: Sächsische, Thüringer, Anhalter? – 200 verdiente, nicht etwa verdienende, Frauen ehrte, und ich machte den kulturellen Kasper. Das Gute war, dass man sich keine Sorgen machen musste, ob überhaupt jemand zur Lesung kommt. Die waren nämlich alle da, weil das Büffet erst *nach* meinem Auftritt eröffnet wurde. Geschickter Schachzug.

10.3.06 Hat die ganze Nacht geschneit, mindestens 7 cm. Und in 10 Tagen ist Frühlingsanfang. Gestern Abend Austern und Muscheln im Pavlonya mit R. Nach 18 Jahren hat A. anscheinend Schluss gemacht mit ihr. Dies und das geredet, die üblichen Sachen: Dass manchmal auch eine Erleichterung aufkommt, dass man jetzt Dinge machen kann, die man schon immer machen wollte... alles, was so in den Ratgebern steht, aber wenn man's selbst erlebt oder erlebt hat wie ich auch, dann nimmt man es doch anders auf, die Sinne sind geschärft. Und dann natürlich Heulen, Heulen, Heulen.

17.3.06 Zum Thema »Test für neue Staatsbürger« schreibt einer an die *MoPo*: »Mir fällt ein Stein vom Herzen! 37 Jahre lang habe ich mich gefragt, was nicht mit mir stimmt, und die Lösung war so einfach: Ich bin kein Deutscher!...«

22.3.06 Alice kriegt'n Kind!! Im Oktober. Aber zweimal kann man ja wohl nicht Großtante werden, oder?

Und Angelina kriegt auch eins, mit knapp 18 Jahren. Dann geht ja alles wieder von vorne los. Und ihre Träume von einem Leben im Wald, als Försterin, und ihre Begabung fürs Musikmachen kann sie auch verbuddeln. Armes Ding.

April 2006

3.4.06 Inzwischen zwei Lesungen hinter mich gebracht, Ludwigshafen und Aichtal bei Stuttgart. In L. mit dem Spardosenterzett, sehr entspannt und lustig, allerdings wurde nur sehr wenig Reklame gemacht – die Spardosen hatten Plakate geschickt, darauf stand dann vom Veranstalter mit Filzstift dazu gekritzelt: + Fanny Müller. Es waren nur 45 Leute da. In Aichtal waren es 120. Frau P. hatte herumgewirbelt wie nichts Gutes. Komisch, es sind immer Frauen, die sich wirklich Mühe geben. Auf dem Hotelzimmer fand ich jede Menge Getränke vor, was zu essen, Süßigkeiten und einen Strauß Blumen. Außerdem hatte sie mich abgeholt und wieder zum Zug gebracht.

Wieder zu Hause, bin ich von Handwerkern umzingelt. Oben im Haus hat der Hauswirt eine Wohnung renovieren lassen, das dauerte 5 Wochen, mit viel Krach und schrecklichen Radio-Sendungen, deutsche Volksmusik und so. Vorne haben sie die Straße wegen Straßenbauarbeiten gesperrt, soll bis August gehen und nebenan das ehemalige Theresienheim. Das wird »entkernt« und hinten sollen noch Terrassenwohnungen »im stillen Hinterhof« errichtet werden. Nachdem sie das zweite Haus abgerissen haben... Na, das wird die Leute aber freuen, die da einziehen: Hinten links die in den Netzhemden, die im Sommer unter ihrem Partyzelt sitzen und »Maleen, eine von uns beiden muss jetzt gehn« grölen und nebenan im Bunker die Alkis, die auch jeden Abend mit Bier »feiern«. Das wird ein Spaß!

Die Arbeiter sind hier auch schon seit 5 Wochen zugange mit Presslufthammer, Elektrobohrern und -sägen. Haben die alten Bäume im »ruhigen Innenhof« abgesäbelt, die kaputte Schütte ist ständig in Betrieb und wirbelt den Staub in die Nachbarschaft, offensichtlich sind sie dabei, im ganzen Haus die Zwischenwände raus zu brechen. Von morgens um 8 bis nachmittags 16, 17 Uhr. Man kann kein Fenster aufmachen, ganz zu schweigen vom Balkon, den kann ich nur abends betreten. Das wird noch was im Sommer. Habe meinen Rechtsanwalt gebeten, eine Mietminderung anzukündigen. Nur aus Prinzip, denn wirklich was davon haben werde ich nicht. Zweimal beim Italiener essen gehen. Aber das kann ich mir sowieso leisten.

Bauarbeiter ärgert man am besten, wenn man lässig im Vorbeigehen sagt: »Na, auch wieder mal an der Arbeit? Manche haben's ja wirklich gut im Leben...« Dann stehen bleiben, mit dem Finger auf etwas zeigen und sagen: »Hier sieht's aber nicht so schön aus. War das der Lehrling?« Wenn es sich um ein japanisches Fabrikat handelt, sollte man danach gegen die Bohrmaschine treten und sagen: »Alles Mist, was diese Asiaten heute so fabrizieren«, und schließlich dem Arbeiter auf die Schulter klopfen und sagen: »Nun sieh mal zu, dass du vorwärts kommst, ich wäre hier schon seit Montag fertig.«

Das macht *sie* fertig. Hab ich aber leider noch nicht ausprobiert.

12.4.06 Bei zwei Wohnungsbau-Genossenschaften gewesen. Habe mich eintragen lassen.

Karfreitag 06

Mal wieder prima Nachrichten: VW will die Arbeitszeit von 38 Stunden auf 42 oder 44 erhöhen, dadurch werden dann ein paar Tausend Arbeitsplätze frei. Wie man auf die Tour »die Konjunktur anheizen« will, ist mir schleierhaft.

Habe noch keinmal in diesem so genannten Frühling meine Mütze abgesetzt.

Vorgestern Fußball-Lesung im Literaturhaus. Vorher drei Interviews. Ich weiß auch nicht, was diese Leute sich denken: Als Erstes erkläre ich, dass ich mich Null für Fußball interessiere, aber am Schluss fragen sie regelmäßig, wen ich mir wohl als Weltmeister vorstellen kann. Habe mich entschlossen, in Zukunft »Elfenbeinküste« zu sagen.

Männer, die sich definitiv als Nicht-Köche outen, werden doch auch nicht gefragt, auf welche Weise sie ihre ganz persönliche Béchamelsoße zubereiten.

14.4.06 Hier mein Beitrag, da hab ich noch andere Sachen drin verbraten:

St. Pauli gegen Bavaria Leverkusen

Eigentlich wollte ich ja eine Geschichte über Schwule schreiben, aber Harry sagte, ich solle die Finger davon lassen, davon verstünde ich nichts.

Dann schreibe ich eben über Fußball, da glaubt er zwar auch, dass ich von Tuten und Blasen keine Ahnung habe, aber mit seiner, Harrys Hilfe, würde ich schon was zustande bringen. Ha! Ich habe mir überlegt, dass ich dann schon mindestens *ein* Geburtstagsgeschenk für ihn abgehakt habe.

Harry schlägt vor, dass ich mir »zum Anfang« ein Spiel von St. Pauli ansehen soll. Als »zum Anfang« würde ich das nicht gerade bezeichnen, denn immerhin habe ich schon einige Fußballspiele weggeguckt. Bei uns im Dorf beispielsweise spielte andauernd die Feuerwehr gegen die Liedertafel, wobei einige Sänger auf der Seite der Feuerwehr spielen mussten, weil es nicht genug Feuerwehrleute gab. Eigentlich gab es genug Feuerwehrleute, aber die waren vorher schon besoffen.

Später im Leben sah ich mir noch ein Spiel der 4. Herren Stade an, weil mein damaliger Freund ein Fan von denen war, und dann vor etwa 25 Jahren noch mal den HSV gegen den Sportverein Hab-ich-jetzt-vergessen. Das sollte ja eigentlich reichen für eine Frau, die auch noch was anderes zu tun hat.

Trotzdem habe ich mir einen *Kicker* von ihm ausgeliehen, weil Harry sagte, der sei wie *Brigitte*, bloß für Jungs. Da war dann auch alles drin für Jungs. Reklame für Autos, Deodorants, die Postbank und die Sparkassenaltersvorsorge. Das, was sonst auch im *Penthouse* oder *Playboy* steht, außer Nackedeis. Die Fußballseiten habe ich überschlagen. Aber dann: nichts von neuen Herbstfarben, kein »Wer-treibt-es-mit-wem« und nirgends ein Horoskop. Da habe ich es gleich in den Müll geschmissen, aber Harry hat es wieder rausgeholt.

Also St. Pauli. Steht ja nicht gerade im Verdacht, Weltmeister zu werden, aber das habe ich Harry nicht gesagt, das hebe ich mir für später auf, wenn ich Harry mal ärgern muss.

Ob Rheuma Kai heute auch spielt, frage ich ihn. Das mache ich absichtlich, weil ihn das fuchsig macht. Natürlich weiß ich, dass Rheuma für den Dings, also für den FC Fällt-mir-grad-nicht-ein spielt. Nebenbei gesagt, finde ich, dass das ein ganz schlechter Name für einen Fußballspieler ist.

Heute soll es also losgehen. Es ist Sonnabend Mittag, für den Nachmittag haben sie im Radio 30 Grad vorausgesagt. Harry läuft bei mir ein. Ich bin ziemlich benommen von seinem Anblick. So was hat mir noch kein

Mann geboten; außer einem Biker, der darüber hinaus noch einen Stahleimer auf dem Kopf trug. Harry ist angezogen wie für ein Rockkonzert 3. Klasse im tiefsten Winter. Normalerweise trägt Harry Jeans mit Bügelfalte, und wenn er beim Plätten seiner T-Shirts ist, darf man ihn nicht anrufen, weil er sich dann nicht mehr konzentrieren kann. Jetzt hat er einen Schal mit unzähligen Plaketten um den Hals gewickelt, eine Kutte mit furchtbaren Emblemen drauf und darunter ein Sweatshirt mit Totenkopf, eine Mütze mit St.PauliSt.PauliStPauli bestickt und eine zu enge Jeans aus dem vorigen oder vorvorigen Jahrhundert, die seine Hüften auf äußerst unvorteilhafte Weise zur Geltung bringt. Das merke ich mir schon mal für später vor.

Ich beschließe, mich zwei Meter hinter ihm zu halten; irgendwie ist man doch eitler, als man immer gedacht hat.

Auf dem Weg zum Millerntor-Stadion treffen wir Heike. Heike guckt Harry von oben bis unten an, sagt aber nichts. Sie hat auch so einen Trottel zu Hause. (Thomas, nimm es auf jeden Fall persönlich!) Da haben wir dann morgen Abend beim Damenstammtisch noch ein schönes Gesprächsthema.

Heike haben sie vor ein paar Tagen beim Fußballgukken Geld aus ihrer Jackentasche geklaut. Ich sage, dass sie das besser in ihrem Schlüpfer hätte verstecken sollen, worauf Heike wie aus der Pistole geschossen sagt: »Also, wenn mir da einer rein greift, das würde ich überhaupt nicht merken. Wenn ich *eine* unempfindliche Stelle habe, dann DA...«

Harry guckt irritiert. Wir grinsen. Heike sieht Harry noch einmal lange an und wendet sich dann an mich: »Wetten dass ich weiß, wohin ihr geht?« – »Also nicht in die Oper«, sage ich, »die machen erst abends auf.« – »Und wer spielt gegen wen?« – »St. Pauli gegen Bavaria Leverkusen«, sage ich und Harry sagt, dass ich das auf keinen Fall gegenüber einem seiner so genannten Freunde erwähnen darf, das heißt, er nennt die nicht so genannt, obwohl er die schon seit dreißig Jahren kennt und heute noch nicht weiß, ob die Kinder haben oder nicht... Also, einer dieser Freunde gibt mir die Dauerkarte seines Sohnes, damit ich einen Sitzplatz habe, da erfuhr Harry dann auch, dass der mindestens einen Sohn hat. Und außerdem sagt Harry, der mir mal wieder über die Schulter guckt, was ich überhaupt nicht leiden kann, dass die Bayern Leverkusen heißen, und ich halte die Klappe. Natürlich ist mir seit der Grundschulzeit bekannt, dass Leverkusen nicht in Bayern liegt, aber man soll ja nicht immer mit seinem Wissen angeben, besonders dann nicht, wenn sowieso keiner zuhört.

Über das Spiel kann ich nicht viel berichten. Es war voll, es war laut und hinter mir saßen lauter Trainer: »...Handspiel, das geht gaa nich...«, »...den hätte er steil in die Mitte...« Etwas später stellte ich dann fest, dass das ganze Stadion aus Trainern bestand. Ab 15 Uhr sprachen die alle Konsonanten und Vokale nur noch gebunden aus. Es wurde auch Bier ausgeschenkt.

Sehen konnte ich sowieso nichts, weil alle naslang die Männer, die vor mir saßen, aufsprangen, sich wieder hinsetzten, aufsprangen und so weiter. Wie in der katholischen Kirche. Auch an Gesang ließen sie es nicht fehlen. Ich habe vier oder fünf Hymnen mitgezählt, allerlei zwar bewegendes, aber von der Melodie her nicht ganz einwandfreies Liedgut. Man schrie »St. Pauli« und meinte »Heimat«. Das fand ich voll daneben. Meine Heimat ist schließlich nicht am Millerntor, sondern da, wo ich schon dreimal renoviert habe. Hier guckt Harry mir schon wieder über die Schulter und behauptet, *er* hätte bei mir renoviert. Das stimmt natürlich gar nicht, denn vor ihm haben seine Vorgänger alles gemacht und Harry ging dann später noch mal ran, weil ihm die Lüsterklemmen oder was weiß ich nicht genau genug ... na, egal.

In der Pause oder Halbzeit oder was bin ich dann gegangen. Harry kriegte das überhaupt nicht mit, er schwenkte immerzu seine Totenkopffahne, brüllte »du Sau«; damit war offensichtlich der Schiedsrichter gemeint. Ich kenne ja meinen Harry nicht wieder! So politisch korrekt, wie der sonst immer ist, da kann man ja meistens die Wände hoch gehn.

Am nächsten Morgen lässt NDR 2 den St. Pauli-Trainer zu Wort kommen: »... haben wir über die Gegenwart gesprochen, das heißt, über die nächsten drei Spiele.«

Und gestern ist wie übermorgen.

(für: »Aus der Tiefe des Traumes. Elf Frauen erzählen Fußballgeschichten«, Sammlung Luchterhand, 2006)

16.4.06 (Ostern) Habe gerade beim Italiener, d.h. in Wirklichkeit sind es Albaner, die *BamS* gelesen: »Der Klartext-Papst«.

»Seine Botschaften erreichen auch und gerade die einfachen Leute – von Santiago bis Seoul, von Seattle bis Sydney«, wobei »die einfachen Leute« wohl kaum eine Ahnung haben, dass es höchstens in Santiago Katholiken gibt. Und dann wendet sich der *Pontifex Maximus* »...auch gegen Prostitution und Sex als bloßen Zeitvertreib«. Wenn man's ernsthaft betreibt, ist es allerdings schwer in Ordnung oder was.

Tja, bin weiter am Suchen. Nach einer Wohnung. Die Arbeiter sind über Ostern verschwunden und kommen aus der Ostzone. Dafür tragen sie aber etwas, das man früher »Minipli« nannte. Neulich stand da einer mit einem Riesen-Lkw vor einem Haus, ich las auf einem Schild »Mistral d10« (oder so ähnlich) und sagte daraufhin zum Fahrer: »Oh, der Wagen heißt Mistral? Wie diese Straße?« Er: »Nee.« Ich: »Aber da steht doch...« Er: »Nee.« Irgendwann bequemte er sich zuzugeben, dass da wohl Mistral stehe, da sei aber das Kühlaggregat mit gemeint. Dass die Straße »Mistralstraße« heißt, hatte er übrigens noch nicht geschnallt.

Ich habe das schon oft mit Handwerkern bzw. mit so genannten »einfachen« Leuten erlebt, dass sie so tun, als würden sie einen wörtlich nehmen und dann alles abstreiten, bis man selbst darauf kommt, dass es »Wasserpumpe« oder »Kreuzschlitzschraubendreher« oder so heißt und nicht »das Dings da«. Ist vermutlich die Rache des kleinen Mannes am Intellektuellen.

17.4.06 Lisa Politt erzählte, dass es in New York für eine Frau über 40 statistisch gesehen wahrscheinlicher sei, einem Raubüberfall zum Opfer zu fallen als einen Mann zu kriegen. Lisa: »Gott, wenn man sich die Männer so ansieht... dagegen – ein Raubüberfall – wenn der gut gemacht ist...«

Früher hat sie mal einen Leserbrief an die *MoPo* geschrieben (wurde natürlich *nicht* abgedruckt), im Zusammenhang mit Clinton/Lewinsky und den anschließenden Bomben auf Bagdad: Sie hätte gerne eine Auskunft darüber, wem *sie* einen blasen muss, damit Bomben aufs Weiße Haus fallen...

19.4.06 Gestern war ich eingeladen zu einer *taz*-Fete (»Eine neue *taz nord* – Eine Leuchte mehr«). Ich hatte extra eine Einladung per Telefon gekriegt; offensichtlich hatten sie mich in ihrer Leser-Kartei nicht gefunden... wäre ja wohl noch schöner. Eigentlich hatte ich angenommen, dass ich da ein paar Leute von früher treffe... Was wirklich los war, erfuhr ich erst, als ich in der Freien Akademie der Künste eintraf. Podiumsdiskussion! Da steh ich ja so was von drauf! Es tummelten sich scheints lauter *taz*-Leser, zwischen 40 und scheintot, 'n paar Ungepflegte, aber die meisten gut angezogen – Jeans mit Jackett und so, man kennt es.

Thema: Reiches Hamburg – armes Hamburg, zwischen Elbharmonie und Vorstadtslums. (Ob das mit der Elbharmonie ein Versehen war oder Absicht, wusste ich nicht: heißt nämlich Elb-Philharmonie. Bei denen weiß man ja nie.)

Zugegen waren Bascha Mika; die Chefredakteurin von

der hiesigen Obdachlosenzeitung; ein Mäzen (baut Schulen in Afrika für kleine Negerkinder) und einer von der Handelskammer. Der Handelskammertyp kriegte genau so viel Beifall wie die Obdachlosenzeitungsfrau. Die sollten drei Themen, pro Viertelstunde eins, abhandeln; behalten habe ich nur: wie kann man die Reichen und Armen wieder zusammenbringen oder was. Da bin ich sofort gegangen. Hinterher sollte das Publikum nämlich auch noch Fragen stellen oder irgendwelche Kommentare abgeben. Auf dem Weg zum Ausgang sah ich noch das angekündigte »Fingerfood«: halbe Graubrotscheiben mit Schmalz bzw. irgendwas Rotes, vermutlich Heringssalat. Es sollte auch noch Musik und Tanz geben.

Na, wieder ein schöner Abend durch die Lappen gegangen, bloß weil ich nicht aufgepasst habe. Und ich kannte NIEMANDEN, mit dem ich entsprechende Blicke hätte tauschen können...

So was kriegst du natürlich nur in einer Weltstadt geboten, du lieber Gott. Wäre ich bloß gleich zu Hause geblieben.

Ein kleiner Spaziergang am Abend ist aber auch nicht verkehrt.

21.4.06 Schrieb mir Susanne:

»Ich war gestern im Kino, dafür musste ich allerdings bis in die Weltstadt Braunschweig reisen – ›Good Night and Good Luck‹ über den McCarthyismus. Ziemlich gut...

...Ist die jüngste Nichte mit dem Kindsvater zusammen? Na, das spielt ja heute alles keine Rolle mehr – ›das kommt alles von diesem Six und Sex und so‹, hätte meine Oma gesagt, und wir haben nie herausfinden können, was Six ist. Den Rest weiß ich inzwischen.«

23.4.06 Aus Dortmund zurückgekommen, Lesung mit Wichlaff und Fritz Eckenga. 400 Leute, die aber wohl hauptsächlich wegen W. und F. gekommen sind, obwohl ich später auch hübsche Komplimente wegen meines Vortragsstils bekommen habe. Alle Kollegen sehr diszipliniert, was die Einhaltung der Zeiten betraf (ich ja sowieso, weil ich keine Rampensau bin). Der Verleger hat ’ne neue Freundin, mit ostfriesischem Migrationshintergrund, wie Wichlaff betonte.

24.4.06 Eben an der Ampel: 2 Punks und 8 Hunde. Einer der Hunde, der sich irgendwo verkrümelt hatte, wurde herbei gerufen, als es über die Straße gehen sollte: »Komm! – Alte, wo bleibst du denn – ich zieh dir gleich’n Horn!«

Im Radio zum Thema Vogelgrippe der niedersächsische Gänsezüchter, der wahrscheinlich nicht genug Gänse für Weihnachten los werden kann: »... auf Dauer seh ich keine Zukunft.«

25.4.06 »Die DNS-Server reagieren nicht«, sagt die Fehlermeldung. Haben die jetzt auch schon Chromosomen?

26.4.06 In einem Beitrag für *Cicero* kritisiert Eva Herman (TV-Tussi) die »Selbstüberschätzung und unreflektierte Emanzipationsgläubigkeit« von Frauen. »Seit einigen Jahren verstoßen Frauen zunehmend gegen jene Gesetze, die das Überleben unserer menschlichen Spezies einst gesichert haben.« Damit meint sie wohl, dass die menschliche Spezies überwiegend im mitteleuropäischen Raum gesichert werden soll. Weiß Gott, wenn der Neger sich überall breitmacht! Allerdings ist die afrikanische Population ja durch HIV schon reichlich dezimiert. Aber da brüllt keiner nach Mehr-Kinder-Kriegen.

Gleichzeitig wird bekannt, dass v. d. Leyen, die Familienministerin, eine Erziehung fordert, die dem christlichen Gedanken näher stehe. Z.B. soll *Aufrichtigkeit* (»Nein, mein Kind, wir sind nicht böse, dass du gelogen hast, wir sind nur sehr sehr traurig«) gefördert werden.

Möchte mal wissen, was daran spezifisch Christliches sein soll. Auch der Heide findet das bestimmt gut. Und der Moslem. Wenn ich mich richtig an meinen Konfirmanden-Unterricht erinnere, dann waren die typisch christlichen Werte doch: Glaube, Hoffnung, Liebe. »Aber die Liebe ist die größte unter ihnen.« Ha!

27.4.06 Vor ein paar Tagen titelte die *MoPo*: »Sind deutsche Mütter zu faul?« Es hatte mal wieder irgendwo von irgendwem eine Umfrage gegeben. Tja, man weiß es nicht. Wenn Männer arbeiten, dann arbeiten sie. Wenn Frauen arbeiten, dann wollen sie »Karriere« machen, auch wenn es nur ein Aushilfsjob im Völkerkundemuseum ist.

29.4.06 Gestern von Lesetour Frankfurt/Berlin zurückgekehrt. Im ICE eine Durchsage: »... soeben sind unsere Impulsverkäufer hinzu gestiegen...« Es handelte sich um Snack-, Brezeln- und Eis-Verkäufer.

Leider hatte ich zwischen Frankfurt und Berlin einen Hexenschuss, eigentlich nur fast, denn ich habe ihn rechtzeitig bemerkt und mich entsprechend bewegt bzw. nicht bewegt.

Mai 2006

2.5.06 Vor einigen Tagen sandte mir Satko, Miras Sohn, ein Foto von sich und seiner Tochter Nadja aus Bosnien. Ich solle es bitte für seine Mutter ausdrukken. Heute schrieb er:

»Danke dir meine suese, meine muti war ueberascht von Nadjas fotos. Du bist imer unterwegs das ist schen wir wunschen dir alles gute in deine leben.

Vile vile gruese aus Sanski Most von Nadja und Satko.

P.S. Ich vermisse Hamburg meinchmal ich treume von im.«

Schon sehr beachtlich für einen, der Deutsch nur vom Hören gelernt hat.

3.5.06 In der *MoPo* großes Foto zum Artikel »Mit Zuckerbrot und Peitsche: Eltern, die sich voll um ihre Babys kümmern...« Gezeigt wird Oliver H. aus Frankfurt mit seinem Sohn. Vater liest ganz vertieft in einem Thriller und hält sich am Kinderwagen fest, in dem das brüllende Baby liegt. Hat bestimmt ne Foto-Redakteurin ausgesucht.

5.5.06 Regierung will Unternehmen beschenken: »Angesichts des internationalen Standortwettbewerbs müsse die Belastung für Firmen runtergeschraubt werden«, so der Finanzminister Peer Steinbrück (SPD). Wenn wir die SPD nicht hätten...

Heute in der Haspa großes Plakat: Elite-Report 2006 »Bester Vermögensverwalter, ausgezeichnet durch DIE WELT«. Gelesen: Bester Vergewaltiger. Eine Rundfunkjournalistin berichtete mal, dass sie öfter Anfragen kriegen, ob sie nicht mal wieder »Entchen von Tharau« spielen können...

Kathrin, meine ehemalige Kollegin von der VHS, beim Italiener getroffen, ihre Eltern und die 87jährige Großmutter waren zu Besuch; Kathrin wohnt jetzt in St. Pauli. Die Oma hat sich von den Betreibern die Volx-Küche erklären lassen und die WG-Wuselei genossen.

Claudia mal wieder: »... weil, da sind noch ein paar unerledigte Dinge, die ich tun muss. Eine Freundin meiner Schwester nennt das immer DDR – Der Dumme Rest«.

17.5.06 Den dritten Tag in der Ayurveda-Klinik. Alles ganz nett, rauchen darf man nur draußen. Es gibt gutes Essen, allerdings den Nachtisch als Vorspeise und keinen Kaffee. Den kann ich mir aber leicht in der Cafeteria besorgen. Ich habe nur mit meiner Tischnachbarin zu tun, einer dicken gemütlichen Holländerin, die ein sehr drolliges Deutsch spricht und eine Holzfirma leitet. Sie hat elf Geschwister und vier Kinder sowie eine angenommene Tochter aus Südamerika.

Was mir reichlich auf die Nerven geht: Überall Bilder in rosa, gelb und blau, mit Blumen und Zweigen undsoweiter. Alles sehr ruhig, was gut ist. Selbst der Buchhändler spricht nur im Flüsterton. Ich möchte lieber nicht aufzählen, was er an Büchern hat. Seiner Assistentin musste ich beim Bestellen P-a-m-u-k buchstabieren. Habe gerade »Der Blick aus meinem Fenster« gelesen, sehr schöne Essays.

Zimmermädchen sind derbe Kasselanerinnen. Mantrasingen schenke ich mir. Ebenso Seidenmalerei. Töpfern gibt es auch und irgend welche Tänze. Vielleicht mal zum Yoga. Ich bin ein Kapha-Pitta-Typ, was auch immer das heißen soll. Kann ich mir aber leicht merken – Abkürzung: KP.

Essen kann ich alles; die Anwendungen (Ganzkörpermassage und spezielle Rückenmassage) sind wunderbar. Die haben indische Namen, die ich nicht behalten kann. Bin danach immer sehr müde.

Der Park nebenan ist der schönste, den ich bisher gesehen habe. Rhododendren stehen in voller Pracht, nur wenig Menschen unterwegs und die Parkwege nicht verdreckt. Eine der Therapeutinnen sagte, dass König Karl oder Wilhelm, der den Park im 18. Jahrhundert habe anlegen lassen, *spirituell* gewesen sei. Ein Leichtes, wenn man bedenkt, dass er den von 10.000 oder so Leibeigenen hat umgraben lassen. Wenn mir noch mal einer mit »spirituell« kommt, drehe ich durch.

18.5.06 Kann vielleicht doch nicht zu Jeanette fahren – ihre Mutter ist gestern gestorben.

Heute beim Fischegucken am Schlossteich beinahe auf eine Schlange getreten. Sie witschte zwischen meinen Füßen durch und sprang ins Wasser, wo sie noch eine Weile zwischen den Lotosblättern (= Seerosen) blieb, den

Kopf rausstreckte und züngelte. War ungefähr einen Meter lang, schwarz und hatte zwei kleine gelbe Auswüchse am Kopf. Ich weiß nicht, wer von uns beiden erschrockener war.

19.5.06 Eben im Park einen Mann meines Alters getroffen, der mit seinem schwarzhäutigen Enkel unterwegs war. »Der, Sie wissen schon, der Österreicher, das war ja gar kein Deutscher, auch zeugungsunfähig, war kein richtiger Mann, ganz gut, dass wir den Krieg nicht gewonnen haben, sonst hätte ich in Russland irgend was bewachen müssen und wäre womöglich noch umgekommen. Danach haben wir ja viel gearbeitet und heute ist wieder nichts...«

Kein Wort über den Holocaust, und was er über die vielen Arbeitslosen dachte, blieb unklar. Letztlich doch keine geschichtliche Perspektive, alles nur auf ihn selbst bezogen.

Heute in der »Korb-Ecke« in einem Buch gelesen, *Impressionen – eine Art Gästebuch für die Korb-Ecke*: »Vielen Dank für die Veränderung des Bewustseins der Sichtweise denn ALLES ist EINS. Susanne R., Okt. 2002« (Schreibfehler inklusive).

Abends wurde ein Zettel unter meiner Tür durchgeschoben: *»Langeweile? Call me up. Thomas.«*

Vielleicht doch ein Kurschatten? Und wieso nicht alles auf Englisch? Was Langeweile auf Englisch heißt, fällt mir allerdings im Moment auch nicht ein. Irgendwas mit »boring«.

Die Kur hat mir immerhin ganz gut getan, wenn auch die Frauen dort (wenig Männer, natürlich) mir gehörig auf den Geist gingen; es ging mir wie in der Reha, habe kaum aufgeschaut und mit niemandem Gespräche geführt. Man kann es sich vorstellen: Einerseits die Perlenkettenfraktion, die gerne mal zum Nordic Walking aufbrach, andererseits die Weiber, die bereits in Ayurveda-Farben angereist kamen, sich kaum aus dem Haus entfernten und »Frauengespräche« führten. Waren bereits erleuchtet, das konnte man an ihrem verzeihenden Lächeln sehen, d.h. sie hatten nicht sich selbst verziehen, sondern mir. Die meisten reiche Fabrikantenwitwen (so habe ich jedenfalls eine getauft, deren Oberarme über die Ellenbogen runter hingen) oder solche, die nach der Boutique und nach der Galerie, die ihre Gatten ihnen eingerichtet hatten, mal was anderes machen wollten. Die sind auch immer zum Mantrasingen, zu exotischen Tänzen und zur Seidenmalerei (!!) gegangen, also »die geistig durchgeglühten Tanten«, wie Wilhelm Busch schon ganz richtig bemerkt hat.

Ich war entweder bei einer Behandlung (Massage) oder draußen im Park. Jetzt bin ich bei Jeanette im Marburgischen, die gerade zur Beerdigung ihrer Mutter gefahren ist. Da gab es schon ein sehr unschönes Vorgeplänkel. Denn sie hat nicht nur eine, sondern *drei* Schwestern, die sich derart bescheuert aufgeführt haben, dass man es nicht glauben würde, wenn man so was im Fänsän sähe.

Juni 2006

3.6.06 Zurück in Hamburg. Gestern hat mich ein soignierter älterer Herr (Lodenjacke mit Eichenlaub) im Gemüseladen angefunkelt, ohne Gutentag und alles. Er hätte meine letzte Lesung im Alma Hoppe gesehen und wäre entsetzt gewesen. Eine Dame, die solch vulgäre Wörter in den Mund nimmt! Er sah schon reichlich verbittert aus und war immer noch empört über eine Lesung, die immerhin 12 Wochen zurückliegt. Wahrscheinlich hatte er inzwischen nichts Vernünftiges zu tun. Ich habe ihn dann gefragt, ob er zu Hause nicht eine Frau hätte, die er quälen kann. Und außerdem dürfe man eine Dame nicht von der Seite ansprechen. Ich erinnere mich nicht an schlimme Wörter, die eher von Jess Jochimsen (*die f-Wörter*) gebraucht wurden. Aber der ist ja auch ein

MANN. Leider habe ich nicht gefragt, *welche* Wörter er meinte. Die Kritik in der *MoPo* fiel deutlich besser aus: »Fanny Müller ist lakonisch, derb, überraschend, saulustig.«

Übrigens habe ich häufig ältere Männer im Publikum, die in der Pause gehen und dann so was murmeln wie: »Das schöne Geld!« Scheints können die es nicht verknusen, dass sie als »alte Säcke« bezeichnet werden. Können aber tüchtig über Witze mit Schwiegermüttern und Blondinen lachen. Jaja, die Welt ist schlecht!

7.6.06 Jess J., dem ich vom »alten Sack« geschrieben hatte, mailt zurück:

»... und es hat nichts genützt, dass wir Bundessprachverteidiger Prof. Sick mit im Boot hatten? Teufel nocheins!

Wohlan: Kampf den alten Säcken und ein Prosit der gepflegten Vulgarität.

Sei herzlich gegrüßt...«

Heute in der *MoPo*: Ein Bielefelder (42), der wegen »häuslicher Gewalt« festgenommen wurde, hat in den Lack eines Streifenwagens gebissen. Zuvor hatte er einen Polizeiaufkleber abgenagt.

Da gibt es bis zur Revolution noch viel zu beißen und zu nagen.

8.6.06 *Bild*-Kommentar von einem gewissen Norbert Kotzdörfer oder so ähnlich (man soll sich ja nicht über Namen lustig machen, aber bei *Bild*-Redakteuren dürfte das wohl erlaubt sein):

Ja zu uns!

Nur noch 1 Tag!

Dann sind wir die Welt.

Die Sonne geht auf. Die Schatten sind weg. Millionen Freunde kommen zu uns. Alles wird rund.

Die Welt kommt zu uns.

Wer sind wir?

Wir sind wir!
Wir sind Deutschland.
Ja zu Schwarz-Rot-Gold...
Ja zur deutschen Frau, die lächelnd zuschaut... usw.
Ja zu uns selbst!

9.6.06 Heute hatte ich den ganzen Tag NDR-Kultur laufen, weil beim Haus mit den Prolls (Michelle-halts-Maul) Handwerker ein Gerüst aufbauten und »Er ist nicht wie du« von Marianne Rosenberg hörten und die jungen Leute von hinten rechts sofort Rap auflegten. Da wollte ich mit klassischer Musik dagegen halten, aber leider ist die nicht laut genug.

10.6.06 Die WM hat angefangen. Schön, dass man jetzt jeden Spacken gleich erkennen kann an der Deutschlandfahne an seinem Auto oder sogar am Fahrrad. Oder am Fenster, wie bei mir gegenüber der Schlachter. Der hat gleich drei.

12.6.06 Die Junx von der *Titanic* rufen an, dass sie die Lesung morgen verschieben wollen, weil es 40 Grad in FFM werden soll und abends Brasilien spielt, da käme keiner... in Wirklichkeit wollen sie bloß selber Fußball gucken. Ist mir aber sehr recht. Morgen vier Stunden auf dem Zug, na danke.

13.6.06 Hatte eine entsprechende Mail an Zweitausendeins geschickt, weil Herr R. einen Angestellten zur Lesung in Frankfurt schicken wollte. Jetzt schreibt er zurück:

»Ja, is wahrscheinlich besser so. Heute hatte ich bereits einen Eindruck von der demografischen Entwicklung der BRD in den näxten 50 Jahren:

Menschenleeres Winterhude, nicht mal auf der Barmbeker Straße Verkehr.

Allerdings stürmten gerade die Udls ein bißchen die

Post. Hand an der Dienstwaffe, aber keine Schussweste. Hm.

Später erzählte Frau B., ein junger Mann habe versucht Drogen zu verschicken, deshalb.

Wie der wohl aufgeflogen ist?«

Daraus habe ich mit seinem Einverständnis Folgendes gemacht:

Koks mit Sahne

Während der WM hatten F. und ich bereits einen Eindruck von der demografischen Entwicklung der BRD in den nächsten 50 Jahren:

Menschenleeres Schanzenviertel, nicht mal auf der Stresemannstraße Verkehr. Es spielten gerade die Sach-noch-mal gegen die anderen, die aus Weiß-ich-auch-nicht-mehr. Plötzlich kommt eine Wanne angebraust und die Polizei stürmt ein bisschen die Post. Hand an der Dienstwaffe, aber keine Schussweste. Hm.

Später erzählt eine Frau, ein junger Mann habe versucht, Drogen zu verschicken.

Wie der wohl aufgeflogen ist?

F. und ich sitzen in einem Eiscafé und spielen die Szene durch.

Ich: »Ich hab hier ’n Paket, ist das auch versichert?«

F. (schiebt mir die Getränke- und Eiskarte rüber): »Jo, füll’n se ma hier aus, was da so drin is, wie viel das kostet un so.«

Ich: »Also, zwei Kilo Heroin, macht zirka hunderttausend Eier... (F. zückt sein Handy und wählt)... wieso rufen Sie denn jetzt bei den Bullen an?«

F.: »Ähja, die machen ja jetzt auch telefonische Zeitansage, und meine Uhr geht nach. Wegen Mittachspause.«

Ich: »Ahso, hehe, ja, okay. So – was ist da noch drin, lassen Sie mich ma überlegen – paar Nasen... sind so Beutel... phhh... wolln ma sagen, ungefähr 500 Gramm. Warenwert? Tja, mhm, zirka...«

Dann kommt leider schon die Polizei, um uns festzunehmen. Stimmt gar nicht – ist bloß die Serviererin, die sich nach unseren Wünschen erkundigt. Beinahe hätte ich Koks mit Sahne bestellt. (für *Titanic*)

17.6.06 Altenheim (am 13. Mai)
Zwei Alte, über 80, eigentlich waren es drei, aber die dritte kam nie über »Also, hiääh...« hinaus, dann wurde sie schon unterbrochen.

– da hat man immer gearbeitet und denn nehm sie eim alles wech
– ich hab mein Sparbuch aufgelöst
– ich auch, gleich für mein Mann mit
– Rosi und Gisela kommen morgen auch in die Kirche?
– Gisela is auch so eingenomm von sich. Ers wunderbar, aber jetzt wird sie langsam komisch
– und bei der annern Gisela, die will immer Mittelpunkt sein
– Bei mir war sie immer anständig
– ich darf ja nich erzähln, wie sie über uns urteilt. Für die sind wir alte Weiber Die macht sich ja immer an den Paster ran, über ihren Enkel ham die sich kennen gelernt
– Ist immer umsonst mit mir zum Schwimmen gegangen, da hat sie sich immer aufgespielt
– ihr Schwiegersohn, der hat ja auch die Beerdigung für Rosi bezahlt
– wolln ma so sagn, ihr Enkelsohn, der is bei ihr reingekomm, bei ihr in die Wohnung, hat sich so wohl gefühlt, hat sie erzählt
– ihre Tochter und sie, die warn nur so am Süffeln
– sie ködelt sich so an, küsst mich immer, ich hab ja ne Nachbarin, die is auch nich so gut drauf, die sagt immer, ich soll zu ihr raufkomm
– ihr Mann issn ganz Serviler, 52 Jahre verheiratet
– 25 Jahre?

– nee, 52 Jahre
– sie macht immer so als wenn sie groß was machen will, aber dann fällt das untern Teppich
– genau, und mit ihrem Bruder, ob da was draus wird, weiß ich nicht
– wird auch nicht
– voriges Jahr war ich gerade nicht da, als sie Geburtstag hatte
– ich einmal
– die wickelt ja alles immer ein
– Marie mag ich auch gerne
– die is Portugiesin. Der Mann is auch nett, der spricht aber nicht gut Deutsch. Einmal hat er mich nach meim Alter gefragt und sagte denn – wie, das kann ja nich angehn!
– einmal hat sie uns nach Hause gefahren
– ich will dir ma was sagn, wie sie (?) Tante Elli immer gefahren hat, wie sie da mitunter gestöhnt hat
– der Vikar kommt ja fünf Wochen nich
– ihr Vater ist Chirurg, ihre Mutter praktische Ärztin, sie will auch Ärztin werden
– Meine Urenkelin ist 12, die will Hebamme werden. Die hat Puppen, die versorgt sie immer
– von wem hat sie so was?
– vor 2 Jahren war ich bei meim Neffen zu Weihnachten. Bei uns eine Etage tiefer wohnt eine, die hat auch so viele Puppen, bei mir geht das nicht, dann ist die Wohnung voll
– was hast du heute Mittag gegessen?
– Leber, ganz zart, hab ich bei Edeka geholt, war aber schon um viertel vor acht da
– ich bin um halb sechs aufgestanden, wenn ich aus der Tür gehe, muss die Bude fertig sein
– ich geh auch nicht raus, bevor die Wohnung fertig ist
– nächste Woche ist ja viel los: Montag Sparkasse, Dienstag kommt Erika und dann nachmittags die Trauerfeier, Mittwoch kommt Paul einkaufen, Donnerstag

Fußpflege und Kirche. In der letzten Woche war ich einmal bei toom und einmal beim Fischmann
– morgen hat meine Schwiegertochter Geburtstag
– »hätte«
– ist jetzt 6 Jahre her, meine Enkelin hätte da wohnen können nach der Scheidung, aber da hätte sie nix ändern dürfen
– wie ich heute mein Urenkel graddeliert habe, hab ich zu ihn gesagt, das Geschenk ist aber bei mir zu Hause. Hat er gelacht, sein Traum ist ja mit ein Motorrad nach Spanien fahren, wenn er eine Woche Urlaub hat, will er mitten Freund dahin fahren
– Cedric hat auch ne Freundin, die haben sogar schon zusammen geschlafen (»geschlafen« mit gesenkter Stimme)
– Montag kommt meine Lottofee
– die wohnt im Elbeeinkaufszentrum, die kümmert sich auch nicht viel um Sofie
– die macht auch Sachen, die sich nicht gehören, hat meine Uhr kaputtgemacht und beklagt sich immer, dass die Frauen in Deutschland in Hosen rumlaufen, und nich wie in Russland, und ich: wir tragen aber auch keine Kopftücher (eine andere alte Frau schlurft vorbei)
– da ist Irm, die trinkt ja. Und alles auf Pump
– die hat eine Tochter und einen Sohn
– der Sohn ist Tischler
– bei der Weihnachtsfeier hat sie immer gewartet bis Alkohol ausgeschenkt wurde. Gab aber nur Sekt
– ihr Mann ist ja mit eim Bein nach Hause gekommen, aus dem Krieg. Die Enkeltochter ist Busfahrer
– man muss ja alles mal mitgemacht haben (Pfleger mit knallrot gefärbtem Haar geht vorbei)
– Guckma (die andere schafft es nicht) – bis du dich umgedreht hast, geht die Welt unter
– (summt) Am 30. Mai ist der Weltuntergang, wir leben nicht mehr lang...
– morgen früh ersma waschen. Wollsachen

– ich häng nichts mehr auf den Balkon – wie das von der anderen Straßenseite aussieht!
– hast du den Ofen schon?
– nee, noch nich
– bei mir sollen ja neue Herdplatten drauf und neue Schalter, mit großen Zahlen, sonst kann ich das nicht mehr sehen
– schön
– Peter hat ja sechseinhalb Wochen im Krankenhaus gelegen
– gar nich gut (man wendet sich dem Bahnfahren zu)
– wie heißt das noch?
– Bahnmission. Gipps aber nich mehr überall. In Frankfurt nich, trotzdem das eine Großstadt ist. Wie ich nach Plön gefahren bin, da waren die auch. Und wie ich von Plön zurückgefahren bin, da hätten die mich ganz und gar nach Hause gefahren, aber ich hab den 39er genommen
– das Schlimmste ist das Einsteigen, da gibt's immer noch'n Handbreit Raum zwischen dem Zug und der Bahnsteigkante. Wenn du da zwischen kommst, hängen die Beine unten. Aber mit dem Flugzeug darf ich nicht
– wegen dein Herz...
– bevor ich nach Hause geh, muss ich nochma auf Toledde

21.6.06 Von der Kieler Woche wird im Rundfunk berichtet, dass man die Promille-Obergrenze für Schiffsbesatzungen stark heruntergeschraubt hat. Wer da mit zwei oder mehr Promille erwischt wird, der besitzt auch »keine charakterliche Geeignetheit« für's Rudern oder was weiß ich. Sagte ein Obermufti der Polizei.

Geeignetheit, Geeignetheit, ja – warum eigentlich nicht? Die Bescheuertheit kennt ja auch keine Grenzen nicht.

22.6.06 Eine protestantische kinderlose Ostfrau und ein kinderloser gottloser Bonner begrüßen die Welt, die bei Freunden zu Gast ist. Ob die Welt das versteht?

24.6.06 Viertelfinale Deutschland-Schweden 2:0

Nachmittags war ich in der Küche und bekam jedes Mal mit, wann ein Tor fiel – Millerntorstadion, wo etwa 50.000 Leute versammelt waren. Da wusste ich schon Bescheid, ehe ich mit der U-Bahn losfuhr gegen 20:00 Uhr, um zu Willis Sommerfete zu gehen.

Davor schon ein massives Aufkommen an Autos mit kreischenden Fans auf der Stresemannstraße. »Deutschland, Deutschland«. In der U-Bahn wurde es dann ganz prima: Da war ich eingekeilt zwischen Besoffenen, die Parolen schrieen wie »Finale, wir kommen nach Berlin« und »Wer nicht hopst, ist ein Schwede«. Sie sprangen dann derart auf und ab, dass der Wagen mithopste. Und so verließ ich ihn einige Stationen vor dem Eppendorfer Baum und ging zu Fuß weiter.

Praktisch jeder, dem ich begegnete, hatte mindestens eine Deutschlandflagge auf der Backe, meistens aber hatten sie Fahnen und all das andere Gedödel, was man sich um den Hals hängen kann. Und Deutschland-Hüte.

Übrigens sagte mir eine Bekannte, die beim Fernsehen arbeitet, dass überall massenhaft Aufnahmen von Prügeleien gemacht, aber nicht gesendet wurden.

Am 7. Juli fahre ich für 2 Wochen ins Wendland. Bete aber schon vorher, dass »wir« keine Weltmeister werden.

25.6.06 Vormittags saß ich beim Italiener mit einer Frau zusammen, 50 Jahre alt, arbeitslos, bangt um ihre Wohnung, hat einen 1-Euro-Job bei Stern-Chance. Ist auch »für Deutschland«, beklagt sich aber gleichzeitig darüber, dass nicht mehr Menschen auf die Straße gehen wg. der politischen Lage. Wieso? Gehen doch genug Leute auf die Straße. Mit Deutschlandfahnen.

26.6.06 Schreibt Bernd, ein großer Fußballfan:

»Ist das eine deutsche Eigenart, dieses aggressive, gegen andere gerichtete sich-›freuen‹? Von den Iren z.B. kenne ich eine absolute Hingabe für's eigene Team, die ist aber kindlich-fröhlich, selbst noch dann, wenn die Leute sturz betrunken sind. Und richtet sich nicht (jedenfalls nicht abfällig) gegen den Gegner. Was ich hier am Samstag, als ich zum ›Strohsemmelfest‹ auf den Marktplatz gegangen bin, an Mackertum und Größenwahn erlebt habe, spottet jeder Beschreibung... Und die größten Idioten reißen das Maul am Weitesten auf.«

(»Aber jeder erbärmliche Tropf, der nichts in der Welt hat, darauf er stolz sein könnte, ergreift das letzte Mittel, auf die Nation, der er gerade angehört, stolz zu sein... und ist nun dankbarlich bereit, alle Torheiten, die ihr eigen sind, mit Händen und Füßen zu verteidigen.« Schopenhauer).

Abends im Polittbüro las ich diesen Brief vor und danach das Gedicht von Gernhardt:

Lieber Gott, nimm es hin
dass ich was Besond'res bin
Und gib ruhig einmal zu,
dass ich klüger bin als du.
Preise künftig meinen Namen,
denn sonst setzt es etwas. Amen.

Ich trat auf mit Trude träumt von Afrika, Herrchens Frauchen und Stoppok. Der fragte mich nachher, ob ich nicht mal was für ihn schreiben könnte. Kann ich wohl nicht.

In dieser Woche eine Karikatur in der *Jungle World* gesehen, ein Comic in vier Abschnitten:

»Die Art unser Fähnchen zu schwenken strahlt dieselbe heitere Selbstverständlichkeit aus...

mit der Frauen in der Bindenwerbung Sport treiben...

Immer wieder hört man ›Kind verschwunden, missbraucht, gequält und getötet‹.

Ein kleines Video zeigt hier sehr passend und deutlich das wir nicht wegschauen dürfen!

Ich unterstütze den Kampf gegen Missbrauch von Kindern und Kinderpornografie. Reinschauen lohnt sich wirklich. In diesem Video gibt es keine Bilder wo Kinder körperlich misshandelt wurden o.ä. !

Dieses Video ist mit Musik. Drücken Sie dazu auf OK.« (Orthografische Fehler wie im Original)

Aktiviert man den Link, sieht man sich mit einem Film konfrontiert (tatsächlich handelt es sich um wahllos überblendete Fotos trauriger Kinder mit Stofftieren, dazu eingeblendete Schlagworte wie »Angst« und »Verzweiflung« und ein gruseliges Synthesizer-Streichquartett im Hintergrund), der die Grausamkeit des Kindesmissbrauchs wohl durch den grausamen Missbrauch computergestützter Produktionsmöglichkeiten auszudrücken versucht.

Ganz nebenbei wird man vom Link »MELDESTELLE KINDERPORNO« mit einem Kinderschokolade-Grinsebacke-Logo auf eine Reitsport-Seite geführt: »Wir bieten Ihnen alles rund um Ihr Sportevent.«

Aber auch die Seite der Freiwilligen Feuerwehr ist einen Besuch wert. Wenn man sich denn für Listen von Geräten interessiert, die beispielsweise beim Löschen des Stoppelfeldbrands am 3. September 2003 zum Einsatz kamen. Mehr bieten die Einsatzberichte der Freiwilligen Feuerwehr Lensian. Man stelle sich vor – am 15.7. ist ein Stoppelfeld in Dolgow, das einem Landwirt aus Nausen gehört, in Brand geraten. Vermutlich hat sich eine Rundballenpresse entzündet. Und dann spitzte sich das Geschehen zu: Bei den Löscharbeiten hat sich auch das Stoppelfeld unter dem Fahrzeug der Wustrower Wehr entzündet. (Nur der Kenner erinnert sich daran, wie heiß Katalysatoren werden können ...)

Aber die Männer der Feuerwehr Lüchow haben dieses

tückische Feuer entdeckt und gelöscht, das Fahrzeug der Wustrower Wehr konnte gerettet werden.

Also – mir ist das ganze Dorf zu action-lastig.

Habe hier auch meinen 65. Geburtstag gefeiert. Was heißt gefeiert. Wir saßen zu dritt im Garten zusammen und haben was gegessen und getrunken. War viel schöner als so ein großes Brimborium.

28.7.06 Ein alter *Kowalski*-Freund schreibt: »Für Deinen Satz ›Heimat sind Leute, zu denen man zu Fuß gehen kann und bei denen man dann einfach nur rumsitzt und nicht geistreich sein muss‹ ist Dir ein Platz im Himmel sicher.

Wollte ich nur mal kurz gesagt haben:

Günther aus O.i.O.«

Zwischendurch im Juli ein Buch rezensiert:

Hera Lind, »Die Champagnerdiät«
(Diana-Verlag, kostet 16.95 Euro)

Vanillestreusel auf Käsekuchen? Der wird übrigens auf der Gaggenau-Warmhalteplatte – äh – warm gehalten. (Reklame?) Das Buch ist von Rezepten durchzogen wie ein Käsekuchen von Vanillestreuseln. Nicht gerade mein Geschmack, aber das gilt schließlich für den ganzen Kä..., für das ganze Buch.

Inhalt: Eva ist Ende dreißig, wohnt in einem Dorf – wo der Gatte Hauptarbeitgeber ist –, wird fett, der Mann verlässt sie für eine Jüngere. So weit, so zum Einschlafen. Am Ende des Buches ist sie wieder schlank, ihr Mann dick und sie kriegt jemanden namens Oliver und alles wird gut. Oliver! Das hätte ja nicht sein müssen.

Die pubertäre Tochter heißt Leonie, sagt Sachen wie »voll krass« und zeigt ihr den Weg ins Internet, wo sie den besagten O. kennen lernt. Das Internet eröffnet ihr »neue Perspektiven«, aber das ist dann auch alles, was sich ihr eröffnet. Die Perspektiven bestehen aus Fernsehen, Chatten und Fitness-Studio. Von »Selbstverwirklichung«, wie auch immer die aussehen mag (Entwerfen von Modeschmuck?) und worüber Lind sonst gerne schreibt, habe ich mir sagen lassen, ist in diesem Buch keine Rede mehr. Keine Rede von Arbeitslosigkeit oder Angst vor der Zukunft. Kein Buch wird gelesen, keine Theateraufführungen oder Konzerte werden besucht. Gespräche unter Freundinnen, so genannte Frauengespräche, sind völlig wertfrei und gehen über Laber-Rhabarber nicht hinaus.

Ach ja – doch noch ne Perspektive: Eva wird Kolumnen für Dicke schreiben und/oder eine Schlankheitsfarm eröffnen – die Arbeiterwohnungen, noch von ihrem Mann gebaut, stehen jetzt ja leer...

Da Sie das Buch eh nicht lesen werden, kann ich gleich gestehen, dass ich es auch nicht gelesen, sondern nur überflogen habe: Ein innerer Schweinehund tritt auf, ist stellenweise ganz lustig, wird aber überstrapaziert und damit öde. Lange und langweilige Liebesbriefe per E-Mail, Eva und O. treffen sich mal eben in New York, kein Problem. Tochter fährt mit Vater mal eben nach Mauritius, kein Problem.

Von einer Mittelstandsschnepfe für Mittelstandsschnepfen geschrieben; für Arme ist das Buch zu teuer. Für die gibt's die *Brigitte* beim Arzt im Wartezimmer, die *Bunte* oder noch was Schlimmeres. Falls sie sich die Praxisgebühr leisten können.

Übrigens gab es früher solche Schmarren als Fortsetzungsroman im Heftchenformat für 30 Pfennige (»Kleine Mutti«). (für *Konkret*)

29.7.06 Abends eine Theateraufführung mit meinen Texten im Erbacher Schlosstheater. Die Schauspielerin war sehr aufgeregt, weil ich da war. War aber ganz gut.

31.7.06 Gestern Abend von Vincent Klink eingeladen zum Häuptlingsfest (ungefähr viermal im Jahr kommt *Häuptling Eigener Herd* heraus; die Zeichner und Autoren, die mitgewirkt haben, bekommen kein Honorar, sondern diese Einladung), mit einem Menü – du liebe Zeit! Hab noch nie so gut gegessen, alles war einfach perfekt. Eigentlich war es wieder ein Klassentreffen, denn OL und Rattelschneck waren da, Rayk und Wichlaff, Ralf Sotscheck, Rudi Hurzlmeier, Carola und und und. Etwa 70 Personen. Von der Dachterrasse hatte man einen wunderbaren Blick auf die Stadt, nachts mit Blitz und Donner und es war immer noch sehr heiß.

OL sagte zu einer Frau, die einen *Häuptling* für die »besseren Kreise« rausgibt:

»Aha, also spaßentsaftet.«

August 2006

5.8.06 Früh morgens durch den Park nebenan gejoggt, na ja, eigentlich nur etwas schneller spazieren gegangen. Da sind noch keine Menschen unterwegs, denen man ihren Parkspaziergang versauen kann. Ich hörte ein Geräusch, das hinter den Rhododendren hervorzukommen schien. Näher kommend bemerkte ich, dass es sich bei dem Geräusch um lautes Lachen handelte, aber irgendwie hörte es sich außerirdisch an. Es klang so, als ob irgendwelche größeren Nutztiere beschlossen hätten, von nun an HaHa statt MuhMuh zu machen. Ich entdeckte eine Gruppe von Leuten, die sich zur Lachmeditation getroffen hatten. Morgens um 7 Uhr zur Lachmeditation.

Irgendwie muss das Abendland ja zugrunde gehen.

10.8.06 Heute TV-Leute bei Gunter Gerlach und mir. D.h. sie drehen einen Film über Gunter und ich sollte ein paar Takte über ihn sagen. Ich musste ungefähr

10 Mal auf den Balkon raus treten, um zu sagen: »Hallo, Gunter.« Er stand unten im Garten und sagte: »Hallo Fanny.« Er wohnt jetzt in der Wohnung von Frau K. Später haben sie noch mal auf der Reeperbahn gedreht, weil G. früher zusammen mit anderen in einer Peep-Show gelesen hat. Da musste man eine Mark reinstecken und konnte sie dann lesen sehen. Gute Idee.

17.8.06 Nachmittags wird die Vorweihnachts-Sendung mit Dirk Bach und J. v. d. Lippe wiederholt

18.8.06 Bekam auf die Sendung hin einen sehr hübschen elektronischen Brief von einem Filmemacher, der Filme mit Behinderten dreht.

19.8.06 Die CDU hält einen Parteitag ab unter dem Motto: Neue Gerechtigkeit durch mehr Freiheit oder irgendwie umgekehrt oder was.

21.8.06 Bush schiebt schon wieder ne Kampagne an gegen Sex. Also keinen Sex vor der Ehe (ungesund). Und Neinsagen im besoffenen Zustand. Schreibt mir Matthias: »Noch'n Bier? Nein. Zu mir oder zu dir? Nein. Taxifahrer: Wo soll ich Sie beide denn raus lassen? Nein. War's schön? Nein. Und Stephen King will noch genau fünf Bücher schreiben. Einer geht noch, was, Stephen? Nein.«

26.8.06 Essen bei Harald, um die Bilder anzusehen, die er von den verschiedenen Häusern im Wendland gemacht hat, die wir gerne kaufen wollen.

27.8.06 Wieder nach Lensian gefahren, brauche Luft.

28.8.06 Gestern mit Angelika und Andreas nach G. gefahren, um das favorisierte Haus in Sachsen-

Anhalt anzugucken. Ein Riesenkomplex, sieht aber gut aus und ist auch schon ziemlich renoviert. Leider im so genannten Zonenrandgebiet, das Dorf dazu nicht gerade anheimelnd, aber ich hab auch die Schnauze voll von Dörfern, die schick zurechtgemacht worden sind – man muss ja nicht gleich in den Schützenverein oder auf die Tortennachmittage gehen. Im großen Innenhof stand ein Pfirsichbaum!

Auf der Fahrt hielten wir an, weil am Wegesrand vier große und vier kleinere Schirmpilze standen. Die waren ganz unversehrt und total lecker, als wir sie zum Abendessen verzehrten. Wir haben nur ein paar Lamellen abgeschabt. Zwiebeln, Butter – fertig!

September 2006

18.9.06 *MoPo*: »Müntefering kritisiert die von der Publizistin Eva Herman vertretene These, Frauen sollten besser zu Hause bleiben als arbeiten gehen. Es sei schon immer ein großer Irrtum gewesen, dass die Geburtenrate steige, wenn Frauen nicht berufstätig seien, so Müntefering.« Der hat gleich kapiert, um was es eigentlich geht.

22.9.06 Gestern an die *taz Hamburg* geschickt:

Auftragsarbeiten

hatte mir die taz-Redakteurin gesagt. Darüber könne ich doch was zum 25jährigen Jubiläum der *taz Hamburg* oder wie die jetzt heißt, schreiben. Das fand ich einen sehr schönen Gedanken, weil ich quasi nie Auftragsarbeiten gemacht habe. Also jedenfalls fast nie, und dann lief es immer so, dass jemand, z.B. einer von der *taz*, anrief und fragte, ob ich was über die *Bild* von heute schreiben könne und zwar ungefähr bis vorgestern...

Wenn mir dazu gleich was einfiel, habe ich zugesagt und wenn nicht, dann nicht. Dabei kamen Geschichten raus wie »Mehr Demokratie wagen«, »Hauerei,« »Ordensflut«, »Schell-Studie«, die zum Teil in meinem Buch »Keks, Frau K. und Katastrophen« im Verlag Zweitausendeins zu besichtigen sind (Reklame muss sein!).

Manchmal schickte mir die *taz* auch Briefe zu, beispielsweise von einem Filmverlag. Denen schrieb ich zurück: »... ehrlich gesagt, weiß ich gar nicht, was ein Animationsfilm für Erwachsene ist. Ich hätte so was für nen Porno gehalten. Sie wollen also ein Drehbuch geschrieben haben? Das dann dreizehn mal geändert werden muss, richtig? Ich schreibe nur, wenn es mir Spaß bringt und ich fürchte, das wird mir keinen bringen...«

Einmal rief eine Filmtorte an und wollte »Mein Keks gehört mir« verfilmen. Ich fragte sie, ob sie mein Buch gelesen hätte. »Äh, ja-nein...« Sie fand den Titel so lustig. Ich empfahl ihr, die Lektüre doch mal in Angriff zu nehmen. Das Buch besteht aus Kurzgeschichten...

Aus diesen Gründen habe ich solche und ähnliche Angebote immer abgelehnt. Das konnte ich, weil ich erst mit 50 Jahren angefangen habe zu schreiben und bis dato einem ehrlichen Beruf nachgegangen bin. Das heißt im Klartext, dass ich ökonomisch immer unabhängig war; ein Privileg, weiß ich – ich musste nie auf Teufel-kommraus irgendwas für irgendwen zusammenschustern und nebenbei noch Taxi fahren, um mich und meine Familie zu ernähren. Da habe ich wirklich Glück gehabt.

Fällt mir ein: doch – einmal habe ich was für ein Fußballbuch geschrieben, obwohl ich solche Sportarten, milde gesagt, ziemlich scheiße finde. Aber es wurde vom DFB gesponsert und *sehr* gut bezahlt und ich musste mir gerade meine Zähne machen lassen. Das hätte ich zwar auch selbst bezahlen können, aber dass der Deutsche Fußballbund mir die neuen Inlays finanziert hat, fand ich schon hervorragend. Und irgendwie auch gerecht, wenn man bedenkt, was die ihren Fußballern auf die Sparbücher tun. Ich musste mir dafür ein Spiel St. Pauli gegen Bavaria Leverkusen oder so angucken, was total anstrengend war. Und danach auch noch drüber schreiben...

Das war wohl das einzige Mal, dass ich dem Prinzip »Arbeit zieht Arbeit nach sich« nachgekommen bin.

Wenn ich nämlich was nicht leiden kann, dann ist es arbeiten.

21.9.06 *MoPo,* die Grüne Krista Sager äußert sich zum Libanon-Einsatz der Bundeswehr: »Von der Tendenz her war für mich schon sehr früh klar, dass sich Deutschland im Prinzip beteiligen sollte.« Im Prinzip von der Tendenz. Genau!

22.9.06 Julias Mutter ist mit einer Dame befreundet, die wiederum die Mutter von einer ehemaligen Schulfreundin Julias ist. Die Freundschaft (der Mütter) hat sich über die Zeit so gefestigt, dass man nach 30 Jahren nun beschlossen hat, zum vertraulichen Du zu wechseln.

23.9.06 Über die Trauerfeier für Joachim Fest: »...Weggefährten und Vertreter des Kulturellen Lebens in Deutschland, wie Martin Walser und Frank Schirrmacher würdigten den Verstorbenen.« *(MoPo)*

24.9.06 Heute wurde meine Schwester Hedi von P. mit dem Hubschrauber nach Hannover ins Krankenhaus gebracht. Hatte das gleiche wie ich: Aorten-Aneurysma. Allerdings ist sie schon nach 4 Stunden operiert worden, bei mir dauerte es anderthalb Tage, ehe sie dahinter kamen, was los war.

26.9.06 Es geht ihr schon ganz gut, sie haben allerdings eine Menge Teile einpflanzen müssen; neue Herzklappe, und verschiedene Arterien mussten ersetzt werden.

Oktober 2006

1.10.06

Inginuer

Meine Nichte A. steht kurz vor der Geburt ihres ersten Kindes und geht am Montag mit ihrem Freund C. zum Standesamt, damit er die Vaterschaft anerkennen kann. Der Beamte, der einen etwas verschwiemelten Eindruck macht – offensichtlich war er den Anforderungen des Wochenendes nicht ganz gewachsen – trinkt erst mal in Ruhe seinen Kaffee aus, ordnet umständlich die Akten auf seinem Schreibtisch und hält dann einen längeren Vortrag, indem er sich an C. wendet: »Ja, sagen Sie mal, haben Sie sich das auch gut überlegt? Dann können Sie Ihr Leben lang blechen und heute gibt es ja so viele Kukkuckskinder, da zahlen Sie dann für ein Kind, das gar nicht Ihrs ist...« A. und C. gucken sich an und haben Mühe, ernst zu bleiben. »Und Sie«, wendet er sich dann an A., »... haben Sie sich das auch gut überlegt? Da haut er eines Tages ab, kann aber immer noch bestimmen, in welchen Kindergarten oder in welche Schule das Kind geht...« A. wirft ein, dass es doch genau das Gleiche wäre, falls man heirate. »Das ist was anderes!« Er unterbricht sich und geht »mal kurz« ins Nebenzimmer, weil er eine Tablette holen muss: »Ich hab solche Kopfschmerzen«. Nach ziemlich langer Zeit kommt er zurück und steckt sich erst mal eine Zigarette an.

Wie es scheint, haben die jungen Leute es sich nicht anders überlegt, und er fragt jetzt nach Namen und Berufen. C.: »Ich bin Diplom-Elektro-Ingenieur.«

Der Beamte sucht verzweifelt nach einem Kugelschreiber. »Wo isser denn, wo hab ich denn...« – »Liegt unter den zwei Ordnern auf dem Schreibtisch«, kommt ihm C. zu Hilfe. »Aha – dem Inschenör ist nix zu schwör!« Für mehrere Minuten lacht er herzlich über diesen schönen Witz. »So, jetzt noch mal: Beruf?« C. wiederholt, dass er

Elektro-Ingenieur sei. Der Beamte guckt verzweifelt auf den Kugelschreiber. »Kann ich auch Elektriker schreiben?«, fragt er hoffnungsvoll. »Na ja, Elektriker bin ich eigentlich nicht«, sagt C., »schreiben Sie doch einfach ›Ingenieur‹«. Der Beamte malt auf das Formular: »Inginuer«.

Zum Abschluss, sie haben inzwischen eine Stunde in dem Büro verbracht, erzählt der Beamte, dass er selber gerade ein Baby-Jahr gemacht habe, »...aber dann war ich froh, dass ich wieder zur Arbeit gehen konnte«.

Arbeit? Arbeit würde ich das nicht so direkt nennen.

(für *Titanic*)

6.10.06 Leserbrief in der *MoPo* zum Thema Air-Bus-Krise: »Die wollen uns nicht nur verarschen, sie haben es schon getan. Danke, Airbus. Und ein ganz großer Dank an die CDU und Ole von Beust, die das Geld, das uns bei Kindergärten, Schulen, Bücherhallen etc. wegfällt – in Frankreich würden jetzt schon die Barrikaden brennen. Ret Marut.«

Wenn die in der Redaktion gewusst hätten, wer Ret Marut in Wirklichkeit gewesen ist, dann hätten sie diesen Brief vermutlich nicht abgedruckt. Aber die wissen ja nix mehr. Ich glaube, ich könnte einen Leserbrief mit »Rosa Luxemburg« unterschreiben. Da fänden sie nur den Vornamen irgendwie komisch.

12.10.06 »Rassismus gehört nicht auf den Sportplatz!« Ein Herr Zwanziger sagte das im Radio. Leider hat er nicht gesagt, wo der denn tatsächlich hingehört.

11.10.06 Hab schon wieder jede Menge Hör-CDs gekriegt. »So viel kann man ja gar nicht bügeln« (Susanne F.)

13.10.06 Letzte Nacht um halber dreie haben wieder diverse Leute die Pullezei angerufen, weil der Bunker so laut wurde, dass sogar ich und mein Ohropax aufgewacht sind. Ich war aber zu erschossen, um nach dem Hörer zu greifen. Gerade eben war schon wieder Musik-Alarm, da hab ich gleich bei der Wache angerufen, schon mal auf Verdacht, falls es heute Nacht wieder losgeht, damit sie denen schon mal einen Schrecken einjagen. Aber die sind ja meistens so zu, dass denen noch nicht mal Dieter Bohlen einen Schrecken einjagen würde. Als die Grünen ankamen, hatten die Jungs schnell die Anlage ausgedreht... aber das wussten die Grünen schon. Sie klingelten bei mir, Gott sei Dank hatte ich heute mal abgewaschen, sonst hätte es bei mir haargenau wie im Bunker ausgesehen.

14.10.06 Heute in der U-Bahn Frau gesehen – ganz in Schwarz gekleidet –, die einen dicken Schmöker liest: »Knife of dreams«.

Und irgendein Grüner oder SPDler oder was weiß ich tönt im Radio: »Keine Spekulationen auf Kosten der Verbraucher machen.« Auf wessen Kosten denn wohl sonst?

15.10.06 Hurra! Alice hat ein Kind gekriegt, ein Mädchen. Soll Katinka heißen. Meine erste Großnichte!

November 2006

1.11.06 Sonne, Regen, Sturm, Thermometer fällt. Mittags Sturmflutwarnung, das mittlere Hochwasser in Hamburg steigt auf fünf Meter 50 über normal. Die Fischauktionshalle ist schon überschwemmt und jede Menge Katastrophentouristen sind unterwegs. Da bleib ich doch zu Hause und schmeiße die Heizung an.

3.11.06 Selbst in den seriösen Zeitungen spricht man jetzt von Kapitalismus... weil man gemerkt hat, dass das auch keinen mehr vom Hocker reißt. Jetzt warte ich noch darauf, dass man nicht mehr von »Reform« spricht, sondern von aktuellen Reformdrohungen.

6.11.06 Erzählt die ehemalige Kollegin Anette B., die aufs Land gezogen ist, von einer Sitzung. Samstag auf dem Neubürgertreffen der Stadt Buchholz: Der Bürgermeister, der Stadtdirektor, der Verkehrsbeauftragte, die Gleichstellungsbeauftragte und die Fraktionsvorsitzenden und und und hatten alle gesprochen. Dann wurden Fragen erbeten von den Neubürgern. Was dann kam, war Folgendes: »... was gedenkt denn die Stadt Buchholz gegen weiteren Neuzuzug zu tun??«

15.11.06 Im neuen Merkheft von Zweitausendeins wird eine DVD angepriesen unter dem Namen »Sinn und Sinnlichkeit«, nach einem Roman von Jane Austen. Gemeint ist »Sense and sensibility«. Dann könnte man ja »Pomp and circumstance« mit »Pumps und Zirkustanz« übersetzen. Ich schrieb einen entsprechenden Brief an F.R. vom Verlag und bekam folgende Mail zurück:

»Ja, bei der Titelgebung von Sinn und Sinnlichkeit war ich sogar beteiligt. Aber unschuldig. Und das kam so:

Als ich noch bei Suhrkamp/Insel arbeitete, rief mich eines Tages ein Herr vom Marketing des Filmvertriebs an, weil wir ein Filmbildchen auf die Insel-Taschenbuchausgabe nehmen wollten. Ich sei doch auch seiner Meinung, dass ›Verstand und Gefühl‹ ein absoluter Untitel sei, unter dem sich NIEMAND, und schon gar nicht Frauen, etwas drunter vorstellen könnten. Kein Mensch würde einen solchen Film sehen wollen. Das klinge auch ganz anders als im Englischen. Und da sei das Buch immerhin sehr erfolgreich (bedeutet: auf Deutsch kennts keine Sau).

Sie hätten deshalb ein kreatives Meeting gehabt und

wären auf ›Sinn und Sinnlichkeit‹ gekommen, ein Titel mit Alliteration und Hitpotential, gerade die Frauen im Haus fänden den Titel Spitze. Und sie würden davon ausgehen, dass im Rahmen von Synergien das Buch zum Filmstart umbenannt würde.

Da gab es natürlich mancherlei Einwände: Dass das die falsche Übersetzung sei, dass der Titel ›Verstand und Gefühl‹ seit Ewigkeiten auf dem Buch stehe, dass das Buch im Deutschen sogar sehrsehr erfolgreich sei und zwar gerade auch bei Frauen, und dass die Synergie doch quasi schon da sei, wenn sich der Film an eine eingeführte Marke hänge... Alles egal: ›Sie können sich nicht einfühlen, Herr R., Sie sind keine Frau.‹ Tja, da hatte er recht. Nur bei Ihnen hat es offenbar nicht geklappt, aber das war ja fast schon klar. Sie können lesen.«

20.11.06 Inzwischen in Bestwig, Dortmund und Essen gewesen.

Also diese Ruhrpotttour war schon ein Erlebnis: Der Veranstalter in Bestwig/Sauerland hatte leider versäumt mir mitzuteilen, dass die Bevölkerung dort erzkatholisch ist... anal waren sie gut drauf (»Trixi furzt«. Haha), aber genital... Ich bin da ja immer so was von dezent, aber sie blickten doch etwas verstört/aggressiv auf ihre gefalteten Hände. Wenn man morgens in die Kirche geht und dann abends Bumsforschung miterleben muss... Außerdem war es saukalt, fand in einem Gewächshaus statt, von oben wurde man bis zum Geht-nicht-mehr angestrahlt, aber die Füße und Beine sind mir fast abgestorben vor Kälte. Wurde allerdings gut bezahlt...

In Dortmund war es sehr gut, ebenso in Essen. Bei beiden Veranstaltungen waren die Spardosen dabei, bei denen ich auch gewohnt habe. D.h. bei Rainer, der gerade eine ganze und fast leere Etage gemietet hatte. »Die Elsenfalle« sagte Kai dazu, aber er entschuldigte sich gleich und meinte, er hätte das nur gesagt, weil ihm der Begriff so gut gefiel. *Ich* falle aber nicht darunter. Weiß Gott!

Zurück in Hamburg, stelle ich fest, dass unter mir wieder neue Leute eingezogen sind: Sie mit einem Ring durch die Nase, er flächendeckend tätowiert. Aber recht freundlich und merkwürdigerweise spielen sie überhaupt keine Musik; ich hatte mich schon auf Gothic Rock eingestellt. Sind befreundet mit einem Paar aus den oberen Stockwerken, die im Sommer eine Deutschlandfahne plus St. Pauli-Fahne rausgehängt haben.

Jetzt wird unten gebohrt und gefräst und was weiß ich. Bin schon sehr froh, dass ich bald ein Ausweichquartier habe.

25.11.06 Heute im Wohlerspark komme ich in meiner ersten Geh-Runde an mehreren Joggern und dann am Kinderspielplatz vorbei. Da schaukeln zwei Jungs von sechs, sieben Jahren. »Los, du musst joggen!«, rufen sie mir zu. Ich: »Nee, ich darf nicht.« – »Darfst du doch«, erwidern sie, »weil du in dein Mann verliebt bist und mit den Sex machst.«

Tja, was die so alles wissen.

28.11.06 Einer der hyperaktiven Punks vom Schulterblatt macht jetzt die S-Bahn unsicher. Gestern lief er händefuchtelnd durch die Wagen und schrie: »Kleine Kollekte für Asoziale und Verdreckte.«

Wenn Frauen nicht mehr sprechen können

Wie jeden Mittwoch marschiere ich zum »Herz-Sport« in die Sternschanzenstraße, aber da ich zu früh bin, gehe ich in das kleine Café gegenüber dem Bahnhof. Eine Tasse Kaffee kann ich vor der Gymnastik vertragen, weil danach mein Blutdruck immer ziemlich niedrig ist.

Ich setze mich an den einzigen freien Platz zu einer großen dicken Frau, die sofort ihre Kreuzworträtselzeitung beiseite legt und ohne Übergang anfängt zu reden.

Sie hat es mit der Blase und – sie beugt sich ein wenig zu mir herüber: »Wenn ich so lange unterwegs bin wie heute, dann nehme ich immer Pampers...« Alles klar. Aber möchte man das wissen?

»Vor 25 Jahren«, fährt sie fort, »hat man mir ALLES raus genommen, damals wussten die Ärzte noch nicht so Bescheid, da haben sie die Blase nicht höher gelegt.« Ist das nicht wie bei Autos, wo sie auch immer irgend was höher- oder tiefer legen? Einen Moment habe ich nicht zugehört, denn jetzt auf einmal spricht sie von einer aktuelleren Krankheit, irgend was mit dem Hals, der operiert werden musste, und am Tag vorher habe sie einen Zettel unterschreiben müssen, dass sie eventuell hinterher nicht mehr sprechen könne.

Sie rief ihren Chef an, um ihm dies zu sagen. Er hörte sich alles an und bemerkte dann: »Eigentlich ganz gut, wenn Frauen nicht sprechen können.«

»Vielleicht«, sagt sie gedankenvoll, »vielleicht liegt das auch daran, dass ich vor fünf Jahren seiner Frau gesagt hab, dass er ne Freundin hat!« (für *Titanic*)

Dezember 2006

2.12.06 Bei dem Wetter heute würde man ja noch nicht einmal einen Weihnachtsmann vor die Tür jagen.

3.12.06 »Schau Dir die Schweinereien auf www.privateficker.com an UND verdien' selber Geld, wenn Du Bilder und Videos von Dir hochlädst.«

Steht in einem Spam.

»Have lots of fun«, wie Natasha immer schreibt (Tochter meiner Kusine aus Neuseeland).

2007

Januar 2007

1.1.07 Gestern um halb zwölf ins Bett, Montaigne gelesen, halb eins mit Ohropax eingeschlafen. Keine guten Vorsätze.

Das war's dann.

Im Dezember haben wir zu sechst das Haus in G. gekauft. Mal sehen, wie sich das in diesem Jahr anlässt. Es handelt sich bei meinen Mitkäufern übrigens nicht um meine »besten Freunde«. Die möchte ich ja noch behalten.

2.1.07

Gutes Vorstellungsvermögen

Im November erhielt ich eine Einladung zu einer Lesung, bei der ich gerade *einen* Text vorzutragen hatte. Das Publikum sollte danach irgendwie irgendwas reflektieren. Das konnte ich mir gut vorstellen (Lakai: »Herr Baron, unten ist jemand, der auf Euren Gobelin reflektiert«; Baron: »Pfui Teufel – wisch Er's weg!«).

Auf jeden Fall sollte das beliebte Spiel: Haben Sie Fragen an die Autorin? gespielt werden. Das konnte ich mir auch gut vorstellen.

Bebrilltes Germanistik-Drittsemester: Wie haben Sie diese Figur angelegt?

Autorin: Hintergründig (das muss man immer sagen).

BGD: Finden Sie nicht auch, dass Ihre Erzählstruktur eher eine elliptische ist?

Autorin: Häh?

BGD: Kann man heute überhaupt noch auktorial erzählen nach den Katastrophen des 20. Jahrhunderts beziehungsweise nach Joyce?

Autorin: Häh?

BGD: Ich bewundere an Ihren Bildern vor allem den diagonalen Koloritschub (Schulligung, jetzt sind wir bei einer Vernissage).

Da ich mir das alles schon so unglaublich gut vorstellen konnte, habe ich abgesagt. (für *Titanic*)

Die Vorlage dafür bekam ich von Peter Sinram, dem ich die Einladung geschickt hatte. Einer der wenigen Arno-Schmidt-Fans, die noch alle Tassen im Schrank haben. Sagte mir Susanne, die das beurteilen kann.

3.1.07 Gestern haben wir bei Nurcan und Nuri im Pavlonya ausgeräumt, Pütt und Pann, Kissen, Tischdecken, Vasen und so weiter. Alles für unser Häuschen in G. Sie muss den Laden schließen, weil nebenan das Haus »entkernt« wird und sowieso zu wenig Gäste kamen. Ist den Leuten zu teuer. Dabei hat sie typisch türkische Speisen, wunderbar zubereitete Fische, keinen Kebab-Kram. An die gegrillten Muscheln werde ich mich noch lange erinnern.

7.1.07 Gestern aus G. zurück. In der Zeitung stand schon wieder, dass die Deutschen aussterben. »Tendenzieller Fall der deutschen Anwesenheitsrate«, wie Harald, einer meiner Mitbewohner, bemerkte.

8.1.07 Lese gerade John Banville: »Die See«. Habe seit zehn Jahren keinen so wunderbaren Roman mehr gelesen.

9.1.07 Treffe beim Kaffeetrinken eine frühere Kollegin, die ich bestimmt 10 Jahre nicht gesehen habe. Sagt sie doch, ehe sie überhaupt Gutentag und Wie geht's von sich gibt: Du rauchst ja *immer* noch. Beinahe hätte ich gesagt: Und du bist *immer* noch so fett! Das ist mir eigentlich wurscht, kann doch jeder so fett sein wie er will, aber dass man als Raucherin derartig diskriminiert wird... ich frage mich, wieso die Tabaklobby da nicht stärker eingegriffen hat. Vermutlich sind die aber längst umgestiegen auf Biokost, Windeln und Maschinengewehre.

Und dann die Kneipen – die sind doch zum Rauchen und Saufen da! Wo morgens schon der Rentner am Daddelautomaten rüttelt...

10.1.07 Andrea hat von ihrer Schwiegermutter wieder zwei Bücher zu Weihnachten bekommen, die sofort im Papierkorb landeten. Das eine hieß »In Würde alt werden« (Andrea ist 38), das andere irgendwas mit »Sich-weiter-qualifizieren« (Andrea studiert Volkswirtschaft, Soziologie und noch was und hat meist nur Einsen). Die Kinder bekommen immer Original-Werbegeschenke, z.B. einen Film über den neuen Porsche. So was hat die Schwiegermutter von ihren Kerlen gekriegt, die irgendwie in der Autobranche *tätig* sind. Das fliegt auch gleich in den Sondermüll.

28.1.07 Gestern Uwe getroffen. Mit dem war ich mal befreundet, als ich 42 war und er 22. Spaß muss sein... er hatte mir nach über 20 Jahren geschrieben, dass er es sehr bedauere, auf welche Art und Weise er sich damals »verabschiedet« habe... und ich schrieb zurück, ob er vielleicht eine unheilbare Krankheit hat und sich deshalb noch mal bei allen Leuten entschuldigt... Hatte er aber nicht. Sah auch noch so ähnlich aus wie damals, kein Wunder, wenn man keinen Schmerbauch hat und keine Glatze. Er war übrigens derjenige, mit dem ich bei meiner Schwester eingehütet hatte, als sie verreist war. Alice, die damals vier war, wurde von einer *sehr* neugierigen Nachbarin *ganz spontan* eingeladen. Hinterher fragte ich sie: Na, was hat Frau Meier gefragt? Alice: Sie hat gefragt, wer Uwe ist. – Und? Was hast du geantwortet? – Uwe ist Uwe.

Da wird Frau Meier auch nicht schlauer geworden sein.

Februar 2007

1.2.07 Kriege schon wieder das Angebot, ein »Statement« zu verfassen. »dieGesellschafter.de«, heißt *Aktion Mensch* oder so. Hab ich auch gemacht. Die Frage war: »In welcher Gesellschaft möchten Sie leben?« Die habe ich wie folgt beantwortet: »Ich möchte in einer Gesellschaft leben, wo sich nicht jede zweite Frau unter den Achseln und Gott weiß wo rasiert, weil sie der irrigen Meinung ist, niemand kriege mit, dass sie vom Affen abstammt wie alle anderen Affen auch.«

12.2.07 Bekomme heute die Nachricht, dass Michael Rudolf, mein erster Verleger, vermutlich Selbstmord begangen hat. Er war psychisch schon immer labil und der Suff spielte auch eine Rolle. Die Polizei sucht ihn noch, im Thüringer Wald. Hat mich ganz schön fertig gemacht.

Bis gestern in G. gewesen, fand es wie immer wunderschön. Nicht gerade das DDR-Dorf, das hat ja auch so einen »suizidalen Charme«, aber unter der dicken Schneedecke sah alles ganz zauberhaft aus. Übermorgen kommt Kornelia nach Hamburg, eine Germanistik-Studentin aus Gdansk, die ihre Magisterarbeit über »Frau K.« schreiben will. Und heute kriege ich eine E-Mail von einer Schülerin aus der Nähe von Trier, die ein Jahr vor dem Abi eine Facharbeit über »Keks, Frau K. und Katastrophen« schreiben möchte. »Meine Arbeit konzentriert sich vor allem auf das von Ihnen dargestellte Leben in der heutigen Großstadt, den Generationenkonflikt in Bezug auf Sexualität und die wirklichkeitsgetreue Darstellung von Klischees oder realen Begebenheiten.«

Na, denn man tau. Aber wieso Sexualität? Muss das Buch doch noch mal lesen.

25.2.07 Gestern Abend bei einem *Private Dinner* gewesen. Essen ausgezeichnet und Gerhard Henschel las aus seinem »Gossenreport« vor. Bei mir am Tisch mehrere Lehrer im Pensionsalter, von denen sich einige über die Jugendlichen von heute unterhielten. Kriegte nur Bruchstücke mit ... *keine Ordnung und Disziplin mehr ... kommen in den Knast, wo sie auch nicht besser werden ... können dann mit Segelbooten in der Ägäis rumschippern...*

Das können die nur aus der *Bild*-Zeitung haben, obwohl sie behaupteten, die nie zu lesen. Dafür aber das *Hamburger Abendblatt* und die *Welt*. Auf einem Schiff zu leben, ist schon ein hartes Brot, und dann über Monate, du liebe Güte!

Am Freitag auf den Landungsbrücken gewesen, wo einer seine Fischbrötchen in einem Bauchladen herumträgt und die Passanten animiert:

»Naaaa, schon ’n Wunsch entstanden?«

März 2007

20.3.07 Wusst ich’s doch! Die haben mein Statement nicht genommen bei Aktion Mensch. Langsam werde ich ja eine Expertin in diesen Angelegenheiten. Direkt unter meinem nicht vorhandenen Statement ein Artikel von Dieter Nuhr: »Übereinander reden muss erlaubt sein«. – »Kabarettist Dieter Nuhr hält die Meinungsfreiheit für massiv gefährdet.« Konnte gar nicht mehr aufhören zu lachen.

Im Internet habe ich nicht nachgeguckt, da sollen viele Leute ihre unmaßgeblichen Meinungen zu dem Thema reingestellt haben. Kann ich mir sowieso vorstellen: ... eine Welt, in der alle friedlich zusammenleben... usw. Ist ja ganz schön, aber sterbenslangweilig.

26.3.07 Also Leipzig. Lesung für Zweitausendeins.

Auf der Buchmesse bin ich gar nicht gewesen; Frank Schulz, der im selben Hotel wohnte, erzählte mir gleich, dass es rappelvoll gewesen sei, da bin ich im Hotel geblieben und dann abends in den Zweitausendeins-Laden – es pisste wie verrückt. Zum Glück hatte ich meine Lesungsschuhe in Hamburg vergessen und bin dann in meinen Berchstiefeln aufgetreten. Die waren wenigstens nicht durchgeweicht. Vor mir war Christian Brückner dran, dem ich aber nicht zugehört habe, weil ich meine Texte noch mal durchgegangen bin, und nach mir kam Wolf Biermann. Ach du liebes Lottchen!

Er war der Einzige, der seine Zeit überschritt (wir sollten jeder etwa 20 Minuten lesen). Er brachte es auf 30 Minuten. Vorher traf ich ihn in der Garderobe, sagte artig Guten Tag und meinen Namen dazu, während er mir freundlich aber herablassend die Hand gab und nichts sagte. Nach dem Motto: Hier kennt mich ja wohl jeder. Wenn ich nicht furchtbar aufgepasst hätte, hätte ich ihn aber auch für Günter Grass halten können... übrigens ist er kleiner als ich. Später kam er mit einer 20jährigen im Schlepptau an, verschwand in einem Seitenraum und sagte zu uns: »Ich soll der jungen Dame mal die Welt erklären...« Wir machten dann die Tür hinter ihnen zu. Tatsächlich hatte er schon vorher dem Publikum allerhand erklärt, z.B. was ein Bacchanal ist und wer Shakespeare war. Später erklomm er dann noch einmal die Bühne und erzählte was von einem Buch, das demnächst rauskommt, irgend was mit sechs Briefen, deren Inhalt er dann im einzelnen schilderte. Einige Leute, die ich kannte, verließen fluchtartig den Raum.

Heute steht in der *FAZ* (betr. Ehrenbürgerschaft für W. B.): »Mit Wolf Biermann wird nicht nur ein Künstler geehrt, sondern alles, wofür er steht: Zivilcourage in dunkler Zeit; die Freiheitsgeschichte Berlins, die er in seinen Liedern besingt; die Erinnerung an die Mauerjahre, die seine Gegner (die auch gegen die Ehrung waren) gern vergessen machen würden, und die Bürgerbewegung des Ostens, deren unumstrittener Protagonist er immer noch ist...«

Kapielski war gut, Frank Schulz auch, den Rest habe ich nicht mitgekriegt bzw. bin auf der Straße gestanden und habe geraucht. Bis auf Freund Kracht, der im Tropenanzug oder so in letzter Minute ankam, zusammen mit seinem Kumpel und sich gleich eine Zigarette ansteckte, die er aber auch gleich wieder ausmachen musste. Sah aus wie ein Schnösel, was er vermutlich auch ist. Er verschwand dann sofort nach seinem Vortrag, hatte bestimmt gaanz wichtige Termine. Ein Wunder, dass sein Mobiltelefon nicht klingelte. Zugehört habe ich nicht, aber Frank sagte, er hätte *nichts* verstanden. Zum Schluss kam Eugen Egner mit seiner Band, ein Riesenkrach, war wohl irgendwie free jazz + heavy metal und noch irgend was: für mich entschieden zu laut. Haffmans meinte, dass ein Lied oft mehr als 1000 Worte sagen könne.

28.3.07 Gestern ist Angelika gestorben. Lungenkrebs. Wie sagt man: die Einschläge kommen immer näher. Ich fahre am Dienstag zur Trauerfeier.

April 2007

3.4.07 Trauerfeier war sehr gut, dauerte nur 20 Minuten. Jemand las den Text vor, den Andreas geschrieben hatte über ihr gemeinsames Leben, und ein Musiker spielte auf dem Schifferklavier ein Lied, das Angelika gemocht hatte. Hinterher Kaffee und Kuchen.

Wieder jemand sehr Eigenwilliges weg.

23.4.07 Heute auf dem Weg zu Zweitausendeins an einem Imbiss vorbeigekommen. In etwas merkwürdiger Handschrift stand dort für den heutigen

Tag angeschrieben: »Heilessen, Tofu mit Meeralgen und Barbesitzer.«

Guck ma an, dachte ich, da hamse gleich den letzten Chef als Kleingehacktes verwendet. Ich kehrte aber um, weil mir das doch nicht ganz geheuer war. Es hieß *Berberitzen*, was auch immer das ist. Irgendein Obst oder Gemüse.

Unser neues/altes Buch ist bei Zweitausendeins wieder aufgelegt worden, »Stadt Land Mord«. Das haben Susanne und ich vor über zehn Jahren geschrieben. Sie hatte noch nicht ihr Kind und ich hatte noch keine kaputte Aorta. Sie haben unsere alten Fotos von damals genommen. *Kinderbilder* nennt Suse die Aufnahmen.

Mai 2007

3.5.07 Meine frühere Chefin Hannelore erzählte mir, dass ihr Vater, wenn seine Frau mal weg war, z.B. im Krankenhaus (da waren beide über 80!), immer extra was kaputt gemacht hat.

Einmal war es der Toaster. Da hat er eine Käsescheiblette reingetan und zwar inklusive Plastikumhüllung. Wütende Verteidigung seinerseits: Auf der Hülle hätte draufgestanden, dass das Zeug sich gut zu einem Toast eigne... woher solle er das wohl wissen! Nachdem seine Frau ihn 60 Jahre in Unkenntnis gelassen habe ob diverser Haushaltsdinge. Und so was regiert die Welt! (Danach sieht sie aber auch aus).

Als er mit 84 wegen Prostata und anderem Kram ins Krankenhaus kam, wurde er beinahe sofort in ein Einzelzimmer gelegt, weil sich alle anderen Patienten weigerten, mit ihm zusammen zu liegen. Er verlangte andauernd herrisch nach Schokoladenpudding. Die Oberschwester rief seine Frau an, um ihr zu sagen, sie solle ihm das mal abgewöhnen (!), sie träume schon von Schokoladenpudding.

5.5.07 Auf dem Rückweg von der Innenstadt war ich gestern oder vorgestern in einem Laden in der Rentzelstraße, wo ich mir eine Kommode angucken wollte. »Eigentlich brauche ich auch noch einen Sessel«, sagte ich zu dem Verkäufer, der keinen da hatte, mir aber einen *tollen* Sessel beschrieb, der irgendwo in einem anderen Lager zum Verkauf stehe. »Sie sind ja auch ziemlich crazy drauf«, bemerkte er, »der Sessel hat nämlich...«. Wie er auf *crazy* kam, fiel mir erst zu Hause auf: Ich hatte mir die Haare gewaschen, aber da es warm war, vergessen, sie zu fönen, und deshalb standen die ziemlich ab. Aber das *auch* wurde mir nicht ganz klar, denn er sah aus wie ein Vertreter von hanse-net.

Ende Mai 07

Auf unserer Datsche: Axel, der Tischler, brauchte dringend 2500 Euro, um noch am Abend neues Holz zu kaufen. Wir also nach D. in die dortige Sparkasse. Ein monumentales Gebäude mit ziemlich vielen scheußlichen Ausstellungstafeln, in dem man mindestens 100 m zu gehen hat, bevor man die Kasse erreicht. Ich bin die einzige Kundin. Einem Portokassenjüngling, pardon, Bänker, schildere ich mein Problem, dass ich nämlich Kundin der Hamburger Sparkasse sei und jetzt dringend 2500 benötige.

»Das geht nicht«, sagt er.

Es ist ja jetzt überall von Service und so die Rede, aber so ganz richtig durchgesetzt hat sich das scheints noch nicht.

»Höchstens mit der EC-Karte, da kriegen Sie aber nur 500 Euro.«

Das war mir bereits bekannt. Ich lasse ihn dann einen etwas älteren »Berater« fragen; der schlägt vor, ich könne das Geld bei der Hamburger Sparkasse bestellen und dann käme es ungefähr drei Stunden später in D. an.

»Wieso?«, frage ich, »ham Sie hier kein Geld??«

Der Jüngling sagt, ich solle jetzt mal gehen und die Haspa anrufen.

»Wieso?«, frage ich, »ham Sie hier kein Telefon??«

Nach einem gewissen Zögern reicht er mir schließlich den Hörer und fragt, ob ich die Nummer der Haspa wisse. Nein. Ratlosigkeit bei dem jungen Mann.

»Wieso?«, frage ich, »ham Sie kein Internet??«

Nach drei Stunden hole ich mein Geld ab.

Schließlich wollte ich ja keinen Kredit über 1 Million – das wäre vermutlich schneller gegangen. Und man hätte mir noch einen Kaffee angeboten. (für *Eulenspiegel*)

Juni 2007

13.6.07 Heute Morgen im Eiscafé einen Herrn getroffen, der mir aus der *Bild*-Zeitung vorlas. *Die lügen ja alle,* er würde sie nur wegen »Liebe ist...« kaufen. Des Weiteren waren seine Themen:

– Katholische und evangelische Kirche (Die Katholen machen ja mehr, so mit Gepränge und so)

– Die *Süddeutsche Zeitung* ist die beste (er hatte auch eine dabei); außerdem zeigte er mir, wie man eine Zeitung richtig zusammenfaltet

– Im Mittelalter gingen die Frauen mit fast freier Brust (was ich im Stillen bezweifelte)

– Sein Schwiegervater war Arbeiter, auch in der Gewerkschaft, hatte dann aber Kunst studiert (warum und wieso, erschloss sich mir nicht)

»Sind Sie eigentlich Buddhistin?« Da stand ich aber schon vor dem Tisch und beeilte mich, um in der Buchhandlung nebenan Zuflucht zu suchen.

Morgen fahre ich wieder nach G., auf unseren Hof. Es grünt und blüht wie verrückt, Harald ist mit dem Trecker unterwegs, Jan mit dem Gartenschlauch, Jutta und ich »machen« die Blumen und Kürbisse, frühmorgens gehe ich Schnecken einsammeln, aber ich werfe sie in einen

Graben, ziemlich weit entfernt von unserer LPG, und hoffe, dass sie nicht zu uns zurück finden... sie einfach durchzuschneiden wie Jan – das bringe ich nicht fertig.

Heike baut ihre Wohnung aus und Jürgen kommt mit dem dreijährigen Fiete. Neulich habe ich mit Strohhut, einem Körbchen am Arm und der Rosenschere alle verblühten Rosen abgeschnitten. Wäre ich in ein langes buntes Kleid gewandet gewesen, hätte ich direkt als Lady in einem viktorianischen Roman auftreten können. Oder bei Rosamunde Pilcher.

28.6.07 Seit etwa 2 Wochen immerzu Schwindel, der HNO hat herausgefunden, dass mit meinem Gleichgewichtsorgan was nicht in Ordnung ist. Er wollte mich gleich ins UKE (Eppendorfer Krankenhaus) schikken. Ich: Da gehe ich auf keinen Fall hin! Er: Doch, da werde ich Sie bei Prof. Sowieso anmelden, meinem früheren Chef, als ich da noch Oberarzt war, der wird Sie gut versorgen. Ich: Im Krankenhaus bin ich nicht privat versichert. Er (nach einigem Nachdenken): Och, das kann ich eigentlich auch selber machen. Kriege jetzt die Infusionen ambulant in seiner Praxis.

Wollte der mich doch seinem alten Chef zum Fraße vorwerfen!

Übrigens glaube ich, dass dies Nachwirkungen der Tetanusspritze sind, die ich mir drei Tage, bevor der Schwindel auftrat, habe geben lassen.

Axel Hacke hat mir eine CD geschickt – sein neuer Neger Wumbaba – die ich Hedda zum Geburtstag schenken werde, weil ihr »Hedwig-Holstein« darin vorkommt.

Juli 2007

11.7.07 Heute die Heizung angeschmissen, friere den ganzen Tag. So ein richtiges Sauwetter, dazu noch mit der Nachricht, dass sie Michael im Thüringer

Wald gefunden haben, erhängt. Ich war mir ziemlich sicher, dass er tot ist, aber das ist wirklich bitter. Ich dachte, dass er sich im Februar mit einer Flasche Schnaps den Rest gegeben hat, aber dann »erhängt«... für seine Frau und das Kind ist es wahrscheinlich besser, dass sie nicht mehr hoffen müssen.

12.7.07

Trinkgelder

Als ich während meines Studiums nebenbei als Stewardess auf dem TEE fuhr – das war der Vorläufer des ICE, aber insgesamt vornehmer, denn damals flogen nur die Superreichen zu ihren Terminen, während heute die Flugzeuge voll sind mit Vertretern und ihren Laptops – als ich also auf dem TEE arbeitete, begab sich einmal Folgendes:

Ich fuhr zum ersten Mal nach Paris und musste die Bar machen, die neben dem Restaurant lag und immer eine Extra-Bedienung hatte. In Düsseldorf stiegen die Mitglieder des Stadtrats zu. Was die in Paris wollten, wusste ich nicht. Aber bestimmt nichts Gutes. Sie krakeelten herum und gaben an wie zehn nackte Stadträte, bis ich nicht mehr zuhörte.

Es wurde jede Menge Bier getrunken und zu jedem Bier ein Jägermeister. Kurz bevor sie das Portemonnaie zückten, nahm mich einer der Jungs beiseite: »Die Kollegen sind nicht besonders ... ähem ... spendabel. Schreiben Sie doch einfach etwas mehr auf.« Das tat ich und siehe da – bei einer Rechnung von über 200 Mark wurde mir großzügig ein Trinkgeld von 60 Pfennig überreicht. (»Stimmt so!«)

Milli, die meine »Chefin« war, sagte mir, dass solche Leute immer »nass« sind, d.h. kein Trinkgeld geben. Milli war übrigens ein Original. Sie sprach fließend Französisch, konnte aber keine Zeile zu Papier bringen, denn sie hatte es nur im Bett und nur durchs Zuhören gelernt.

So musste ich in meinen freien Minuten ihre Liebesbriefe schreiben. Sie hatte immer junge gut aussehende Liebhaber, die sie nur durch flotte Autos und andere Geschenke an ihrer Seite hielt. Deshalb schmuggelte sie auch für ihren Bruder, der ein Restaurant in Hamburg besaß, Champagner, Austern und andere Delikatessen, die wir in den Papierkörben versteckten, bis die Zöllner durch waren. Das mit den Austern ging natürlich nur im Winter.

Im Sommer machte Milli auf Zimmermädchen in angesagten Schweizer Kurorten wie Davos (da wo's schneit) oder auch in Kitzbühel, wo solche Leute wie Niarchos zwei Etagen mieteten, um auf der einen Frau und Kinder und auf der anderen ihre Mätressen unterzubringen, die mit einer »carte blanche« die Boutiquen heimsuchten. Da ging es immer hoch her und anschließend musste das Hotel beide Etagen komplett renovieren. Mit den Trinkgeldern sah es da schon besser aus, vor allem, da sie in Schweizer Franken waren.

Auf der Rückfahrt war der Zug schlecht besetzt. Zu mir in die Bar kamen nur zwei Damen, furchtbar alte, wie ich damals dachte, aber in Wirklichkeit waren sie bestimmt jünger, als ich es heute bin. Sie waren gut, aber sehr dezent gekleidet, setzten sich an verschiedene Tische und bestellten eine Kleinigkeit zu essen und einen Wein. Bevor die erste wieder in ihr Abteil ging, bezahlte sie und drückte mir einen Zehnmarkschein extra in die Hand. Ich war fassungslos, denn für zehn Mark konnte man damals noch zwei Hauptgerichte beim Chinesen bekommen.

Die zweite Dame winkte mich an ihren Tisch: »Wissen Sie, wen Sie da gerade bedient haben? Ich bin auch aus Flensburg. Das war Beate Uhse.«

Seitdem sah ich mir das Geschäftsgebaren dieser Dame doch mit einiger Sympathie an. Wer solche Trinkgelder gibt, kann nicht ganz schlecht sein.

Allerdings bin ich doch nicht so weit gegangen, mir ein diskret verpacktes Paket zu bestellen.

August 2007

4.8.07 Heute in der *FAZ* eine Heiratsanzeige:

»Wir haben geheiratet – Martin Kröger – Jürgen Voit«.

Gleich darunter:

»In ehrendem Gedenken und dankbarer Erinnerung an meinen Vater Major Dr. jur. Paul Kadow, Träger des EK I beider Weltkriege, letzter Kommandeur des Artillerieregiments 253, geb. 16.10.1896 in..., gest. 5.8.1947 im sowj. Kgf.-Lazarett Nowottscherkassk. Auch sein Opfer war treue Pflichterfüllung für Deutschland.

Dipl. Kaufmann Joachim Kadow und Familie, Bensheim«.

Ich halte das ja für einen prima Einfall, die beiden Anzeigen zusammenzubringen. Sind das eigentlich noch Setzer? Die bei so was einen teuflischen Spaß haben?

6.8.07 Vom 13. Juli bis zum 13. August in G. Noch 7 Tage, dann geht es wieder nach Hamburg. Irgendwie bin ich zu NICHTS gekommen. Weder Tagebuch noch neue Geschichten – habe ein bisschen Ditzingen vorbereitet, mir was zu Ahaus (Ausstellung komischer Kunst oder was die dafür halten) ausgedacht mit Hilfe von ein paar Leuten, die Vernissagen besuchen, weil ich dort eine Rede halten soll. Und was habe ich wirklich gemacht? Die Beete betreut, Brennnesseln überall ausgerissen, (merke gerade, dass mein Computer Brennnesseln mit 3 n lieber schreiben will als Brennesseln mit 2 n), Zucchini geerntet, die ich inzwischen nicht mehr sehen kann, Tomaten gepflückt und bin immerzu zwischen dem Haupthaus und meiner Wohnung bzw. den Wohnungen der anderen umher gerannt. Zwischendurch Unmengen von Muffins gebacken und auch noch Mürbeteigtorten...

Heute einen Text abgeschickt, zur »ersten eigenständigen Reise«.

Erste eigenständige Reise

Der Satz »Die Russen kommen« sagte mir damals nichts; auch die Flüchtlinge aus Ostpreußen, die unsere Wohnung zum Teil besetzt hatten und mir Läuse bescherten, die meine Mutter mit Essig und einem fest um den Kopf gewickelten Tuch bekämpfte, fand ich eher interessant. Sie brachten auf ihren Treckern und Bauerngespannen eine Menge Kinder mit, die zwar in einem merkwürdigen Idiom sprachen, aber Kinder nehmen alles so hin, wie es kommt und wenn eins von ihnen sich in die Luft erhoben und in unserer Stube rum geflogen wäre, hätte mich das auch nicht weiter erstaunt.

Ich lebte mit meiner Mutter in einem winzigen Dorf in Pommern, heute Mecklenburg-Vorpommern genannt, weil mein Vater in der Nähe auf einem Fliegerhorst arbeitete – d.h. »arbeitet« man eigentlich als Soldat? Das, was die normalerweise tun, möchte ich nicht als Arbeit bezeichnen – jedenfalls brachte er jungen Fliegern das Morsen bei und flog als Funker selber bei Einsätzen mit, aber inzwischen – wir schreiben das Jahr 1945, genauer, März 1945 – wusste meine Mutter wohl nicht mehr, wo er gerade steckte beziehungsweise ob er überhaupt noch irgendwo und am Leben war. Das weiß ich nur aus Erzählungen, denn mein Vater interessierte mich nicht besonders. Die Fotos, die es von ihm und mir während des Krieges gibt, zeigen mich mit einer bitterbösen Flappe, denn den fremden Mann, der uns recht selten und dann nur in seinem Urlaub besuchte und behauptete, der »Pappa« zu sein, konnte ich nicht leiden. »Mamma« reichte mir. Ich war knapp vier Jahre alt.

Die Wehrmacht hatte einen Zug organisiert, mit dem die letzten übrig gebliebenen Frauen und Kinder vor den »Russen« fliehen sollten. Es war ein ungewöhnlich heißer März und ich erinnere mich noch, wie ich mich gesträubt habe, als ich zwei Blusen, zwei Pullover und einen Wintermantel anziehen sollte, mal ganz abgesehen von dick gefütterten Hosen. Dass meine Mutter einen Sommermantel, einen so genannten Übergangsmantel und einen Pelzmantel trug, bemerkte ich nicht und weiß es auch nur aus späteren Berichten.

An die Fahrt zum Bahnhof erinnere ich mich nicht, nur daran, wie aus den Abteilen – es gab damals nur einzelne Waggons, die nicht miteinander verbunden waren – die Menschen bereits heraushingen. Das fand ich lustig. Große Gesellschaften und ein unvorstellbarer Trubel haben für Kinder immer was Sensationelles.

Irgendjemand packte mich und schob mich durch ein Fenster, wo ich weich fiel – im Grunde fiel ich gar nicht, denn ich landete auf den Schultern einer Frau, die mich gleich weiter reichte. Mein anfängliches Gebrüll nach der Mamma hörte bald auf, denn eine andere oder dieselbe Frau drückte mir ein Leberwurstbrot in die Hand. Und essen tat ich für mein Leben gern.

Gleich danach muss ich eingeschlafen sein, denn die Abfahrt des Zuges bekam ich nicht mit.

Die Kinder lagen teilweise übereinander in den Gängen, auf Reisetaschen, in den Gepäcknetzen; brauchte eines einen Topf, dann wurde der über den Köpfen der Frauen weitergereicht. Im Laufe der nächsten Tage muss es ja entsetzlich gestunken haben – es waren viele Säuglinge im Zug und Windeln zu waschen war ein Ding der Unmöglichkeit – aber so was macht Kindern offensichtlich nichts aus, ich habe daran überhaupt keine Erinnerung.

Wir waren gegen Abend los gefahren und in der Nacht wurden einige Waggons abgekoppelt, warum, weiß ich nicht. Man hat es mir später erzählt, sehr viel später. In einem Waggon saß oder stand oder lag meine Mutter.

Morgens hielt der Zug an und die Reisenden/Flüchtlinge wurden in Bahnwärterhäuschen untergebracht, weil Tiefflieger zu erwarten waren, die gerne mal Züge bombardierten. Auch das wusste ich nicht, aber ich erinnere mich, auf einem Tisch in einem Wartesälchen gelegen zu haben, unter dem Tisch lagen einige Frauen und Kinder und versuchten zu schlafen. Decken oder ähnliches gab es nicht, aber wir hatten ja alle mehr als ausreichend Kleidung an; die Erwachsenen durften nur einen Koffer mitnehmen und Proviant. Das war alles.

Abends ging es dann weiter. Die Fahrt zwischen Vorpommern und Hamburg dauerte drei Tage.

Eine Frau mit einem ganz kleinen Kind nahm mich in Hamburg unter ihre Fittiche, glücklicherweise sah sie so ähnlich aus wie meine Mutter, auf jeden Fall glaubte ich das, und ich fasste Zutrauen zu ihr. In Hamburg – das für mich irgendeine Stadt war, eigentlich ein großes Dorf, denn ich hatte noch nie eine Stadt gesehen – wurden wir im großen Bunker am Hauptbahnhof untergebracht. Diese Frau wusste, wohin ich unterwegs war, denn alle Kinder trugen einen von ihren Eltern verfertigten Zettel um den Hals, auf dem der Name, der Wohnort und das Reiseziel stand. Ich sollte also nach Husum zu meiner Tante, deren Adresse meine Mutter ebenfalls aufgeschrieben hatte.

Wie diese Leih-Mutter es fertig gebracht hat, mich in den Zug nach Norden zu setzen, ist mir nicht bekannt. Es muss ein oder zwei Tage später gewesen sein und dann dauerte es noch mal zwei Tage, bis ich in Husum ankam. Ich entsinne mich nur noch, dass ich ganz fidel mit anderen Kindern im Zug gespielt habe, wenn auch etwas eingeschränkt, denn ich saß in der Gepäckablage.

Wie ich zu meiner Tante kam, weiß ich nicht mehr. Vermutlich hat mich eine Hilfsorganisation zu ihr gebracht.

Einige Tage später erreichte meine Mutter Husum. Was sie durchgemacht hat, daran wage ich nicht zu denken. Sie hat nie darüber gesprochen.

(für die *Süddeutsche Zeitung*)

21.8.07 Ditzingen Lesung, gut bezahlt, waren aber nur etwas über 40 Personen da, es war ziemlich kalt, habe mir fast den Arsch abgefroren. Am nächsten Tag nach Stuttgart in ein Hotel, denn am übernächsten Tag war wieder das GROSSE FRESSEN bei Vincent Klink mit den üblichen Verdächtigen. El Kurdi, mit dem ich mal einen Moment lang allein an einem Tisch saß, wurde gleich von Nikolaus Heidelbach angepflaumt: »Was! Ein Araber und eine Frau an einem Tisch – und noch keine Schlägerei?« Hardy nahm es gutmütig grinsend hin.

Auf dem U-Bahnhof Marienplatz in Stuttgart lese ich, hingekritzelt auf einem Documenta-Plakat: »Stauffenberg starb mit den Worten ›Es lebe das heilige Deutschland‹. Er wusste, dass ausländische Mächte Deutschland durch Überfremdung langsam ermorden wollten.« Gleich daneben: »Mephisto grinst: Die Schwaben wollen Alleskönner sein. Sie werden als Mulattenvolk untergehen.«

Allerdings soll Stauffenberg gesagt haben: »Es lebe das heimliche Deutschland.« Das war das Motto des Freundeskreises Stefan George, zu dem auch er gehörte. Hab ich kürzlich im *Spiegel* gelesen, als ich beim Doktor war.

Die Rückfahrt nach Hamburg dauerte etwas länger; es hatte sich mal wieder einer vor den Zug geschmissen.

23.8.07 Heute wieder deutsche Schlager auf 90,3 gehört. Erst mal was mit »Hast du Liebe gesagt oder hab ich geträumt...«, und dann: »Deine Hand sucht den Weg, den sie lange schon kennt, damdarammdadamm...« (kein Wunder bei den kurzen Röcken).

Zum Glück macht Martina jetzt bei mir sauber, ich schaffe diesen Saustall jedenfalls nicht mehr. Saustall ist vielleicht übertrieben bei der Größe der Wohnung – Meerschweinchenstall trifft es besser.

25.8.07 Pokerset für 6 Personen, kriege ich als Spam angeboten. Die hamse ja nicht mehr alle. Dann noch einen Tauchscooter und eine Raumbeduftungsmaschine. Was der moderne Mensch so alles braucht...

Bekam eine Zeitung aus Ditzingen zugeschickt (*Stutt-*

garter Zeitung oder so ähnlich), in der mein Mit-Vorleser Andreas und ich als »Spaßvögel« bezeichnet wurden. Die Volontäre in diesen Blättern werden auch immer schlechter.

26.8.07 Habe gerade »East Side Story« von Auchincloss gelesen, nachdem ich vor einem Jahr schon die »Manhattan Monologe« verschlungen hatte. Auchincloss, der selbst der amerikanischen Oberschicht angehört und hierzulande scheints völlig unbekannt ist, schreibt über »die reichen New Yorker Patrizier« (Klappentext) Carnochan und porträtiert zwölf Männer und Frauen aus diesem Clan über anderthalb Jahrhunderte hinweg – keinesfalls lieblos, aber mit Härte. Seine Charakterbeschreibungen sind einfach grandios.

27.8.07

Aua

Wenn man so alt ist wie ich, also Mitte... na ja, sagen wir mal Ende... (falls man all die verregneten Wochenenden mitrechnet frei nach Dorothy Parker) – wenn man also bereits ziemlich lange mit diesem und jenem Aua unterwegs gewesen ist, dann kann man den Service, den Ärzte bieten, recht gut beurteilen. Beziehungsweise schlecht beurteilen.

In St. Pauli befindet sich eine Ambulanz, die ich einmal nachts aufsuchte, weil ich mir die Schulter verrenkt hatte. In St. Pauli wird man ja normalerweise mit Sachen konfrontiert, die es sonst nur im Fernsehen gibt. Der junge Arzt – Ärzte sind jetzt immer jünger als ich, genau wie Politiker, Busfahrer und potentielle Liebhaber – haute mir derart auf die Schulter, dass mir ein nicht druckreifer Aufschrei entfuhr. »Nana, Frau Müller«, sagte er väterlich, »jetzt müssen wir uns wohl den Mund mit Seife auswaschen!« So was habe ich zuletzt gehört, als ich sieben war; ich glaube, in einem Dieter-Borsche-Film.

Überhaupt kann ich es nicht leiden, wenn der Herr Doktor einen behandelt, als hätte man nicht alle Tassen im Schrank, und auf Nachfragen, was man denn nun wirklich habe, mit »Da machen Sie sich mal keinen Kopf drum!« antwortet. Mach ich wohl! Deshalb gucke ich auch immer in meiner Patientenkarte nach, wenn er mal kurz rausgeht. Meistens klappt das, nur bei Dr. S. nicht, bei dem ich früher verkehrte und der inzwischen pensioniert ist. Er war mal in russischer Kriegsgefangenschaft und hatte Russisch sowohl sprechen als auch schreiben gelernt. Und trug seine Bemerkungen in kyrillischer Schrift ein. Das mag ja noch angehen, aber er schrieb in Spiegelschrift. Sein Nachfolger muss noch dümmer aus der Wäsche geguckt haben als ich. (für *Titanic*)

28.8.07 Das soll Sommer sein? Mit dicken Strumpfhosen, Pullover und Jacke einkaufen gegangen. Mein Rücken macht sich wieder bemerkbar. Der italienische Eismann war auch nicht gut drauf, d.h. eigentlich ist er Jugoslawe. Die Köche beim Griechen sind Afrikaner, der Postbote ein Türke und die Altenpfleger von nebenan sind Polen bzw. Polinnen. Irgendwie müssen wir das Multikulturelle ja langsam in den Griff bekommen. Aber erst, wenn »Ausländer« massenhaft Makler werden können oder Leiter der Volkshochschule.

Die Spams werden immer frecher: *Keine Party ohne Blasen*. Da kriegt mich keiner hin. Stellte sich aber heraus, dass es sich um eine ziemlich scheußliche Seifenblasenmaschine handelt, für schlappe 99 Euro.

29.8.07 Schon wieder ein Verleser: »Vor dreißig Jahren wurden die ersten Rentner verletzt.« Nun raten wir mal, wie das in Wirklichkeit hieß? »Rechner vernetzt.«

30.8.07 Heute Abend nach G. gefahren mit Jan und Jutta. Kurz vor Gusborn wurden wir angehalten:

Polizei, Feuerwehr, Krankenwagen noch und noch. Als wir später weiterfahren durften, sahen wir die Bescherung: Ein roter kleiner Sportwagen-Flitzer hatte sich um einen Baum gewickelt und bis auf das zerbeulte Chassis war nichts mehr übrig. Ein weiteres Auto war auch noch involviert, aber die vorderen Teile waren offensichtlich noch intakt. Den Rest der Fahrt haben wir schweigend zurückgelegt.

September 2007

3.9.07 Am Schulterblatt einer Meute von Jugendlichen begegnet. Die Jungs spuckten vor mir auf die Straße, die Mädchen kicherten irre. Ich finde solche Ausdrücke wie »Jugendliche« oder »Teenager« saublöd. Da wird ja nur das Alter angegeben und nicht die Befindlichkeit. Halbstarke und Backfische treffen meiner Meinung nach die Sachlage genauer. Meinetwegen auch noch Rotzlöffel. Für beide Geschlechter.

4.9.07 Zu Hause habe ich eine Filmpostkarte an meinen Küchenschrank geheftet: Oskar Werner und Jeanne Moreau in »Jules et Jim«. Die jüngste Nichte kommt vorbei: »Wer ist das denn?« – »Oskar Werner«, schwärme ich, »der größte Schauspieler aller Zeiten, ich liebe ihn seit meinem 16. Lebensjahr, früher war er im Burgtheater und...« Sie unterbricht mich: »Und wer ist die Schlampe?«

6.9.07 Gibt ne prima Methode, wie man unterwegs diese Unruhe los wird, ob man wohl wirklich das Bügeleisen ausgeschaltet hat. Erzählte mir gerade eine Psychiater-Freundin. Eine Patientin von ihr ist auf die Idee gekommen: Sie nimmt das Bügeleisen jeden Morgen mit ins Büro. Schwieriger wird es aber, wenn man sich Sorgen wegen des Gasherds macht.

10.9.07 Habe endlich die Rede für die Kunstausstellung in Ahaus fertig gekriegt. Mit Hilfe von zwei Autoren, die ich vorher gefragt hatte, ob ich sie zitieren darf. Der eine kannte mich aus der *taz*, zum Glück.

12.9.07 In der *MoPo* wieder jede Menge Betroffenheits-Aussagen von Lesern – zur Frage, auf welche Weise sie die Nachrichten am 11. September 2001 aufgenommen haben. Habe noch mal die Mail von T. aufgerufen, der mir etwa ein Jahr später geschrieben hatte:

»...Bush + Clan + befreundete Öl / RüstungsIndustrielle haben und hatten immer einen engen Draht zum Osama-Clan. Osama hat dem Herrn Bush bekanntermaßen schon einmal aus einer innenpolitischen Krise geholfen.

Die Amis wissen natürlich genau, wo Osama steckt; wollen ihn aber nicht fangen, weil sie dann Innen- und Sozialpolitik statt Krieg um Rohstoffe machen müssten.

PS: Der Herr bin Laden hat übrigens auch Fachleute für die Beseitigung von innerstädtischer Gebäudesubstanz.«

14.9.07 Hier die Rede zur Kunstausstellung in Ahaus, allerdings nur in Auszügen, weil ich dafür so viel geklaut habe. Folgendes ist von mir bzw. von ein paar Freunden, die *wirklich* Vernissagen besuchen (dazu noch Stellen aus bereits veröffentlichten Geschichten, u.a. »Brausepulver« und »Quastenflosser«):

... Beispielsweise gefielen mir die Bilder nicht, die vor einigen Jahren in Hamburg ausgestellt waren: »Ärzte malen«. So was muss ja nicht sein. Eine Ausstellung »Maler operieren« gab es leider nicht. Die wäre auch viel farbiger gewesen, nehme ich mal an. Die Ärzte hatten es vorwiegend mit den Aquarellen...

...Leute bei Ausstellungen sagen Sachen wie »Laura ist aber groß geworden, die reicht ja jetzt schon bis über das Katalogregal...« und »Du, ich hab' noch 'n Pullover, den ich nie anziehe; der würde dir aber stehen, der hat genau die Farbe wie das Bild da drüben ... nee, nicht wie die Eingeweide gleich hier, mehr so beige wie der Blumenkohl rechts daneben auf Asphalt – oder soll das ein Gehirn sein?«

Oder: »Ach du liebe Zeit, der Künstler lebt ja noch! Ich dachte, das wäre 'ne Retrospektive... wie, der ist hier? Wo denn? Ach du lieber Gott! – *Sie* sind das?«

Oder: »Würde das Bild nicht gut über die Anrichte zur Küche passen, Schatz?«

Und: »Gut, dass der Kunst macht und nicht Massenmörder geworden ist...«

Gerne wird auch gesagt: »Ich wusste schon vor 10 Jahren, dass der mal ganz groß rauskommt.«

... Zur Kunst weiß ich noch eine nette Geschichte, als ich noch Beamtin war und brav bei der Gewerkschaft, da machten wir unseren jährlichen Gewerkschaftsausflug, wobei wir mit dem Bus auch an einem Kunstmuseum vorbeifuhren.

Das wurde gerade renoviert, entsprechend gab es diese rotweißen Bauabschränkungen, und es standen irgendwelche Haufen von Schalbrettern und Armierungseisen herum. Ein senkrechter alter Sozialdemokrat hielt das Ganze für eine Installation, kriegte völlig die Krise und tobte herum, es sei schon voll daneben, was heute als hoch bezahlte Kunst durchgehe. Ich fand das ziemlich gut.

Auch gut war jenes tief gefrorene Hähnchen, das mir für fünf Mark anlässlich der Abschlussausstellung der Düsseldorfer Kunstakademie signiert verkauft wurde, und aus dem ich eine Suppe kochen wollte. Bei der Schweißnaht fand sich dann allerdings die Inschrift »EWG 1974«, welche mir etwas den Appetit verschlug...

... Zu einer Vernissage war ich vor einiger Zeit bei Max Goldt eingeladen, sie fand in einem schrecklichen kleinen Laden in Hamburg statt. Es handelte sich um eine Schürzen-Vernissage. Ich bin allem Neuen und Modernen gegenüber ja aufgeschlossen, aber dies ging mir dann letztlich doch zu weit.

Als ich ankam, war die Bude schon voll mit jungen Leuten, Eintritt musste man keinen bezahlen, dafür kriegte man aber ein Tütchen mit was drin, das man essen sollte. Ich sage gleich mal, dass es sich nicht um Rauschgift handelte, sondern um Brausepulver.

So was finden auch nur Leute gut, die das in ihrer Jugend nicht essen mussten. Irgendwie wurstelte ich mich zur Mitte durch und konnte dann auch eine Schürze erkennen, die an eine Wand genagelt war. Zwei Wände waren leer und an der vierten Wand hingen ziemlich dunkle Polaroid-Fotos, auf denen konnte man Menschen sehen, die mit ebendieser Schürze und sonst gar nichts bekleidet waren und in verschiedenen, zum Teil gewagten Posen vor einem Schrank standen. Darunter waren Zettel befestigt, denen man entnehmen konnte, dass der Schrank etwa 20.000 Euro gekostet hätte.

Ich dachte gerade darüber nach, dass dieser Abend mir wohl nicht viel geben würde, da sah ich den Gastgeber, der zu allen Leuten irgendwie »Hallo« sagte und das Brausepulver verteilte. Ich sagte ihm, dass ich das alles sehr interessant fände, aber noch zu aufgewühlt sei, um darüber sprechen zu können.

Danach ging ich mit ein paar Bekannten essen und warf das Brausepulver weg. Als wir zur Ausstellung zurückkehrten, war die Schürze gestohlen worden.

So kann's kommen.

Da fällt mir noch eine andere Geschichte ein, ich wurde nämlich mit meiner damaligen Untermieterin in den Pudels Club in Hamburg eingeladen, wo eine Ausstellung semi-berühmter Maler stattfand. Es war aber so schummrig, dass man sich die Bilder zum Glück nicht ansehen musste.

Die Angestellten im Pudels Club waren total cool, weil sie zu Höherem geboren waren, was weiß ich: Tanztheater machen oder Low-Budget-Filme in schmutzigen Garagen drehen. Die Untermieterin war schon ziemlich genervt.

Es gab aber auch durchaus sehr anständige Leute dort; ein junger Mann aus Husum sagte zu meiner Untermieterin (die weitaus jünger ist als ich): »Dieses süße Lächeln muss doch einen Namen haben.« Damit war der Abend für sie gerettet. Für mich allerdings nicht.

Danach sollte ich nach Lübeck kommen und mir ein Event ansehen:

»Lübecker Museum zeigt Ausstellung mit historischen Taktstöcken.«

Das wäre wirklich sehr spannend gewesen, aber ich wurde vorher Gott sei Dank leider krank...

...Zum Abschluss meiner Rede möchte ich Ihnen noch die drei bekannten Party-Tipps von Boris Vian ans Herz legen: Achten Sie darauf, ob es erstens genug zu essen, zweitens genug zu trinken gibt. Ist beides nicht der Fall, halten Sie sich drittens am Mobiliar schadlos.

13.9.07 Ich vermisse die alte Frau, die früher durchs Schanzenviertel ging und Bananen aus den Auslagen der türkischen Gemüseläden klaute. Die legten ihr dann schon extra Bananen hin. Sie hatte winters wie sommers immer einen Sonnenschirm dabei und sagte zu jedem: »Früher, als ich jung war, war alles viel besser.« Da hatte sie Recht. Jetzt wird sie wohl auf einem Friedhof liegen. In einem Armengrab oder wie sich das heute nennt.

15.9.07 Gestern in Ahaus, die Rede gehalten. Es waren etwa 60 Leute da, die sich kaum trauten zu lachen... hinterher kamen aber einige Damen – die bei solchen Events in der Provinz immer in der Überzahl sind – und sagten, sie hätten es toll gefunden.

Von Münster aus musste ich noch eine Stunde mit dem Bus fahren, da ging's über die Dörfer, noch und noch. Der Busfahrer sagte die Stationen an: »Ehemaliges Rathaus, ehemaliger Sportplatz.« Ehemaliges Brennstoffelementezwischenlager hat er allerdings nicht gesagt. Torsten traf ich am Tag vorher am Schulterblatt:

»Vielleicht fällt mir noch irgendwas Kompliziertes ein, das ich mir von dort mitbringen lassen könnte. ... Mhm, ich weiß schon. Das ist es ... Bring mir mal so ein Brennelement mit. Aber lass es dir schön einpacken.«

Am Donnerstag war mein Text zur ersten eigenständigen Reise in der *SZ*. Dazu hatten sie ein riesengroßes Foto gebracht, das angeblich den Flüchtlingsstrom 1945 zeigen sollte. Es war aber ein Foto von Doisneau. Aus vollbesetzten Zügen steigen gut gelaunte französische Menschen, die Klamotten aus den 50er Jahren tragen. Mal wieder ein überforderter Redakteur am Werk gewesen. Oder die *SZ* wollte ihre Leser nicht mit verhärmten, schlecht gekleideten und übernächtigten Flüchtlingen vor den Kopf stoßen. Immerhin war es die Reise-Seite...

16.9.07 Inzwischen hat Frau Dingens-Dingens (Schulsenatorin in Hamburg) angeregt, man solle doch Reklame in der Schule zulassen. Dann kann man sich wenigstens den Gemeinschaftskundeunterricht oder wie das heute heißt über das Thema sparen. Und gleichzeitig können die Firmen die geschenkten Steuergelder – davon war ja in letzter Zeit in den Zeitungen dauernd die Rede – in Schulen einsetzen und wieder neuen Reibach machen. Au ja!

18.9.07 Gestern war ich am Hafen, hab 'ne Tasse Kaffee getrunken in so einem Büdchen und mit der Dame des Hauses geplaudert, d.h. sie war eigentlich eine Aushilfe, aber mit der Besitzerin befreundet, und wenn es nach ihr ginge, würde sie *solche* Postkarten nicht ins Sortiment nehmen. »Sie werns nich glaum, aber die kaufen hauptsächlich ältere Herrschaften!« Karten, wo links eine nackte Dame steht und rechts ein nackter Herr, der sie mit seinem Dingsda am Hintern kitzelt.

»Die da (Besitzerin des Hafenrands ist die Freie & Hansestadt, als Sprinkenhof AG) wollen ja die ganzen Buden wegtun und dafür alles verglasen und was weiß ich und danach die Mieten raufsetzen wie nix Gutes, versteht sich. Später kann dann kein Mensch mehr sagen, wo man eigentlich gerade ist. San Francisco? Oslo? Auf dem Mond?« Sie hat ja Recht. Der ganze zusammen gewürfelte Budenkram hat auch was Charmantes.

21.9.07 Hat man schon mal jemanden getroffen, der noch zurechnungsfähig war, obwohl er im Lotto gewonnen hat? Ich glaube, da gewinnen immer die Verkehrten. Deswegen gewinne ich wahrscheinlich nie was. Dafür müsste ich dann allerdings auch Lotto spielen. Ein Freund von mir, der viel für den Rundfunk arbeitet, hat darüber ein Feature gemacht; das hab ich mir angehört, da kamen ausnahmslos Leute vor, die nach einem Gewinn von z.B. 1,3 Mio zunächst einen Sportwagen (rot) für 350.000 kauften, keine Versicherung bezahlten, ihn nach drei Wochen gegen einen unschuldigen Baum setzten und nach zwei Monaten wieder zum Sozialamt marschierten. Den Rest des Geldes hatten sie bereits verjubelt, indem sie alle im Puff freigehalten hatten und ansonsten im Taxi zum Aldi fuhren.

Die Lottospieler wollen nämlich auf die leichte Art Karriere machen. Nicht wie die, die sich wirklich anstrengen und jahrelang über die Witze ihrer Vorgesetzten lachen, bis sie so hoch aufgestiegen sind, dass ihre Untergebenen über *ihre* Witze lachen müssen.

23.9.07 Pilze, Pilze, Pilze. Ist ein grandioses Pilzjahr. Leider kennen wir uns hier in G. noch nicht so gut aus und haben praktisch nur Maronen gefunden. Und zwei Steinpilze.

24.9.07 Jürgen Roland ist gestorben. Hat der nicht dieses Stahlnetz gedreht oder die Regie geführt?

Tam-ta-tam-tamm, dideldöh? Das ist eine dreißigtausend Jahre alte Krimiserie. Die jetzt alle noch mal sehen müssen, außer mir, weil ich kein Fänsän habe. Dideldöh.

Oktober 2007

7.10.07 Kriege eine Einladung zu einer Podiumsdiskussion im nächsten Jahr. Es soll über die 68er gesprochen werden – Ursachen, Wirkungen und so weiter. Die haben dann 40jähriges Jubiläum. Gott bewahre. 1. interessiere ich mich nicht für diese Generation (war damals schon zu alt) und 2. finde ich Podiumsdiskussionen und Talkshows eklig. Außerdem findet das Ganze in Bergedorf statt, wo dann Altbundeskanzler Schmidt samt Loki in der ersten Reihe sitzt und zu allem rumkrähen muss. Und den Raum mit seinen Zigarren verpestet.

8.10.07 Heute läutete Iraima an meiner Tür. Wollte zuerst gar nicht aufmachen, da ich im Nachthemd auf dem Sofa lag, Rückenschmerzen und Neuralgien. Sie hat damals bei uns gewohnt, als wir noch das Haus in Lokstedt gemietet hatten. Hat Psychologie studiert, 1983 habe ich sie in Venezuela besucht. War mir aber zu heiß da. Bestimmt habe ich sie mehr als 20 Jahre nicht gesehen, geschrieben haben wir uns auch nicht. War sehr anstrengend, weil ich mich nicht wohl fühlte, obwohl sie tatsächlich immer noch gute Laune ausstrahlte, wie früher. Sie ist jetzt Mitglied der Asembleya (oder so ähnlich) aus ihrer Region. Für Chávez.

12.10.07 War lange krank und konnte nicht zu Annettes Hochzeit fahren, die in Kiel stattfand. Wird mir ewig leid tun. Ich bin immer noch nicht wieder 100%ig hergestellt und soll mich schonen. Was ich auch sehr gern tue. Mich schonen ist eine meiner liebsten Beschäftigungen und kommt gleich nach »gute Sachen essen«.

16.10.07 Katinka ist gestern ein Jahr alt geworden, werden wir aber jetzt noch nicht feiern, weil sie Keuchhusten hat.

Müsste auch mal wieder zum Genickologen, worüber neulich eine Frau in der U-Bahn nach St. Pauli mit ihrer Sitznachbarin redete.

Zwei andere saßen hinter mir, beide waren artgerecht gekleidet – kurzer Rock, Make-up und Wasser in den Beinen. Sagt die eine nach einer Pause, dass Eddie oder Freddie jetzt mit dem Fahrrad zum Abkassieren fahre. Die andere: »Wieso? Is was mit seim Ferrari?« Die erste: »Nee, er hat immer so viel Knöllchen, weil es keine Parkplätze auf der Reeperbahn gibt.«

Nach kurzem Nachdenken fügt sie hinzu: »Ende Oktober ist ja wieder Weltspartag.«

So isses: Spare in der Zeit, so hast du in der Not.

18.10.07 Komme gerade vom Eiscafé zurück. Da ist doch tatsächlich eine Demo auf dem Schulterblatt, etwa 30-40 Menschen, die Mehrzahl Schwarze (Amerikaner? Werden's wohl sein). Mit Spruchbändern: »Diese Stadt braucht Gott« und »Diese Stadt braucht Jesus«. Ich denke, diese Stadt braucht ganz was anderes. Zum Beispiel Palästinenser-Tücher, die offensichtlich wieder »in« sind, jedenfalls hängen die Läden voll davon. Die werden jetzt »Pali-Tücher« genannt.

Als ich vor 20 oder 30 Jahren meine alte Schulfreundin Roswitha in Stade besuchte und so ein Ding trug, ging ihr Mann heimlich zur Garderobe und hat nachgeguckt, ob ich nicht eine Beretta in der Manteltasche habe. Er war beim MEK und gehörte zu denen, die besetzte Häuser gestürmt haben. Die pflegten ja einen Verfolgungswahn, der sich gewaschen hat. Ehrlich gesagt, war auch unsere Seite nicht ganz frei davon.

19.10.07 Lesung in Hamburg in einem Kulturzentrum in Dulsberg. Vor mir waren Frauen aus einer

Schreibwerkstatt dran, meist ältere, da war ich gespannt, was die so aus dem Stadtteil berichten können.

Das war wohl nichts. Gedicht über Kurz und Kürzer und alles, was dieser Begriff hergibt (Kürzlich, vor kurzem usw.), immerhin spielte es im Arbeitsamt. Dann ein Text über eine Frau, die zu einem Mann fährt, den sie lange nicht gesehen hat. Sie skeptisch, er froh. Sie steigt aus dem Zug und beide weinen. Er, weil er sie noch immer liebt, sie, weil er immer noch so scheiße aussieht wie früher. Sie springt in den anfahrenden Zug. Ende.

Es gibt so viel zu beobachten, da muss man sich doch keine blöde Liebesgeschichte aus den Rippen schneiden.

20.10.07 Katinka kann jetzt zwei Worte sagen: GO-KE (Gurke) und NA-NA (Nase). Meine Großnichte ist ein überaus intelligentes Kind! Langsam muss ich mir Gedanken machen, was sie mal werden soll. Alice findet Steuerberaterin optimal. Sie nennt das Kind im Moment immer noch »Terrorwindel«. Oder, wenn sie gut gelaunt ist: Terrorwürstchen.

21.10.07 Spam: »if you're eager to please, you need a whopping cock.«

Keine Ahnung, was das heißt (außer cock); ich kenne bloß Whoopi Goldberg.

Fabian R. weiß es zu übersetzen:

»Begierig zu verwöhnen? Dann brauchst Du einen faustdicken Schwanz.«

Ich antworte: »Ach du scheiße.« Eigentlich möchte ich diesen Armleuchtern mal zurückmailen, aber das funktioniert ja nicht. Dass ich beispielsweise nicht mehr an Viagra, Penisverlängerung oder »my mouth is too tiny for my boyfriend's dick« interessiert bin, weil ich mich gerade habe geschlechtsumwandeln lassen und zwar in NICHTS: Kein Mann, keine Frau, keine Echse, keine Geranie. Müsste ja auch irgendwie gehen, oder?

Antwort Fabian: »In Nichts geschlechtsumwandeln –

klingt nach einem entspannten Leben. Ich mach mit.« Wenn seine Frau das man mitmacht.

23.10.07 Heute fünf Stunden auf CD gelesen. Grimms Märchen. Da wird ja unglaublich viel geköpft, gehenkt, verbrannt und Augen ausgerissen (*Aschenputtel*). Aber nur bei den Bösen, sonst würde man ja auch nicht behaupten, dass es Geschichten für Kinder sind. Bin einigermaßen erledigt.

26.10.07 Gestern Lesung bei der Fachtagung Alphabetisierung. Vor 25 Jahren haben wir in vielen Großstädten damit angefangen, Analphabeten – meistens Frauen – zu unterrichten. Wir haben alles selbst gemacht, Blätter, Skripte, kleine Bücher...

Heute ist es ein Bundesverband mit Vorsitzenden, Schriftführern, Sekretärinnen, kaum eine Frau dabei... und dicken Heften, die sie rausgeben, fast alles soziologisch-psychologischer Kram, den ich nicht lesen mag. Mit Torten-Diagrammen undsoweiter: es wird evaluiert, bis es kracht, ach du lieber Gott.

29.10.07 Heute Abend bei Torsten zum Geburtstag, es gab Karpfen. Beim Ausschütten des Öls verbrannte er sich ein paar Finger, und als wir später zusammen in die Apotheke gingen, war die offen, aber kein Mensch zu sehen. Polizei angerufen, die kamen auch gleich und versuchten, den Besitzer ausfindig zu machen. Wir haben lieber nicht nachgeguckt, ob da wer blutüberströmt hinterm Tresen liegt.

Wenn man zu oft Tatort guckt...

November 2007

1.11.07 Rief eine Frau von einem großen Verlag an, ob ich nicht ein Buch über Hamburg schreiben wolle. Das würde mir gerade noch in den Kram passen. Alles, was ich über Hamburg zu sagen habe, hat sich bereits in zwei Kolumnen niedergeschlagen. Das reicht.

2.11.07 In G. Wir – das heißt, *ich* nicht – machen das Haus und den Garten winterfest. Ich habe einen Apfelkuchen gebacken, nach einem österreichischen Rezept, das war mein Beitrag.

Die Raiffeisenbanken wollen schon wieder meine Kundendaten haben. Kriegen sie aber nicht.

3.11.07 Gestern Abend eine sehr unerfreuliche Debatte in der »Wohngemeinschaft«. Ein Zirkus um Nichts, letzten Endes. Nur Willi, der Dackel, war davon unbeeindruckt und blickte absolut jeden mit treudoofen Dackelaugen an, die sagten »Will mir denn keiner was zu fressen geben? Ich bin ja sooo hungrig...«. NATÜRLICH haben Dackel keine doofen Dackelblicke (außer Trixi, aber die steht außerhalb jeder Diskussion), das haben nur doofe Menschen. Dackel haben ganz wunderbare Dakkelblicke. Ehrenwort!

Ziemlich fertig wegen der Aufregung und wg. doppelter Dosis Betablocker, die einen so maddelig machen; könnte den ganzen Abend das Sofa blockieren.

6.11.07 Satko aus Bosnien hat mir wieder Fotos geschickt, die ich für seine Mutter Mira ausdrucken soll. Sind zwei Kinder drauf. Ich fragte ihn per Mail, ob »Beno« ein Jungsname sei, weil ich davon ausging, dass er zwei Töchter hat. Schreibt er zurück:

Benjamin – Beno – ist ein junge ich bin ein meister geworden junge zu machen, er ist 1 jahr alt und Nadja tochter ist 3 jahre alt.

7.11.07 Nikolaus Heidelbach wird das Cover von diesem Tagebuch machen – hat auch schon sehr gute Ideen. Ich habe vor Jahren die Märchen von Andersen gekauft, weil er da ganz wunderbare Illustrationen gezeichnet hat. Er erzählte mir, dass ihm einmal in zehn Jahren das passiert, was mir fast jeden Tag passiert: Er geht an zwei Hausfrauen vorbei und die eine sagt gerade: »... und dann gab es noch einen Personenschaden. Das war ich.«

8.11.07 Andreas älterer Sohn hat jetzt Aufklärungsunterricht in der Schule. Die Schose mit Blumen und Schmetterlingen ist ja wohl endgültig zu den Akten gelegt... er musste eine Banane sowie Präservative mitbringen. Andrea ist mit ihm in einen weit entfernten Drogeriemarkt gegangen und beide fühlten sich bemüßigt, der Verkäuferin zu erklären, dass es für die Schule sei... Die war ganz uninteressiert und sagte »...jaja, besser isses mit...«

Die Banane hat er ganz unversehrt wieder mit nach Hause gebracht, sie aber gleich in den Mülleimer geschmissen, weil er noch so angeekelt war. Die Lehrer hatten den Kindern alles über Aids und Syphilis und weichen Schanker erzählt.

9.11.07 Seit gestern wird der Güterverkehr von den Lokführern bestreikt. Das kostet richtig Geld. Bisher waren die Kommentare in den Zeitungen oder im Rundfunk noch ganz ordentlich, aber jetzt warte ich darauf, dass der Sturm losgeht: Standort Deutschland gefährdet, wenn nicht die ganze westliche Welt. Und die Demokratie. Eigentlich gehört der Terrorismus auch noch dazu, aber wie werden die den da reinkriegen? Den kriegen die da schon rein!

Es pisst ohne Ende. Eigentlich möchte ich irgendwohin, wo es ein Wetter hat wie auf den Kanarischen Inseln. Da würden sich ja die Kanarischen Inseln anbieten. Geht jetzt aber nicht. Morgen nach Detmold und anschließend nach Bonn, zu Lesungen.

11.11.07 Von Bonn aus mit Jan telefoniert. Nachts hat es in G. geschneit! Und ich bin nicht da!

13.11.07 Zurück von der Lesereise, war alles sehr nett, aber ich immer noch nicht ganz auf der Höhe. Hat aber keiner gemerkt. Abends kommt Andrea vorbeigeschossen mit einem Brot in der Hand. Ein Kommilitone, der sie monatelang per Telefon gequält hatte, wegen psychotischer Schübe, ist jetzt wieder fit und hat ihr als Entschuldigung zehn Bio-Brote vor die Wohnungstür gelegt. (So ganz fit scheint er doch nicht zu sein.)

15.11. 07 Fast eine ganze Seite in der *Hamburger Morgenpost* über das Begräbnis von Willi Bartels. Dem gehörte u.a. das Eros-Laufhaus und das Eros-Center, also mit anderen Worten: der größte Lude im Bezirk.

Entsprechend auch die Trauergäste – »Angehörige, Freunde und Wegbegleiter«; meine Fresse, jede Menge Zuhälter mit Riesensträußen und -kränzen. »Der Senat schickte keinen Vertreter, kondolierte noch nicht einmal der Familie«, so die *MoPo* anklagend. Wer allerdings zugegen war: Eva Herman samt Gatten.

Heute hat es abends ganz vorsichtig geschneit, aber nur für ein paar Minuten.

16.11.07 Mal wieder schlechte Nachrichten vom Röntgenologen – die Aorta hat sich im letzten Jahr um fast einen Zentimeter vergrößert. Bin in den letzten Monaten auch ständig sehr erschöpft. Gehe am Dienstag wieder zur Computertomografie.

Die gute Nachricht: Am Mittwoch rief Herr R. vom Verlag an, ob ich irgendwas gemacht hätte, Interviews oder so. Hab ich aber nicht. Es seien auf einen Schlag 300 meiner Bücher im Internet bestellt worden. Später stellte sich heraus, dass die TV-Sendung mit Dirk Bach und Jürgen von der Lippe zum soundsovielten Mal wiederholt worden war. Am 2. Dezember soll es sie noch mal geben.

Es haben dann auch zwei Verlage (einer Rowohlt, den anderen habe ich vergessen) bei ihm angerufen wg. Taschenbuchrechten, aber er habe sie an Klaus Bittermann verwiesen, der ja die Rechte hat. Jetzt druckt Zweitausendeins die nächste Auflage. Ist die achte, glaube ich.

18.11.07 Eben mit Heidelbach gesprochen, er zeichnet ein anderes Bild, weil ich am ersten rumgemäkelt habe. So dies und das geschwätzt, u.a. über Männer, die immer noch Chancen haben, obwohl sie längst über 50 sind. Ich sagte, dass Frauen nicht dieselben Möglichkeiten haben, allerdings würde mir davor grauen, mich jetzt noch mit einem Mann einzulassen – allein diese Verrenkungen und sportlichen Übungen, ich hätte mit meinen eigenen Wehwehchen schon genug zu tun. Er darauf: »Mit einem Herrn ins Bett gehen – undenkbar!« Das hat Thomas Mann in seinem Tagebuch notiert, als er 75 war.

20.11.07 CT hat nicht geklappt. Musste noch mal zur Vorzimmerschnepfe von Prof. K., die führte sich professoraler auf als er. Wozu einiges gehört. Als ich fragte: »Wann kommt er denn?«, sagte sie: »Wen meinen Sie mit ›er‹? – Herrn Professor K.?« Beinahe hätte ich gesagt: »Ach wissen Sie, mein Vater war Professor, mein Mann war Professor, da haben wir uns die Titelei abgewöhnt.« Donnerstag noch mal hin.

22.11.07 Jean berichtet mir, dass sie gleich in ein Konzert gehen muss; ihr Enkel Sascha führt mit Schülern aus seiner Klasse einen Rap auf. Mit Klobürsten. Zur CT gegangen. Das Übliche.

23.11.07 Heute Abend beim Konzert von Sweet Sadness gewesen, war eigentlich zu spät, weil es erst um 21 Uhr anfing. Hatte es aber Dr. Lass versprochen (mein ehemaliger Operateur). War sehr schön, und seine Freundin erzählte mir, dass er bei Operationen immer singe. Hoffentlich bei mir damals nicht »When the saints go marching in«, obwohl er eine gute Stimme hat. Aber ich habe glücklicherweise nichts davon mitgekriegt.

24.11.07 Mit Jan und Jutta in Pflanzen und Pflaumen spazieren gegangen, kalt und frisch. Sonne. Beim Kaffeetrinken im ehemaligen Norweger-Heim (heute: Cafe Stern-Chance) erzählt Jan von einer sehr alten Psychotherapeutin, die er im Fernsehen gesehen hat und die noch Freud gekannt hatte oder zumindest Anna Freud. Sie hat gesagt: Wenn man zwischen mehreren Möglichkeiten wählen kann, dann sollte man sich für diejenige entscheiden, die einem am meisten »Leben« verspricht, also Autonomie, Kreativität, innere Ruhe, Authentizität – was man auch immer gerade unter »Leben« versteht...

Hört sich gut an.

Dezember 2007

20.12.07 Ich habe mich an diese Worte gehalten. Im Januar werde ich mich einer Operation unterziehen. Eine Alternative gibt es nicht. Nur die zwischen Tod und Leben. Ich habe »Leben« gewählt und wenn es denn der Tod sein muss: Ich habe ein gutes und reiches Leben gehabt, eine Familie, die zu mir steht, Freundinnen und Freunde. Also alles tipptopp und prima. Keine Tränen bitte.

Ich rufe dann von drüben an, rückt schon mal die Tische zusammen.

Wann bitte findet das Leben statt...

Memoiren einer Tochter aus gewöhnlichem Hause

Im letzten Jahr am Heiligabend spielten die Nichten und ich ein blödes Psychospiel, bei dem man sagen musste, an welcher Stelle auf einer Skala von eins bis zehn man sich einordnet, was beispielsweise den eigenen Ehrgeiz betrifft. Ich hatte mir die Nummer drei gegeben, während die Nichten mich auf Stufe neun setzten. Offensichtlich hatten sie ein anderes Bild von mir als ich selbst und das kränkte mich. Und offensichtlich hatten sie eine andere Vorstellung von Ehrgeiz als ich, aber das kam an diesem Abend noch nicht zur Sprache. Konnten sie wirklich glauben, mich gern zu haben und gleichzeitig vermuten, dass ich über Leichen gehe?

Frau Thatcher flimmerte durch mein Hirn und vorsichtshalber behauptete ich erst mal, dass alles, was ich bisher erreicht habe, auf Zufall beruhe ... zufällig bin ich auf jene Party gegangen, zufällig traf ich da diesen Millionär, der mich heiratete und nicht mehr ganz zufällig muss ich jetzt immer diese scheußlichen Halstücher mit Pferdeköpfen oder Ankern drauf tragen... Nun, zufällig bin ich nicht, ich traf auch nicht und meine Klamotten kaufe ich immer noch bei Peek & Cloppenburg, nachdem ich aus dem Alter für H&M raus bin.

Was allerdings stimmt: Ich habe damals auf Bärbels Party Lothar kennen gelernt und ihn auch für kurze Zeit geheiratet, genauer gesagt, für anderthalb Jahre, aber ich hätte vermutlich auch jemand anderen geheiratet. Immerhin war ich schon 24, und Oma, die bereits auf ihrem Totenbett lag, äußerte sich dahingehend, dass es doch wohl mal Zeit werde, und ob ich mir nicht eine Dauerwelle machen lassen wolle. Gott bewahre! Dann lieber heiraten. Wenn auch nicht unbedingt einen Beamten, wie Oma mir immer ans Herz gelegt hatte: »... dann bist du abgesichert«.

Während meiner Schuljahre als Backfisch – Teenager gab es noch nicht – war mir immer klar gewesen, dass eines Tages noch etwas ganz Wunderbares auf mich zukommen würde. Beruf, Heirat, ja, das sicher auch, aber darüber hinaus würde mir einfach etwas passieren, ganz ohne mein Zutun selbstverständlich, denn Eigeninitiative kam in den Mädchenbüchern nicht vor, wo man auf den jungen Doktor oder Förster oder Grafen einfach wartete.

Ein Mann kam in meinen Träumereien allerdings kaum vor, obwohl ich zugeben muss, dass ich in der 3. Klasse in einem Aufsatz »Was will ich werden?« wenig originell eine Heirat sowie Zwillinge in Aussicht stellte und zudem meinem Gatten jeden Abend Bratkartoffeln zubereiten wollte, damals mein persönliches Lieblingsessen. Das führte dazu, dass ich von den anderen Kindern eine Zeitlang »Bratkartoffel« genannt wurde. Eine Bezeichnung, die für einen Spitznamen aber nicht kurz genug und deshalb glücklicherweise bald vergessen war.

Mit 18 hatte ich den ersten Freund, mit dem ich »ging«, und schlief mit 21 zum ersten Mal mit einem Mann. Den ich mir auch nicht ganz zufällig ausgesucht hatte. Er war verheiratet und ich dachte, wenn es denn sein muss, dann einen, der *es* wenigstens kann. Ich muss ja ziemlich bescheuert gewesen sein.

Nein, ein Mann spielte keine große Rolle. Vielmehr dachte ich an etwas Glanzvolles, Unerhörtes, das keine richtige Gestalt annahm – ich wollte weder Filmstar noch Stewardess werden, was gerade in Mode kam, eher noch Sängerin in einer Rockgruppe, doch konnte ich vielleicht singen? – Aber ein Glück, ein Traum, ein Märchen würde es sein...

Dem entsprach Lothar nicht gerade. Er war groß und jähzornig und es gab häufig lautstarke Auseinandersetzungen. Vor unserer Wohnungstür klebten dann der Arbeiterverräter Herr Ehmann und seine Frau am Schlüsselloch – er war Gewerkschaftsfunktionär und sie, die aus der Unterschicht stammte, nannte ihn Arbeiterverräter – und er schwor, dass, »wenn der der kleinen Frau was antut...«, was mir Frau Ehmann später erzählte.

Lothar tat mir allerdings nichts an. Er wurde nur ausfallend, wenn er angetrunken war und für mich war es dann ein Leichtes, ihm mit meinen hölzernen Gesundheitssandalen – Klapperlatschen genannt – eins über die Rübe zu ziehen.

»Alles gut und schön«, wirft an dieser Stelle die älteste Nichte ein, »wenn du damals nicht zu dieser Bärbel auf die Party gegangen wärst...« »... dann hätte sie einen anderen Deppen kennen gelernt. Hat sie doch gesagt!«, unterbricht die zweite Nichte (Danke, mein Kind), und die dritte ergänzt: »Hat dich doch wohl keiner gezwungen zu heiraten, oder was?« Das direkt nicht, aber unverheiratete Frauen wurden damals angeblich »komisch«, weil sie »keinen abgekriegt hatten«, und heute kann man es sich wohl kaum noch vorstellen, wie wichtig es war, nicht mehr als »Frollein« angesprochen zu werden.

Wir wohnten außerhalb Hamburgs, ich kam also erst kurz vor sechs Uhr von meiner Arbeit in einem Hamburger Hotel nach Hause, setzte quasi in Hut und Mantel die Kartoffeln auf und Sonntagnachmittag gab es Kaffee für die Verwandten. Das ist also das Leben als Erwachsene, dachte ich in den ersten Monaten meiner Ehe, und setzte einen gewissen Stolz darein, mich damit abzufinden und fing an, den langen Flur sorgfältig zu wienern, nachdem ich mit Frau Ehmann des Langen und Breiten das beste Produkt dafür erörtert hatte. Ich sehe mich noch an der Wohnungstür stehen und den Flur aus einem bestimmten Blickwinkel beäugen – ist er da an der linken Seite auch richtig blank geworden? Dieser masochistische Zug hielt aber nicht lange vor, auch schrieben wir inzwischen 1968, das war eine große Hilfe.

Da saßen plötzlich junge Leute mit langen Haaren auf Straßenbahnschienen und sagten, dass alles irgendwie so nicht weitergehen dürfe. Was und warum, verstand ich nicht, und eine Diskussion zwischen Rudi Dutschke und Ernst Bloch, die ich im Radio verfolgte, machte die ganze Sache auch nicht gerade übersichtlicher. Im Grunde war mir das auch egal. Hauptsache, es war Leben in die Bude gekommen.

Ich lieh mir Geld von meiner Mutter, was relativ einfach war, denn sie hatte schon immer gewusst, dass »das« nicht gut gehen würde, und ließ mich scheiden.

Im Herbst 69 rief mich eine Freundin aus Berlin an, sie habe gerade wieder angefangen zu studieren. Wenn die das macht mit zwei kleinen Kindern am Hals, dann wäre es ja wohl gelacht, wenn ich das nicht auch auf die Reihe kriegen könnte! Ich kündigte von heute auf morgen meine Stellung als Sekretärin und meldete mich in der Universität an.

Zufällig – zufällig? – hatte ich das Abitur schon in der Tasche. Mit zehn Jahren war ich aufs Gymnasium gekommen, das Mädchenlyceum hieß. Noch während ich diese Anstalt besuchte, wurde sie umgetauft in Vincent-Lübeck-Schule. Die beiden Kunstlehrerinnen hatten sich für Paula Modersohn-Becker stark gemacht, aber die beiden Musiklehrer hatten bessere Karten und so wurde diese reine Mädchenschule nach einem Komponisten aus der Zeit Bachs benannt, den kein Mensch kannte. Im Lehrerzimmer gab es zwar deutlich mehr Frauen als Männer, aber offensichtlich hatten sie keinen Einfluss oder wollten keinen haben. Gut Dreiviertel der Lehrerinnen hatte übrigens ihre Ausbildung kurz vor oder während des Faschismus absolviert und bereits meine Mutter und Tante unterrichtet; alte Jungfern mit einem »von« vor ihrem Familiennamen und alle, mit wenigen Ausnahmen, fulminante Schreckschrauben. Die Schülerinnen, die für die netten jungen Kunstlehrerinnen schwärmten, hatten in Schulangelegenheiten nichts zu melden; nicht außergewöhnlich Ende der fünfziger Jahre und damals noch kein Grund zum Aufruhr.

Anfangs fühlte ich mich nicht wohl in dieser Schule. Ich kam aus einer relativ armen Familie und besaß weder Bücher, die ich verleihen konnte, was für den Grad an Beliebtheit in der Klasse wichtig war, noch konnte ich mit schönen Kleidern oder Einladungen zu Hauspartys aufwarten. So mauserte ich mich zum Klassenkasper und war schnell wohlgelitten. Mir scheint, dass die lustigen Mädchen nie aus den wohlhabenden Familien kommen. *Die* lassen sich amüsieren.

Die Folgen waren weitreichend. Bis heute fällt es mir nicht schwer, auch in ernsten oder sogar tragischen Situationen das Komische zu entdecken. Das hat mir mein Leben sehr erleichtert.

Das Ziel meiner Schullaufbahn sollte die Mittlere Reife sein und die wäre es auch geworden, wenn nicht meine drei Freundinnen, die Clique also, das Abitur hätten machen wollen. Ich mochte mich nicht von ihnen trennen, setzte durch, dass ich die Schule weiter besuchen durfte, und so wurde ich der erste Mensch in unserem Dorf, der die Hochschulreife erlangte.

Erst vor kurzem habe ich erfahren, dass die drei damals ihre Eltern unter den gleichen Druck gesetzt hatten wie ich: »Die anderen dürfen auch!« Wir haben wohl gespürt, dass die Zeit der Rebellion und blanken Forderungen noch nicht gekommen war. Von den etwa 120 Mädchen der 5. Klassen blieb nicht einmal ein Drittel bis zum Abitur. Dem Argument »Du heiratest ja sowieso« war nicht viel entgegenzuhalten; wir glaubten ja alle, auch die Abiturientinnen, dass dies unwiderruflich auf uns zukommen würde.

Nun war ich also reif für die Hochschule, aber da niemand je in der Familie studiert hatte, konnte ich mir nicht vorstellen, was das heißt: studieren. Ich begriff die Universität als eine Art größerer Schule, und von Schule hatte ich die Nase voll. Besonders von den deutschen Besinnungsaufsätzen, in denen gelogen wurde bis die Schwarte krachte. Wenn ich in einen solchen Aufsatz den lieben Gott – zehn Jahre früher wäre es wohl der Führer gewesen – und ein angeblich gutes Verhältnis zu meiner Mutter hineinschmuggeln konnte, dann hieß es »reife Leistung«. Das Berufsleben, das ich ja ebensowenig kannte wie die Uni, erschien mir dagegen als ein Hort der Ehrlichkeit – es wurde die wirkliche Leistung gewürdigt und nicht irgendwas Ausgedachtes, Verlogenes. Wie ich auf einen solchen Irrsinn kam, weiß ich bis heute nicht. Nun, von den Bedingungen des Kapitalismus hatte ich noch nie etwas gehört, auch davon war in den Mädchenbüchern nicht die Rede gewesen und in der Schule schon zweimal nicht.

Es traf sich, dass meine Tante vorschlug, mich eine Hotelfachlehre machen zu lassen, auf Sylt zum Beispiel, da würde ich interessante Leute kennenlernen und gleichzeitig hausfrauliche Kenntnisse erwerben, was nicht schaden konnte. Meine Vorstellungen vom Hotelbetrieb bezog ich aus amerikanischen Filmen der vierziger Jahre, in denen schön angezogene Frauen auf mit roten Läufern bezogenen Marmortreppen hinunterschwebten, wo reichlich mit Handküssen um sich geworfen und jede Menge Martinis weggetrunken wurde. Mit einem Wort: Große Welt. Das war doch was!

Die Wirklichkeit sah natürlich anders aus. Es hieß Betten machen, Bier zapfen, Telefon bedienen, Salat waschen, Weinkisten schleppen, servieren, in der Mangelstube schwitzen, Kochmützen bügeln... Nach sechs Monaten beherrschte ich diese Arbeiten, musste aber noch weitere zweieinhalb Jahre dort bleiben, bis die Lehre beendet war.

Was man einmal angefangen hat, das macht man auch zu Ende! Auch das eine der Maximen von Oma, die ich heute niemandem mehr unbesehen ans Herz legen möchte.

»Also vertane Zeit!«, stellen die Nichten fest. Mag sein. Später hat es sich allerdings bezahlt gemacht, dass ich nicht nur Menschen aus meinem eigenen Milieu zu Gesicht bekommen habe, sondern praktisch alles, was man sich zwischen der türkischen Putzfrau, die den Keller fegte, und Otto von Habsburg, der einmal Gast im Hotel war, vorstellen kann.

Die Mädchen aus der Clique verfolgten inzwischen andere Ziele. Rosi heiratete früh, bekam zwei Kinder und arbeitete als Sekretärin. Kein Grund, sie zu beneiden. Olga studierte Medizin und Regine Musik. Das war nicht schlecht, aber auf mich wartete ja ganz etwas anderes...

Jetzt aber war auch ich Studentin!

Jobs als Aushilfe in einem Institut für Afrikaner, die Deutsch lernen wollten, als Stewardess auf dem Trans-Europa-Express und als Telefonistin beim Ärztlichen Notdienst rundeten die 400 Mark Bafög und die 100 Mark von Muttern ab. Außerdem teilte ich mir die Miete mit Armin, der auch studierte.

Aber was sollte ich studieren? Eine besondere Begabung oder Neigung konnte ich nicht bei mir feststellen, und was blieb dann? Irgendwas, das jeder kann: Lehrerin! Das war nicht gerade der Hit, aber die dreieinhalb Jahre Studium schienen mir endlos lang zu sein, Jahre, in denen ich frei sein würde. Ziemlich komisch, wenn ich heute daran denke, wie blitzschnell zehn, ja zwanzig Jahre herumgehen. Und mit der Freiheit war es auch nicht weit her:

Während meiner Studienjahre kam ich in Kontakt zu sogenannten K-Gruppen und reihte mich sehr schnell dort ein. Der persönliche wich einem gemeinsamen Traum;

nicht ganz abwegig, wenn man bedenkt, dass in dieser Zeit die Nelkenrevolution in Portugal stattfand, Allende in Chile regierte, die Roten Brigaden Italien kräftig aufmischten, Franco starb, und das Ende des Vietnamkriegs die Amerikaner blass aussehen ließ – bald würde womöglich auch in Deutschland eine andere Art zu leben ins Haus stehen.

Dass und warum dem nicht so war, möchte ich hier nicht ausführen. Ich will auch fast gar nichts über die kommunistischen Gruppen oder über mein Leben in Wohngemeinschaften berichten, das haben andere zur Genüge getan – nur eins: Gruppendruck hin, falsche Analysen her – ich habe da mitgemacht und muss die Verantwortung auf mich nehmen. Basta! Schließlich hätte ich jederzeit aussteigen können; niemand wurde deshalb einen Kopf kürzer gemacht.

Jedenfalls konnte ich aber dank vieler Diskussionen und Schulungen meine diffusen Vorstellungen von oben und unten, von Recht und Unrecht, auf eine solide Basis stellen. Es ist doch sehr beruhigend zu wissen, was die Welt »im Innersten zusammenhält«. Noch beruhigender wäre es zu wissen, was man daran ändern könnte. Und da sieht es heute nicht mehr so rosig aus, wie es uns damals erschien. Erschwerend kommt noch hinzu, dass die Unterscheidung von Gut und Böse (Serbe oder Kroat?) nicht unbedingt leichter geworden ist.

Meine Wanderungen durch diverse Wohngemeinschaften haben mir zu der Einsicht verholfen, dass ich zwar gerne meine Freundinnen und Freunde um mich habe – und tatsächlich ist es mir mit vielerlei Tricks gegenüber dem Hauswirt gelungen, einige von ihnen in dem Haus unterzubringen, in dem ich jetzt schon lange wohne –, aber dass ich gleichzeitig und unbedingt eine Wohnung und einen Anrufbeantworter für mich allein haben muss. Für Frauen, die, nur um nicht alleine leben zu müssen, sich mit Männern arrangieren, die sie nicht mit der Kohlenschaufel anfassen würden, sofern sie wirklich alle

Tassen im Schrank hätten, habe ich wenig Verständnis. Leider ist das nicht nur ein Problem meiner Generation, was meiner Überzeugung entspricht, dass man Erfahrungen nicht weitergeben kann und aus der Geschichte so gut wie nichts gelernt wird. Trotzdem kann ich es nicht lassen, ab und zu ein paar schlaue Sätze dazu loszuwerden... Im übrigen habe auch ich mich mit Männern abgegeben, versteht sich, und nicht zu knapp, die man nicht als Spitzenkräfte bezeichnen könnte. Die Auswahl ist ja auch nicht gerade überwältigend, aber meine Intention war es nie, jemanden haben zu wollen, dem ich es zu Hause gemütlich mache.

Die Nichten, fast eingenickt, erwachen jäh zum Leben: »Deine Männer? Erzähl doch mal!« Meine Männer, meine Männer! Ich muss ja nicht alles ausplaudern! Es lohnt sich auch nicht, denn von Männern habe ich nichts gelernt, höchstens durch Männer. »Die sind wie Flughäfen«, predige ich, »kennst du einen, kennst du alle. Einzige Ausnahme: der jeweils aktuelle Liebhaber.«

Frauen, und da bin ich keine Ausnahme, machen häufig Witze über Männer. Da hat man einen, den man zu kennen glaubt, und plötzlich sieht man, wie er in Gesellschaft anderer Männer neben sich tritt, sich aufplustert, anders spricht, anders aussieht, fremd wird. Je älter ich werde, desto weniger belustigt mich das. Ich empfinde es als bedrohlich.

Mag ja sein, dass ihr konkurrentes Verhalten daran liegt, dass sie selbst kein Leben hervorbringen können und deshalb Sachen hervorbringen; eine Menge tödliches Zeug, wie Vergangenheit und Gegenwart beweisen. Ich will es nicht mehr so genau wissen. Die Zeit, die mir noch bleibt, möchte ich mit fruchtbareren Gedanken verbringen. Ein frommer Wunsch fürwahr und höchstwahrscheinlich wird es nicht klappen.

Überhaupt ist die »bedingungslose Liebe« für Frauen erfunden worden und als Garantie dafür die Ehe. Dies sollte man als ein interessantes Phänomen betrachten.

Daran zu glauben, bringt einen unweigerlich in Teufels Küche. Merkt Euch das! Ende.

Die Nichten werden maulig. »Na ja, dann eben die Dings, die Frauenbewegung, warst du da auch zugange?« Logisch, was denn sonst? Allerdings ging ich sehr schnell auf Distanz. Gemeinsam menstruieren? – Ach du liebe Zeit! Diesen Fluch habe ich so wenig geliebt wie eine Grippe. Was anderes wäre es vielleicht gewesen, wenn ich dafür eine Woche im Monat frei gekriegt hätte. Aber da Männer ihre Tage nicht haben...

Das allgemeine Gejammere ödete mich bald an, besonders von den Frauen, die wie ich privilegiert waren, Bildung, Beruf, ausreichend Geld hatten... sich aber permanent als Opfer stilisierten. Da hat sich auch nicht viel geändert. Erst vor wenigen Tagen rief eine Frau bei Dr. Marcus an, dem Ratgeber im NDR, ihr Mann habe sie 25 Jahre lang betrogen, bis es »biologisch« bei ihm nicht mehr gegangen sei und jetzt habe sie eine Schachtel Viagra bei ihm gefunden, wovon sie allerdings nicht profitiert habe... Eine vorsichtige Anregung des Dr. Marcus, ob sie sich nicht vielleicht scheiden lassen wolle, wischte sie beiseite. »Nein, nein, das schöne Reihenhaus...« Tja, da hält sich mein Mitleid in Grenzen.

Und jede Frau hat heute ja wohl immer noch mindestens eine Freundin, die nachts beschickert anruft und zum soundsovielten Male berichtet, wie Jens, Albert, Franz oder Matthias sich mal wieder aufgeführt hat. Heute sage ich diesen Frauen, dass sie erst wieder anrufen sollen, wenn sich irgendwas geändert hat. Meine Nachtruhe geht mir über alles.

Von der Gleichberechtigung für Frauen halte ich nichts. Ich möchte nicht gleichberechtigt einen Krieg anzetteln dürfen. Frauen sollten vielmehr berechtigt sein, auf ihre Weise an allem teilzuhaben – wenn sie es denn wollen. Allerdings sollten sie im Auge behalten, dass sie sich wie ein Holzfäller aufführen müssen, wenn sie sich allein in ein Holzfällercamp begeben.

Wie sich jede leicht denken kann, gingen die Jahre des Studiums und die Schonzeit des Referendariats im Sauseschritt vorbei und plötzlich stand ich eines Tages vor einer Klasse von Berufsschülern, alles 16 bis 19jährige Knaben, die rechts vor sich auf dem Tisch den Motorradhelm, links eine Dose Bier und in der Mitte die *Bild*-Zeitung liegen hatten und mit einem Blick auf mich »Was ist *das* denn!« zueinander sagten.

»Warum bist du um Gottes willen denn 11 Jahre da geblieben?«, wollen die Nichten wissen. Weiß ich auch nicht genau. Einerseits wirkte sicher noch das Motto »Was man einmal angefangen hat...«, zudem wurde der Job gut bezahlt, und andererseits – was soll man als Lehrerin sonst machen? Nichts kann man richtig, und dann fängt man eben an, ein größeres Auto und ein Ferienhaus in der Provence zu kaufen. Das tat ich zwar beides nicht, legte aber die Kohle zu einem mir noch unklaren Zweck zurück.

Die Jungs versuchten, wenn auch auf eine meist eher gutmütige Art, mich fertigzumachen; ich war quasi die einzige Frau an dieser Schule, da war die Versuchung groß. Da ich mich nicht mit ihnen schlagen konnte und auch nicht den Direktor als Deus ex machina einschalten wollte, wählte ich das, was ich wirklich konnte: Ich parierte jeden ihrer Sprüche mit einem viel besseren Spruch und verschaffte mir dadurch einen gewissen Respekt. Allerdings kam ich jeden Mittag wie aus dem Wasser gezogen nach Hause.

»War das nicht die Zeit, als Eso aufkam?«, wollen die Nichten wissen. Esoterik? Nein, vorher kam noch quasi als Vorbereitung die Psychokiste. Die erste Reaktion darauf, dass es schwieriger wurde, die Verhältnisse zu ändern. Da änderte man praktischerweise das Verhalten. Alles, was ein paar Mark übrig hatte, pilgerte zur Therapie oder Analyse. Meine paar Mark gab ich lieber für einen Bummel durch Boutiquen aus, obwohl ich es schon verlockend fand, irgendwo zu sitzen, wo Ichichich das

Hauptthema gewesen wäre. Aber dafür bezahlen? – Zudem interessiert es mich nicht übermäßig zu wisssen, wer ich »in Wirklichkeit« bin. So wie es mich auch wenig interessiert, wie andere Leute »in Wirklichkeit« sind. Was sie tun, schien mir immer das Ausschlaggebende zu sein. Aber darum ging es ja jetzt nicht mehr.

Danach begann dann folgerichtig die Esoterikwelle, die bis heute schwappt und schwappt. Mal abgesehen davon, dass mir von Walgesängen schlecht wird und ich lieber wissen möchte als glauben, wurde mir nach der Durchsicht entsprechender Literatur schnell klar, dass Vertreter des New Age und Alt- sowie Neofaschisten ideologisch eng zusammengehören, bis hin zur personellen Identität. Also von oben bis unten ein undemokratisches Gewese und Geraune. Mit handfesten Interessen dahinter, versteht sich. – Herzlichen Dank! »Und wenn Ihr mich eines Tages mal mit Chakren und Auren und was weiß ich rumhantieren seht, dann dürft ihr mir ungestraft eine runterhauen!«

»Au ja!«

So wurstelte ich dann eher umnachtet als erleuchtet als Lehrerin vor mich hin, bis es in den achtziger Jahren dann vorübergehend die Möglichkeit gab, ohne Statusverlust von der Schule in einen anderen staatlichen Bereich überzuwechseln, in Museen z.B. oder in die Erwachsenenbildung. Ich griff sofort zu, weil ich glaubte, jetzt werde ein riesiger Run einsetzen; die Kollegen hatten ja schließlich nicht umsonst jahrelang in den Fluren rumgejammert, dass sie es nicht mehr aushielten. Ich hatte mich geirrt. 13 Ferienwochen und eine Unterrichtsstundenzahl von 23 Wochenstunden gewannen gegenüber sechs Wochen Urlaub und einer 38-Stundenwoche. Ich war eine der wenigen, die die Schule verließen.

Jetzt unterrichtete ich Analphabeten, deutsche Erwachsene, die nicht oder kaum lesen und schreiben konnten. Zum ersten Mal erfuhr ich, dass genau das, was ich geben konnte, mit Enthusiasmus angenommen wurde. Die Teilnehmer und Teilnehmerinnen standen oft schon lange vor Beginn des Kurses vor der Tür und warteten auf mich. Und trotzdem war es anstrengend, weil ich nicht nur Wissen vermittelte, sondern auch mit den Problemen dieser Menschen konfrontiert wurde und sie in privaten, ja, in allen Angelegenheiten des Lebens beriet, was übrigens meiner Arbeitsplatzbeschreibung entsprach.

Mittlerweile war ich so alt geworden, dass sich die Frage stellte, ob ich jetzt einfach auf die Rente warten oder vorher noch was auf die Beine stellen sollte. Das Geld auf meinen Sparbüchern wartete auf sinnvolle Verschwendung. »Du hattest ja noch Erbnichten«, erinnern mich die drei und geben mir ein Küsschen auf die Wange, um zu demonstrieren, dass das alles nur Spaß ist. Klar, ich hätte wie die anderen ein Häuschen bauen und mir jahrzehntelang Margarine aufs Brot schmieren können, um es abzubezahlen, nur damit die Erben es nachher verkaufen und sich mit dem Geld ein schönes Leben machen können. Dann mache ich mir doch lieber selbst ein schönes Leben! Gesagt, getan. Trotz der Rufe meiner besorgten Kolleginnen (»Deine Rente wird furchtbar niedrig werden!«) reichte ich einen unbezahlten Urlaub von vier Jahren ein und bekam ihn. Wer weiß denn, ob ich nicht mit 65 im Rollstuhl sitze und mit meinen arthritischen Fingern nur noch in Konto-Auszügen blättern kann und sonst gar nichts? Das Leben findet immer heute statt.

Und – was wollte ich in diesen Jahren tun? Die Vorschläge – unerbetene natürlich – reichten von Französisch im Lande lernen, nach Tibet reisen bis zum Aufstellen eines persönlichen Fitness-Programms. Mein Programm lautete: Nichts. Ich wollte nichts tun.Vor allem wollte ich wohl nichts tun müssen, denn dass ich mich nicht langweilen würde, lag für mich auf der Hand. Aber wieso sich den Kopf zerbrechen – es stand ja immer noch etwas aus in meinem Leben und ich würde diesem Etwas jetzt die Chance geben, endlich aufzutauchen. Das tat es denn auch, allerdings nicht ganz ohne mein Zutun und auch nicht so spektakulär, wie ich es früher erträumt hatte.

Bei einem meiner Freunde, übrigens ein relativ angenehmes Exemplar seines Geschlechts, er ist Biker und vermittelte mir neben einem Einblick in die Rocker- auch einen in die Kleinganoven-Szene, außerdem wohnte er in einer Alternativ-Siedlung mit kräftig esoterischem Hauch – bei diesem Freund also blätterte ich häufig in Zeitschriften, die er zu klauen pflegte, und entdeckte dabei auch *Kowalski*, die ich später als »*Titanic* für Mopedfahrer« einordnete. Auf den ersten drei oder vier Seiten standen regelmäßig kurze satirische Texte von verschiedenen Autoren (wenige von Autorinnen), die mir gut gefielen. Ob ich das auch kann? Ich konnte. Ich schickte eine kleine Geschichte an die Redaktion und die wurde abgedruckt.

»Und wenn sie die nicht genommen hätten?«, wirft die älteste Nichte ein. Gute Frage. Manchmal neige ich dazu zu behaupten, dann hätte ich es nicht weiter versucht. Dann wiederum fällt mir ein, dass ich zur gleichen Zeit mit einer Redakteurin der *taz* befreundet war, die einen Sinn für Komik hatte, den man dort nicht unbedingt vermutet, und die hätte mich vielleicht... Tatsächlich, und das ist ja die Hauptsache, wurde ich aufgefordert »mehr davon« zu liefern. Und als *Kowalski* bankrott ging, wechselte ich zur *Titanic* und schrieb auch für andere Zeitungen. Mein erstes Buch erschien, danach weitere drei Bücher. Ich verdiente und verdiene damit »richtiges Geld«, wenn auch nicht so viel, dass ich davon leben könnte. Aber immerhin gab ich das Gesparte nicht komplett aus, »so dass ich immer noch eure Erbtante bin. Also benehmt euch!«, teile ich den Nichten mit.

Festzuhalten ist, dass das wunderbare Leben, das ich vor mir hatte, jetzt zum größten Teile hinter mir liegt. Nicht alles, was ich hätte tun oder erleben können, habe ich getan oder erlebt, aber die Zeit auf Erden ist begrenzt. Sie reicht nicht aus für Frauen, auch nicht im reichen

Mitteleuropa, Liebesbeziehungen, interessanten Beruf, politische und soziale Einmischung, Kinder, Freundinnen und auch noch jede Menge Spaß, Abenteuer und Blödsinn unter einen Hut zu kriegen. Man muss und kann sich immer wieder neu entscheiden, welchen Weg man gehen will, aber man sollte sich im klaren darüber sein, dass man, wie die Entscheidung auch immer ausfällt, für alles bezahlen muss. Das Dumme ist nur, dass sie einem vorher den Preis nicht sagen.

Als meine Mutter mit 63 Jahren starb, sagte sie wenige Wochen vorher zu mir: »Ich habe doch noch gar nicht richtig gelebt...« Sie hatte recht und das hat meine Trauer um sie erheblich verlängert. Oder genauer gesagt: mein Mitleid. Und auch meine Wut.

Froh bin ich darüber, dass niemand in ähnlicher Weise wird um mich trauern müssen, denn dazu besteht nun wirklich kein Anlass.

Ob ich noch Träume habe? Aber sicher, noch bin ich ja nicht tot. Ich werde aber nichts darüber erzählen, das geht keinen was an und ist sowieso eine andere Geschichte.

Und übrigens: Dankeschön, an wen auch immer, ich bin soweit zufrieden.

(Aus: Amelie Fried (Hg.), »Wann bitte findet das Leben statt?«, Rowohlt, Reinbek 1999)

Die menschenfreundliche Frau Müller

Laudatio anlässlich der Ben-Witter-Preisverleihung am 4. November 2005 in Hamburg

Willi Winkler

Die Gelegenheit ist günstig, und vielleicht sollte man sich doch einmal ernsthafter mit Hamburg befassen. Es wird schon seinen tiefern Sinn haben, dass sich der regierende Bürgermeister, der ganz gewiss hochwohlgeborene Ole von Beust, privat gern mit Antiquitäten umgibt und auch sonst nicht ins Theater geht. Wozu dann passt, dass er sich über einen *head hunter* eine Kultursenatorin suchen will und damit knapp an der kaum weniger eminenten Vicky Leandros vorbeischrammt; oder dass eine Elb-Harmonie den Flurschaden drüben zwischen den Apfelbäumen des Alten Lands wieder gutmachen soll. Bitte, warum nicht, das ist ein freies Land und Hamburg das weit offen stehende Tor zur Welt. Man könnte also jederzeit auf und davon.

Was aber, wenn man doch nicht kann? Wenn man hier aus irgendwelchen Rücksichten festgehalten wird und rücksichtlich dieser Rücksichten genötigt ist, seinen Frieden mit der glorreichen, gebenedeiten und zollfreien Hansestadt zu machen, deren Beitrag zum Weltkulturerbe zum Aufzählen keine ganze Hand braucht: der große Lessing, die Beatles und die Bratkartoffeln, die allerdings inzwischen auch kaum mehr zu haben sind? Dann wird man sich in sein Schicksal schicken und Trost im Alkohol suchen müssen oder in der Zeitung.

Eines Morgens begannen in einer Tageszeitung namens *tageszeitung* seltsame »Geschichten von Frau K.« zu erscheinen. Diesen Geschichten mangelte es nicht an Lokalkolorit, sie waren auf geradezu unheimliche Art hamburgisch, dabei aber so fremd wie Hans Albers beim König-Ludwig-Stechen auf dem Starnberger See. Frau K. war geschieden und Witwe und beides nicht unbedingt in dieser Reihenfolge, und sie hatte zum Glück einiges erlebt. Sie wohnte im Schanzenviertel gleich beim Jesus-Center unter lauter randständigen Elementen, unter Punks, Alkoholikern und allein gebliebenen Frauen, und sie wurde von einem grässlichen Köter namens Trixi begleitet, auf den sie sich pronominal immer nur mit »er« bezog. Frau K. hatte Meinungen und gab sie auch gern preis. Von wegen kein Krieg, sagt Frau K., braucht man doch nur über die Stresemannstraße zu gehen, »wenn ich bei einmal Ampel ganz rüberkomm und nich übergenagelt werd«.

Frau K. konnte erzählen, von früher, von den Männern, den Frauen und von Zuständen um sie herum sowieso. Auch wenn der Leser geneigt sein mochte, diese Figur für eine Erfindung der Autorin zu halten, versichert einem Fanny Müller, dass es diese Frau K. wirklich gibt oder doch gab. Frau Müller schrieb die Geschichten von Frau K. für den Hamburg-Teil der *taz,* und obwohl unter Garantie keins der auf den Nägeln oder sonst wo brennenden Probleme der Stadt verhandelt wurde, erstand da ein unbekanntes und auch noch interessantes Weichbild der Stadt. Das allgemeine Missvergnügen an der Welt schien auf einmal gemildert durch diese Beobachtungen aus dem wirklichen Leben.

Bei Debütanten und beim Klagenfurter Wettlesen sagt

die Kritik immer gern, der oder die und die auch noch habe eine eigne Sprache gefunden. Frau Müller, die Erfinderin der Frau K., brauchte keine extra zu erfinden, die Sprache ist ja da, aber sie ist wenigen so geläufig wie Frau Müller. »An einem Sonntag im Februar sollte in Hamburg das Iduna-Hochhaus an der Reeperbahn gesprengt werden, weil zu viel Asbest drin war, das wohl demokratischer verteilt werden musste.« Und wie war's? fragt der Leser und liest: »Insgesamt war es fast so wie Krieg, nur nicht ganz so spannend.« Warum kann sie das bzw. von wem hat sie's denn bloß?

Ganz einfach: Sie war dabei.

's ist eigentlich schade, dass wir hier bei Felix Jud feiern und nicht im Reichshof, denn dort hat Frau Müller einst als Buffetstütze gearbeitet und ist bald aufgestiegen zur Sekretärin. Zur See ist sie nicht gefahren, aber als Stewardess auf dem TEE, durfte auf Sylt Otto von Habsburg das Bett aufschütteln, ist mit echten Rockern herumgezogen und hat lange Jahre damit zugebracht, den Lehrlingen auf der Gewerbeschule für Energietechnik die Grundbegriffe der deutschen Rechtschreibung beizubringen. Das kann nicht jeder und will erst mal überstanden sein.

Ihren ersten Arbeitstag hat sie selber beschrieben: Auf dem Tisch im Klassenzimmer lag rechts der Motorradhelm, stand links die Flasche Bier, saß in der Mitte der nachwachsende Staatsbürger hinter seiner *Bild*-Zeitung, die er beim Eintreten der neuen Lehrerin synchron sinken ließ und meinte: »Was ist *das* denn?« Das konnte ja heiter werden beziehungsweise so schrecklich, dass man es sich gar nicht ausmalen mag. Es ist aber gut und vor allem vorüber gegangen, aber Frau Müller bewahrte diese Worte und bewegte sie in ihrem Herzen.

Ohne diese etwas herablassend so genannte Schule des Lebens gäb's Frau Müller nicht und ihre Geschichten von Frau K., von Trixi und den Nichten und davon, wie das Leben so spielt, wenn man nur hinschaut. Wenn sie sich zu einem heiteren Berufe-Beschimpfen herablässt und Taxifahrer ebenso wenig zu melden haben wie, sagen wir: Bürgermeister, dann weiß sie, wovon sie spricht und singt trotzdem noch das Lob der Demokratie. Mit der man es allerdings, schränkt sie sogleich ein, nicht gleich übertreiben sollte. »Vor einigen Jahren gab es eine Ausstellung in Hamburg ›Ärzte malen‹. So was muss ja nicht sein. Eine Ausstellung ›Maler operieren‹ gab es leider nicht. Das wäre bestimmt amüsanter gewesen. Und farbiger.«

Die Preisträgerin ist dem farbigen Stil selber keineswegs abhold, und in einer ihrer seltenen poetologischen Erklärungen sagt sie auch, wovon sie sich unbedingt unterscheiden will, der gebildeten Glosse nämlich: »Feinsinnig verschnarchtes Geschwafel über irgendeinen Blödsinn, womöglich noch mit einem Klassiker-Zitat versehen. Zum kalte Füße kriegen. Aber natürlich geschmackvoll, bis man einem Gähnkrampf erlegen ist.« Wenn es sein muss, lässt sich Frau Müller in Geschmacksdingen aber von niemandem übertreffen. Auf die Telefonrundfrage »Wählen oder Nichtwählen?« repliziert sie mit dem schlichteleganten Satz: »Lasst mich doch mit dem Scheiß in Ruhe!«

Auch ihr Kulturbegriff ist alles andere als großzügig: »Als Kind hielt ich Kultur für etwas, das Erwachsene in einem Beutel mit sich führen, wenn sie verreisen. Dieser Eindruck änderte sich im Laufe meines Lebens, allerdings neige ich heute immer mehr dazu, meinem ursprünglichen Urteil recht zu geben.« Weil es heute ein bisschen feierlich zugehen soll, muss ausnahmsweise doch ein Klassikerzitat eingeflochten werden. »Die Frage nach würdigem Betragen bei Beerdigungen hängt vom Wetter ab«, hat Ben Witter einmal geschrieben, und wer seine Geschichte über den Totengräber gelesen hat, der auf dem Sargdeckel steht, während er die Erde längsseits links und rechts neben dem Sarg herunterräumt und dann Fuß- und Kopfende zustopft, damit der Sarg nur ja nicht in Unwucht gerät, wird Frau Müller zustimmen müssen, wenn sie sagt, dass man für Katastrophen nie zu alt sei.

Frau Müller – und darauf möchte ich in dieser Feierstunde dann doch sacht hingelenkt haben – Frau Müllers Berichte aus dem Schanzenviertel stehen mustergültig in der Tradition des perambulierenden Ben Witter. Der strich im Regenmantel durch die Kneipen und hörte den Leuten zu. Sie mögen ihm fremd gewesen sein, aber er ließ sie reden und er schrieb mit, was und wie sie redeten.

Das Volk, hat der Klassiker Bert Brecht einmal sagt, das sei gar nicht tümlich. Es ist aber noch viel schlimmer, es ist nicht einmal romantisch. »Ich habe die Sitten meiner Zeit gesehen und diesen Roman geschrieben«, hat Rousseau einst voller Verachtung seiner »Neuen Héloise« vorangeschrieben. Schund will es, das blöde Volk, also soll es den Schund auch bekommen! Diese Volksverachtung ist bei uns Schreibern sehr beliebt, und ich möchte fast sagen, dass dem Schreiben nichts abträglicher ist als dieses strenge Fremdeln vor dem eigenen Publikum.

Frau Müller liebt ihr Publikum. Sie schaut hin und sieht, dass es gut ist und schlecht und noch einiges dazwischen. Selbst wenn sie zwei alte Schachteln – »die eine ist blind und hat schon schwer einen an der Waffel, die andere ist noch gut beisammen« – beim Verzehr von Kaffee & Kuchen und dem dabei unvermeidlichen Delirat über Gott und die Welt belauscht, wahrt sie eine beneidenswerte Menschenfreundlichkeit. Das ist eine rare Tugend, und dabei wäre sie auch noch nützlich. Die grassierende Meinungssucht nämlich versperrt den Blick aufs Wesentliche, auf das, was die Leute, über die man so gut Bescheid zu wissen glaubt, in Wirklichkeit sagen und tun. Frau Müller hat kein Auto und fährt mit der U-Bahn, da kommt, wenn man auch im Café alles notiert, doch einiges an Stoff zusammen.

Zimmermädchen, Stewardess, Lehrerin: für eine ordentliche Schriftstellerlaufbahn klingt das fast zu einfach.

Eine Station im Leben von Frau Müller ist bisher verborgen geblieben. Das Thema ist peinlich, es muss aber dennoch angesprochen werden. Eines Tages hatte Frau Müller genug vom Elend in der Welt und ging in die Politik. Frau Müller wurde in die Bürgerschaft gewählt und war für Arbeit und Soziales zuständig. Dort erlebte sie, wie schnell die wirkliche Wirklichkeit auch den Politiker überwältigt, aber sie merkte auch, dass sich die Kollegen Politiker einen Dreck um ihr Volk, tümlich oder nicht, scheren. »Mir war damit ernst«, sagt sie, »aber es wurde nicht ernst genommen.«

Das hätte man ihr gleich sagen können, so schlau sind wir doch alle. Dabei neigt unsereins zu nicht wenig Stolz, wenn er über die grüne Hölle im Gran Chaco reportieren darf oder, noch schlimmer, wenn er seinen Lesern berichten kann, wie es bei Kanzlers unter dem Sofa aussieht, auf dem man bis zum Redaktionsschluss die Zukunftsfähigkeit der Rentenformel durchdiskutiert hat. Frau Müller, das muss man jetzt doch einmal deutlich aussprechen, ist der Gran Chaco mindestens so wurscht wie die Entfernungspauschale. Leitartikel und andere großmäulige Schlagzeilen schreiben andere, Frau Müller schreibt mit, was sich sonst noch zuträgt. »Da ehelicht man beispielsweise einen Herrn mit einem x-beliebigen Beruf – meistens einen Juristen – und ist dann auf einmal ein paar Jahre später Bürgermeistersgattin. Das ist ja den beiden ersten Frauen von Herrn Klose und Herrn von Dohnanyi passiert, zwei sehr respektablen Damen. Die haben aber noch Glück gehabt, denn die Herren ließen sich scheiden und heirateten in zweiter Ehe Frauen, die sie dann wirklich verdient haben.«

Was ist daraus fürs Leben zu lernen? Allerhand. In ihren Geschichten ist Frau Müller mit drei Nichten ausstaffiert, die als ewig junges Gemüse oft nicht weiter wissen und die gute Tante um Rat fragen. Frau Müller weiß immer weiter und wüsste auch Rat für den journalistischen Nachwuchs. In ihrem Fall erwies es sich als nützlich, dass ihr der Ehrgeiz fremd war, es einem Mann »zu Hause gemütlich« zu machen. Nicht gering zu schätzen auch der Vorteil, dass sie mit dem Schreiben so lang gewartet hat, denn so konnten sich bei ihr die Geschichten ansammeln. Ein weiterer Vorteil wurde bereits erwähnt: Frau Müller fährt nicht Auto. Heimtückisch, wie sie bei aller Menschenfreundlichkeit doch sein kann, schreibt sie einfach mit, was die Leute den lieben langen Tag so daher reden. Außerdem wichtig: Frau Müller ging immer einem Beruf nach, verdiente ihr Geld auf ehrliche Weise und wurde deshalb nicht von ihren Auftraggebern abhängig. Nur deshalb hat sie schreiben können, wie ihr der Schnabel gewachsen war. Und in der *taz*, der bereits erwähnten tageszeitung, konnte sie seinerzeit alles schreiben, und es wurde auch genau so gedruckt. Deshalb, und das ist immer noch die lebenserfahrene Frau Müller, hat sie es auch abgelehnt, für die *Zeit* und die *FAZ* zu schreiben.

»Was ist das denn?«, haben ihre Schüler sie einst begrüßt. Die Frage ist recht leicht zu beantworten: das ist die menschenfreundliche Frau Müller, die einen dann doch mit der Welt versöhnt. Sogar Hamburg, jedenfalls wenn es geschildert wird wie bei Fanny Müller, beginnt erträglich zu werden.

Aus der Reihe Critica Diabolis

21. *Hannah Arendt,* Nach Auschwitz, 13,- Euro
45. *Bittermann (Hg.)*, Serbien muß sterbien, 14.- Euro
55. *Wolfgang Pohrt,* Theorie des Gebrauchswerts, 17,- Euro
57. *Georg Seeßlen,* Natural Born Nazis, 14.- Euro
65. *Guy Debord,* Gesellschaft des Spektakels, 20.- Euro
68. *Wolfgang Pohrt*, Brothers in Crime, 16.- Euro
100. *Jon Savage*, England's Dreaming, Punk & Sex Pistols, 14.95 Euro
101. *Hartmut El Kurdi*, Mein Leben als Teilzeit-Flaneur, 13.- Euro
104. *Harry Rowohlt & Ralf Sotscheck*, In Schlucken-zwei-Spechte, 17.- Euro
112. *Fanny Müller*, Für Katastrophen ist man nie zu alt, 13.- Euro
116. *Vincent Kaufmann*, Guy Debord – Biographie, 28.- Euro
117. *Klaus Bittermann (Hg.)*, Auf Lesereise, 14.- Euro
118. *Franz Dobler*, Sterne und Straßen, 12.- Euro
119. *Wolfgang Pohrt*, FAQ, 14.- Euro
120. *Wiglaf Droste*, Wir sägen uns die Beine ab und sehen aus wie Gysi, 10.-
121. *Matthias Penzel & Ambros Waibel*, Jörg Fauser – Biographie, 16.- Euro
122. *Alex Bellos*, Futebol – Fußball. Die brasilianische Kunst des Lebens, 18.-
123. *Wolfgang Nitschke*, Bestsellerfressen IV, 13.- Euro
125. *Kinky Friedman*, Ballettratten in der Vandam Street, 14.- Euro
126. *Lucan & Gray*, Die Kunst der dekadenten Küche, 10.- Euro
127. *Klaus Bittermann*, Wie Walser einmal Deutschland verlassen wollte, 13.-
129. *Robert Kurz*, Das Weltkapital, 18.- Euro
130. *Kinky Friedman*, Der glückliche Flieger, 14.- Euro
131. *Paul Perry*, Angst und Schrecken. Hunter S. Thompson-Biographie, 18.-
132. *Fritz Eckenga*, Du bist Deutschland? Ich bin einkaufen, 14.- Euro
135. *Ralf Sotscheck*, Der gläserne Trinker, 13.- Euro
138. *Kinky Friedman*, Tanz auf dem Regenbogen, 14.- Euro
139. *Hunter S. Thompson*, Hey Rube, 18.- Euro
140. *Gerhard Henschel*, Gossenreport. Betriebsgeheimnisse der »Bild« 14.-
141. *Klaus Bittermann* (Hg.), Little Criminals, 14.- Euro
142. *Michael Rudolf*, Atmo. Bingo. Credo. Neusprech-Lexikon, 13.- Euro
144. *Hartmut El Kurdi*, Der Viktualien-Araber, 13.- Euro
145. *Kinky Friedman*, Katze, Kind und Katastrophen, 14.- Euro
146. *John Keay*, Exzentriker auf Reisen um die Welt, 14.- Euro
147. *Klaus Bittermann* (Hg.), Literatur als Qual und Gequalle, 12.- Euro
148. *Heiko Werning*, In Bed with Buddha, 14.- Euro
149. *Christian Gasser*, Blam! Blam! Und du bist tot! 16.- Euro
150. *Wiglaf Droste*, Will denn in China kein Sack Reis umfallen, 16.- Euro
151. *Bernd Kramer*, Mit dem Flachmann auf Tuchfühlung, 12.- Euro
152. *Roman Halter*, Romans Reise durch die Nacht, 18.- Euro
153. *Fanny Müller*, Auf Dauer seh ich keine Zukunft, 16.- Euro
154. *Nick Tosches*, Hellfire. Die Jerry Lee Lewis-Story, 16.- Euro
155. *Ralf Sotscheck*, Nichts gegen Engländer, 12.- Euro
156. *Hans Zippert*, Die 55 beliebtesten Krankheiten der Deutschen, 13.- Euro
157. *John Keay*, Mit dem Kanu durch die Wüste, 16.- Euro
158. *Jakob Hein*, Der Alltag der Superhelden, 16.- Euro
159. *Michael Stein*, Ich bin Buddhist und Sie sind eine Illusion, 13.- Euro

http://www.edition-tiamat.de